Negociación Estructurada

Una alternativa ganadora a los Tribunales

Segunda Edición

LAINEY FEINGOLD

© 2024 Esan Traducciones y Transcripciones, S.L.,

Postas 18, 3º, oficina 6 • 01001 Vitoria-Gasteiz

© 2021 Lainey Feingold. Todos los derechos reservados.

Publicado por primera vez en 2016 por la American Bar Association (ABA)

LFLegal.com

Diseño de la portada por Jessica Murrell de jlmgraphicdesigns.com

Diseño y maquetación del libro por Laura Brady

Nada de lo contenido en este libro debe considerarse como asesoramiento legal para casos específicos. Este libro está destinado únicamente a fines educativos e informativos.

Printed in the United States of America.

Library of Congress Cataloging-in-Publication Data
Names: Feingold, Lainey, author.
Title: Structured Negotiation, A Winning Alternative to Lawsuits / By Lainey Feingold.
Identifiers: LCCN 2016030518
ISBN 9788409631650 (paper) ISBN 9788409625819 (ebook)
Subjects: LCSH: LAW / Arbitration, Negotiation, Mediation |
SOCIAL SCIENCE / People with Disabilities.
Classification: LCC KF9084 .F45 2016 | DDC 347.73/9—dc23
LC record available at https://lccn.loc.gov/2016030518

La versión ebook de este libro cumple las normas globales de accesibilidad (WCAG 2.1 AA) y está disponible para lectores con dificultad de acceso a formatos impresos convencionales. Póngase en contacto con el editor si tiene alguna duda sobre la accesibilidad en info@LFLegal.com

Este libro está dedicado a:

Clientela, coasesores/as y partes negociadoras que han hecho posible el avance
de la Negociación Estructurada

Amistades y colegas que trabajan para
hacer accesible el mundo digital

Abogados/as y defensores/as de todo el
mundo que buscan reducir los conflictos
y fomentar la cooperación

ELOGIOS HACIA LA NEGOCIACIÓN ESTRUCTURADA

"Esta fantástica guía de la Negociación Estructurada proporciona valiosos conocimientos a todo el que esté interesado en convertirse en un mejor profesional de la Abogacía. Los/as lectores y lectoras aprenden estrategias eficaces a través de explicaciones fáciles de seguir con anécdotas fascinantes sobre el trabajo de la autora como abogada de derechos de las personas con discapacidad. He disfrutado mucho leyendo este libro y valoro todas las lecciones que contiene"

—Haben Girma, abogada de Derechos Humanos y autora del best seller *Haben, la mujer sordociega que conquistó la Facultad de Derecho de Harvard.*

"Construir un mundo más inclusivo y accesible requiere paciencia, colaboración y persistencia, y un ejemplar de este libro. Lainey es experta en trabajar colaborativamente para crear una inclusión social a largo plazo."

—Jenny Lay-Flurrie, Directora de Accesibilidad, Microsoft

"Como una de las principales abogadas de derechos civiles de Estados Unidos, Lainey Feingold utiliza la Negociación Estructurada para obtener acuerdos de gran alcance sin recurrir a litigios. Ahora comparte sus secretos. Este libro debería ser de lectura obligatoria tanto para profesionales de la Abogacía como para estudiantes de Derecho."

—Samuel R. Bagenstos, catedrático de Derecho Frank G. Millard, Facultad de Derecho de la Universidad de Michigan; ex fiscal general adjunto de Derechos Civiles

"La síntesis del nuevo enfoque de Lainey Feingold, completamente reflexiva y basada en la experiencia, y cuyo propósito es el de solucionar conflictos a través de la Negociación Estructurada, tiene el potencial de causar un gran impacto en nuestra forma de resolver disputas. Con grandes similitudes con el Derecho Colaborativo, y una buena integración con la mediación, el modelo de Negociación Estructurada proporciona una hoja de ruta detallada para lograr una pacificación ejemplar en casos complejos."

—David Hoffman, Esq., Fundador, Boston Law Collaborative, LLC; John H. Watson, Jr. Profesor de Derecho, Facultad de Derecho de Harvard

"El libro de Lainey tiene un gran valor para la Asociación de Derecho Colaborativo de Euskadi, España. Presenta la metodología de la Negociación Estructurada mostrando multitud de casos en los que ha tenido éxito. La Negociación Estructurada es un método brillante que deja de lado la confrontación en las relaciones y nos mueve hacia una convivencia pacífica."

—Marta Ruiz Cerrillo, Asociación de Derecho Colaborativo de Euskadi

"Este libro ofrece una práctica hoja de ruta para lograr un nuevo enfoque creativo a la hora de resolver disputas, beneficioso para todos la clientela, desde la empresa más poderosa hasta el individuo más vulnerable. Debería ser de lectura obligatoria para los estudiantes de Derecho y para todos los profesionales de la Abogacía"

—David Lepofsky, profesor invitado, Facultad de Derecho Osgoode Hall, Toronto, Canadá

"Su libro me ha convertido en un diseñador de accesibilidad de éxito y en un ser humano más feliz. El impacto en mi forma de trabajar ha sido sorprendente. La gente tiene más curiosidad, entusiasmo y ganas de aprender sobre la accesibilidad digital. Ya no me voy a dormir todos los días pensando en los conflictos a los que tendré que "enfrentarme" mañana y colaboro con la gente para lanzar productos mucho más accesibles que los del pasado".

— Josh Kim, especialista en accesibilidad web (WAS)

"Nuestros/as abogados/as y clientela de Massachusetts, Illinois, California y Texas han utilizado la Negociación Estructurada con gran éxito. Estamos encantados de que Lainey haya escrito este libro que proporciona a todos los/as abogados/as de cualquier área del

Derecho un acceso a este método altamente eficaz para resolver reclamaciones legales".

—Curt Decker, JD, Director Ejecutivo,
Red Nacional de Derechos de los Discapacitados

"La Negociación Estructurada tiene un alcance que va mucho más allá del mundo jurídico. Imagínese si los habituales desafíos empresariales y los retos en el ámbito del diseño se resolvieran mediante un proceso que asumiera resultados beneficiosos para todos/as los/as implicados/as, tal como se describe en este libro. El enfoque de Lainey en la cooperación, la colaboración y la resolución de problemas señala el camino hacia un mundo diseñado para todo el mundo".

–Whitney Quesenbery, Director, Center for Civic Design; coautor, *A Web for Everyone | Designing Accessible User Experiences*

"Fue un placer trabajar con Lainey y ayudarle a dar forma a sus 20 años de trabajo en un nuevo enfoque para la resolución de disputas legales que ella ha llamado apropiadamente Negociación Estructurada… Admiro a Lainey por sus años de desarrollo reflexivo de este proceso y por el duro trabajo que supone escribir un libro tan extraordinario".

—Dani Bowling, mediador y facilitador de políticas públicas

"Es un gran recurso, repleto de información útil y de lenguaje jurídico comprensible que comparte ideas valiosas sobre la forma en que la accesibilidad digital se (mal)interpreta por personas externas a nuestra comunidad de defensores/as y consumidores/as. Si te preocupa la igualdad de acceso a la tecnología de la comunicación, consigue el libro, léelo y compártelo. Te ayudará a hablar de un tema complejo de forma directa y positiva".

—Sharron Rush, cofundadora y directora ejecutiva, Knowbility

"He participado en una Negociación Estructurada con Lainey Feingold y he visto de primera mano cómo se logran mayores beneficios reales, con un menor coste y una difusión mucho más rápida que a través del litigio tradicional. Este libro demuestra que la práctica de una defensa concienzuda y el civismo pueden coexistir en el ejercicio de la Abogacía. Debería ser de lectura obligatoria para todos los profesionales de la Abogacía".

"A los/as estudiantes de Derecho, profesionales jóvenes y veteranos, profesorado de Derecho: lean el libro, pero no lo guarden en la estantería hasta que permanezcan algún tiempo leyendo y reflexionando sobre las herramientas de colaboración que se tratan en el capítulo 16".

"Este libro es de lectura obligada para cualquiera que trabaje en el campo de la accesibilidad. También es un gran libro para cualquiera que trabaje en el campo del diseño o el desarrollo web, ya que describe las negociaciones sobre accesibilidad como algo que podemos hacer conjuntamente. La amplia experiencia y la actitud positiva de Lainey Feingold brillan con luz propia en este libro, y me alegro mucho de que lo haya escrito. Sigo volviendo a él una y otra vez como motor de progreso en la accesibilidad web y en el avance de los Derechos Civiles".

"Si eres profesional de la Abogacía o defensor/a de derechos o alguien a quien le gustaría aprender cómo reducir conflictos en situaciones donde las personas tienen perspectivas muy diferentes, debes leer este libro".

"Este libro es para todos los profesionales de la Abogacía (de ambos lados de la mesa) dispuestos a reconocer que la mayoría de nuestras disputas procesales, desavenencias en la fase de pruebas judiciales y enfrentamientos entre expertos y expertas, en realidad no nos ayudan a resolver las preocupaciones de nuestra clientela. Cualquier profesional de la Abogacía y clientela dispuesta a centrarse en la solución y no en la disputa, puede y debe leer este libro. Lainey Feingold ha prestado un servicio a la profesión jurídica que nos proporcionará a todos mejores noches de sueño, menos úlceras y carreras más largas y gratificantes."

CONTENTS

Capítulo 8 El papel de la pericial en la Negociación Estructurada 171

Cuarta Etapa: Avanzando en las negociaciones

Capítulo 9 Superar obstáculos durante la negociación 187

Capítulo 10 Protegiendo el escenario de la negociación 201

Quinta Etapa: Gestionando lo inesperado

Capítulo 11 Añadir reclamaciones, solicitantes y nuevas compensaciones 217

Sexta Etapa: Redactando el Acuerdo

Séptima Etapa: Estrategias posteriores al acuerdo

Una actitud colaborativa

PRÓLOGO A LA SEGUNDA EDICIÓN INGLESA
por *Haben Girma*

Mis dedos se deslizaban por los puntos braille del cajero automático. Al ser estudiante ciego de secundaria, traté de apartar temporalmente mis miedos y me permití imaginar un futuro con libertad financiera.

Una profesora para ciegos me llevó al centro de Oakland y me explicó el funcionamiento de los cajeros automáticos accesibles. Ofreciéndome su tarjeta, me dijo: "Introdúcela y saquemos dinero".

Me enseñó cómo orientar la tarjeta en la ranura y conectar los auriculares. La voz del ordenador que se oía por los auriculares me resultaba difícil de entender debido a mi audición limitada, así que ella me instó a memorizar las combinaciones de teclas para los distintos importes de retirada. Ella extrajo veinte dólares aquel día, pero yo extraje una lección mucho más valiosa.

Después del instituto, viajé a Portland (Oregón) para ir a la universidad y luego a Cambridge (Massachusetts) para estudiar Derecho. Durante mucho tiempo, la mayoría de los estudiantes ciegos/as habían sufrido todo tipo de complicaciones para acceder al dinero, por no hablar del pago de la matrícula y de los/as gastos de manutención. Los cajeros automáticos accesibles aparecieron en buen momento para mi generación, y al poco tiempo llegó la banca electrónica.

Cuando volví a la zona de la bahía después de estudiar Derecho, tuve el increíble honor de conocer a la abogada que está detrás de la banca accesible. Lainey Feingold es una abogada de Berkeley que ha dedicado su vida a defender los intereses de la comunidad de ciegos. Su trabajo focaliza las voces de las personas con discapacidad, dando lugar a soluciones impulsadas por ellas mismas, como los cajeros automáticos accesibles. En un principio, el banco no se imaginaba que las personas ciegas pudieran realizar operaciones bancarias de forma autónoma, pero Lainey hizo posible una conversación colaborativa entre varios compañeros ciegos con una gran capacidad de innovación y el banco. Su estilo colaborativo en defensa de los derechos consiguió entonces distintos avances para la comunidad ciega en operaciones con la banca, en compras, sanidad e incluso béisbol.

La influencia de Lainey Feingold se extiende mucho más allá del ámbito de la defensa jurídica directa, e incluye innumerables conversaciones entre bastidores que motivan el activismo entre personas discapacitadas y no discapacitadas. Sus numerosas contribuciones a los derechos de las personas con discapacidad, desde la defensa directa hasta la tutoría, son muy respetadas.

Este libro es el obsequio de Lainey para quitar actuales y futuros defensores/as de la justicia. He leído Negociación Estructurada dos veces y cada vez he descubierto algo nuevo. La mezcla perfecta de paciencia y determinación que se encuentra en estas páginas es exclusiva de Lainey. Enseña a los lectores el arte de transformar a posibles adversarios en colaboradores por medio de interesantes anécdotas personales. Las historias sitúan a las personas discapacitadas en el corazón y la esencia del relato, al igual que hace Lainey en su trabajo.

Las enseñanzas aprendidas en este libro también son aplicables a otras dificultades ajenas a la accesibilidad de las personas con discapacitadas. La prosa late con un optimismo que sin duda reavivará la esperanza de quienes se enfrentan a momentos difíciles. En un mundo lleno de desacuerdos, esta guía increíblemente reflexiva sobre la colaboración por encima de las diferencias es exactamente el libro que necesitamos.

Haben Girma, abogada
Abogada de derechos humanos, conferenciante y autora del bestseller
*Haben: The Deafblind Woman Who Conquered Harvard Law (Haben: La mujer
sordociega que conquistó la facultad de leyes de Harvard)*
Área d la Bahía de San Francisco, Abril de 2021

PROLOGO
by Susana Sucunza

Cuando lo conocí, me maravilló; y cuando lo puse en práctica, ví que funcionó.

He de comenzar transmitiendo mi gratitud por este regalo que nos brinda Lainey. Una metodología que nos acerca a la solución puesto que, como hace poco leí, "todo problema quiere una solución". Y la receta es tan sencilla como el sentarnos los intervinientes en la misma mesa en la búsqueda de la mejor solución para todos. Sencilla…. Y ¿por qué nos cuesta tanto?

Seguramente, puede ser porque no nos han enseñado a escucharnos, a ver a la otra parte como un "otro" legítimo, a entender que tenemos un observador individual, que cada cual tiene su propia historia personal, sus circunstancias, sus juicios,…

Seguramente, porque partimos de la desconfianza, del pensar que "si algo me ofrece es porque me puede dar más o hay algo que está escondiendo…"

Seguramente, porque nos centramos en lo que nos separa en lugar de en lo que nos une, que es mucho más….

Seguramente porque nos sentimos tan heridos e incomprendidos que nos cuesta tener paciencia, empezar un camino que nos pueda llevar a una meta compartida.

Seguramente…. hay tantos "seguramentes"…..

Lainey nos enseña una nueva forma de enfocar la solución. No partiendo del problema sino de la solución, de la meta a la que queremos llegar todas las partes. Esa solución que satisface todas las necesidades. Porque sí, todas las partes queremos una solución y si es la mejor para todos, mejor!

Nos demuestra que la amabilidad, la escucha, el comprender, o al menos, intentar comprender, la situación en la que se encuentra cada persona, la voluntad de llegar a una solución, el conocimiento de todas las personas implicadas (personal técnico, gerentes, ciudadanía, …), sin subestimar a nadie y apartando los prejuicios que nos acechan, la paciencia activa, …. no es "buenismo" sino que son los ingredientes para conseguir una mejor convivencia. Y que el partir de la confianza, en que se puede conseguir, en que todas las personas que participemos vamos a trabajar en conseguir la solución, es la clave para que, efectivamente, se consiga.

Yo, después de conocer y practicar el Derecho Colaborativo y, concretamente, la Negociación Estructurada, muchas veces me pregunto: ¿cómo es posible que se cumplan los contratos, que se solucionen los problemas, que se lleguen a negociaciones eficaces si partimos desde la desconfianza? Parece que cuantos más problemas veas cuando redactas un contrato o intentes un proceso de negociación o en el transcurso de un proceso judicial, mejor profesional de la Abogacía eres. Es lo que nos han enseñado. Qué íbamos a hacer…..

Por eso he querido empezar, y así acabo, agradeciendo a Lainey que nos enseñe una nueva forma de prevenir y resolver las distintas situaciones que se nos presentan en este mundo tan cambiante y, afortunadamente, diverso en el que nos encontramos. Una manera más humana y acorde a lo que la ciudadanía realmente quiere y necesita. Una manera que abogue por la convivencia, el bien común o la paz social, como me gusta llamarlo a mí….. GRACIAS!!!!

PREFACIO DE LA SEGUNDA EDICIÓN

La Negociación Estructurada celebra 26 años

Desde que se publicó este libro en 2016, he hablado y escrito mucho sobre su mensaje central: el valor y el poder de resolver problemas colaborativamente. En conferencias y talleres de formación, en aulas y reuniones, he compartido historias y estrategias de Negociación Estructurada. Profesionales de la Abogacía y estudiantes de Derecho, colectivos defensores de la accesibilidad y de los derechos de las personas con discapacidad, instituciones de mediación, equipos diseñadores de páginas web y otras personas estaban deseosas de aprender a conseguir resultados sin conflictos innecesarios.

Una cosa está clara.

Existe un profundo deseo de conocer técnicas de resolución de conflictos que no requieran un comportamiento agresivo ni pleitos. E incluso cuando es necesario un pleito, las partes participantes suelen estar ávidas de estrategias que lo hagan menos conflictivo y estresante.

La búsqueda de la colaboración no conoce fronteras. Desde Toronto hasta Euskadi, desde Sidney hasta Nashville, he descubierto un gran interés por la Negociación Estructurada. La gente necesita estrategias que reduzcan el miedo y disminuyan los conflictos y los gastos. La comunidad mundial concienciada con la accesibilidad está deseosa de aprender habilidades de comunicación para difundir el mensaje de la inclusión en el mundo digital.

Este apoyo del público local, nacional e internacional me animó a emprender esta segunda edición.

Novedades de la segunda edición

En esta segunda edición de *Structured Negotiation, A Winning Alternative to Lawsuits* he añadido el siguiente contenido:

- **Un nuevo prefacio**: Este prefacio comparte lo que he aprendido sobre la Negociación Estructurada en los últimos cinco años. Está dividido en varias partes:

  - Por qué adopté la frase "habilidades de delfín" para describir elementos de la mentalidad de la Negociación Estructurada.

  - Cómo amplié mis conocimientos sobre la Negociación Estructurada al descubrir cómo la gente utilizaba las estrategias del libro.

  - La interacción entre la ética y la Negociación Estructurada, algo en lo que empecé a pensar cuando mi entrevista con Anderson Cooper para *60 Minutes* quedó pendiente de montaje aproximadamente un año tras la publicación de este libro.

  - Lo que me han enseñado sobre la Negociación Estructurada las recientes elecciones estadounidenses, el movimiento Black Lives Matter y una pandemia mundial.

- **Un nuevo capítulo**: El nuevo capítulo 17 cuenta historias sobre cómo profesionales de la abogacía y organizaciones defensoras han utilizado la Negociación Estructurada para resolver casos complejos de derechos civiles desde que se publicó la primera edición.

- **Dos nuevos avances**: La segunda edición de *Structured Negotiation, A Winning Alternative to Lawsuits* se publica tanto en inglés como en español. Hay textos originariamente escritos en ambos idiomas y luego traducidos.

  - Agradezco a la autora, conferenciante internacional y abogada de derechos humanos y justicia para personas con discapacidad Haben Girma, el prólogo que ha escrito en inglés. El libro de Haben, *Haben: The Deafblind Woman who conquered Harvard Law*, es de lectura obligatoria para cualquier persona interesada en la experiencia vital de la discapacidad en el siglo XXI, la inclusión de la discapacidad, la etnia y el género o la importancia de acceso a la tecnología para una sociedad inclusiva.

- El prólogo de la edición española fue escrito por Susana Sucunza, abogada colaborativa en Vitoria-Gasteiz, Euskadi, España. Susana es presidenta de la Asociación de Derecho Colaborativo de Euskadi. La Asociación, editora de la segunda edición, está comprometida con la promoción y el fomento de nuevos conceptos de justicia no confrontativa y colaborativa y la implantación en la sociedad de métodos adecuados de resolución de conflictos. Quiero expresar mi extenso agradecimiento a Susana, así como a las anteriores y actuales responsables de la Asociación, Marta Ruiz, María José Anitua y Carmen Aja, por creer en este libro y mostrarme el alcance global de la Negociación Estructurada.

Sé un delfín

Una de las estrategias más importantes para resolver los problemas sin conflicto es desarrollar una actitud colaborativa. En el libro, lo denomino "mentalidad de Negociación Estructurada". Ahora llamo a los elementos de esa mentalidad "habilidades de delfín".

Las habilidades de los delfines incluyen la paciencia, el optimismo, la empatía y la ecuanimidad. Las técnicas para construir relaciones, como la amabilidad, la simpatía y la persistencia, son importantes. Aprender a escuchar y a afrontar el miedo es esencial. Estas habilidades de los delfines son estrategias de negociación cruciales cuando se utilizan para resolver problemas, promover causas o resolver demandas judiciales.

A pesar de las frecuentes referencias a profesionales de la abogacía como "tiburones", quienes leyeron mi anterior edición confirmaron mi opinión de que la metáfora no es exacta. Cuando encontré un libro para profesionales de la abogacía recién colegiados titulado "Enseñar a nadar a los bebés tiburones", supe que la Negociación Estructurada necesitaba otra criatura marina: escogí el delfín.

Cuando pido a participantes de talleres que compartan lo primero que les viene a la mente al oír la palabra "tiburón", escucho términos como "agresivo", "ir a matar", "invocar el miedo". Los delfines invocan otras cualidades que forman parte de la Negociación Estructurada desde hace veintiséis años.

Los delfines cooperan. Los delfines se comunican. Los delfines son incluso optimistas, un elemento de la mentalidad de la Negociación Estructurada que, como se verá en estas páginas, ayuda a mantener el rumbo cuando el trayecto se pone difícil.

Las personas que exhiben comportamientos agresivos (de tiburón) a menudo se encuentran insatisfechas y quieren aprender una forma diferente. Se sienten aliviadas al descubrir que los instintos colaborativos (cualidades de los delfines) son herramientas de defensa eficaces.

Las cualidades del delfín de la Negociación Estructurada son universales. Las personas de todo el mundo quieren ser mejores oyentes y aplicar las habilidades de construcción de relaciones en los conflictos. No quieren discutir con sus colegas de trabajo ni con sus superiores cuando defienden una tecnología inclusiva que funcione para todo el mundo.

Las personas conocen de la ventaja de la paciencia en las familias, los vecindarios y las comunidades espirituales. Están abiertas a aprender a practicar la paciencia, especialmente la "paciencia activa" descrita en el capítulo 16, durante la resolución de conflictos y la defensa de los derechos.

He negociado durante varios años con un abogado cuya reputación era ser agresivo pero que parecía bastante colaborativo en la Negociación Estructurada. Sin embargo, en una llamada reciente, se enfadó y empezó a gritar a través del teléfono. A pesar de que su voz se iba intensificando, practiqué la cualidad del delfín de la ecuanimidad, observando el comportamiento tradicional de profesionales de la abogacía que yo no suelo experimentar. Cuando terminó, se tomó un respiro.

"Siento ser un Mike malo", dijo (usando su nombre real y no este seudónimo). Entendí por su comentario que el sistema jurídico tradicional exigía con demasiada frecuencia su comportamiento de tiburón experimentado. Agradeció la oportunidad de ser el delfín que fomenta la Negociación Estructurada.

Habilidades flexibles y Negociación Estructurada

Tras la publicación de mi libro, leí *Soft Skills for the Effective Lawyer* y me reuní con el autor del libro, Randy Kiser. Este maravilloso libro sintetiza décadas de investigación que respaldan el valor de las habilidades de los delfines para establecer relaciones en el ámbito jurídico.

Kiser cita más de 1.500 estudios y entrevistas con profesionales de la abogacía, de la judicatura y clientela de Estados Unidos y de todo el mundo. Identifica cerca de 250 métodos para mejorar la labor de profesionales de la abogacía, métodos que reflejan las habilidades de los delfines que han sido esenciales para la Negociación Estructurada.

Esto incluye escuchar atentamente, establecer un entorno de confianza, evitar las suposiciones y mantener la empatía. Los datos incuestionables de Kiser respaldan las cualidades en las que he confiado durante décadas de práctica de la Negociación Estructurada.

En 2019 y 2020 compartí las "estrategias de delfines" con profesionales colaborativos y defensores en Euskadi, España. La metáfora permitió a quienes participaron en los talleres centrarse en su comportamiento negociador en los términos más básicos: ¿me estoy comportando como un tiburón? ¿O estoy practicando las habilidades de los delfines, las habilidades flexibles descritas en el libro de Kiser?

La metáfora es patente tanto en español como en inglés. La aceptación internacional de las habilidades de los delfines es la base de la Negociación Estructurada de los capítulos siguientes.

Formas más abiertas de pensamiento en la Negociación Estructurada

He practicado la Negociación Estructurada como una alternativa a la presentación de demandas legales. Ha sido un proceso de resolución de conflictos diferente de otras estrategias de defensa, utilizado por la abogacía y la ciudadanía que buscan resolver conflictos.

Esa versión de la Negociación Estructurada contiene todas las etapas -y los elementos de éstas- que se describen en el Capítulo Uno: elegir un enfoque colaborativo; redactar una invitación a negociar en lugar de una demanda agresiva; establecer reglas básicas; acordar las periciales, etcétera. Como método diferente para resolver demandas legales, la Negociación Estructurada es, como dice el título, "una alternativa ganadora frente a los pleitos".

Pero desde su publicación he descubierto que la Negociación Estructurada y sus elementos pueden ser más que una alternativa en dos aspectos importantes.

- En primer lugar, las etapas descritas en el libro se pueden integrar con otras estrategias legales. La mayoría de las historias que se cuentan en la primera edición del libro ocurrieron sin demandas judiciales. Desde entonces he aprendido cómo la Negociación Estructurada ofrece resultados incluso después de presentar una demanda.

- En segundo lugar, en ausencia de una reclamación legal formal, las estrategias descritas en estos capítulos (comunicar para invitar a la colaboración, desarrollar una atmósfera de confianza, trabajar con los miedos) pueden reunir a partes interesadas potencialmente divergentes que buscan un terreno común. Las herramientas que hacen que la Negociación Estructurada tenga éxito en la resolución de conflictos sirven para cualquiera que busque un cambio organizativo y una solución eficaz de los problemas.

Al pensar de forma más amplia en la Negociación Estructurada, reconozco el valor del libro para un mayor número de personas y organizaciones, al margen de que sirva a profesionales de la abogacía y estudiantes de Derecho que buscan una forma más colaborativa de ejercer la profesión que han elegido.

Profesionales de la Abogacía, estudiantes de Derecho y un deseo de cambio

Desde que se publicó este libro, he conocido a estudiantes de Derecho (y a su profesorado) con interés en ejercer el derecho de forma diferente.

Colectivos deseosos de aprender habilidades de negociación junto con (o incluso en lugar de) estrategias para el ejercicio ante el tribunal. Muestran interés en las herramientas que ponen el foco en las relaciones personales. La organización sin ánimo de lucro IDIA (Increasing Diversity by Increasing Access to Legal Education), con sede en Bengaluru (India), escribió que la Negociación Estructurada sirvió para alcanzar al objetivo de la organización al capacitar a los "CHAMPS - Creative, Holistic, Altruistic, Moral, Maverick, Problem Solvers" *(CHAMPS - Creativo, Holístico, Altruista, Moral, Inconformista, Solucionador de Problemas)*.

A pesar de contar con un cuadro de profesorado comprometido con la resolución de conflictos, el alumnado de Derecho se frustraba por la estructura jurídica tradicional que a menudo les hacía abandonar su estudio. Las investigaciones han confirmado esa su frustración.

Un informe de 2020 titulado *Building a Better Bar: The Twelve Building Blocks of Minimum Competence* resume las conclusiones de cincuenta grupos de debate formados por personas recién graduadas en Derecho. Dicho estudio concluyó que quienes acababan de graduarse no están preparados/as para negociar porque su formación estaba basada exclusivamente en la discusión. "La negociación... es una competencia clave de la que carecen muchas personas recién graduadas".

Los últimos cinco años me han enseñado que el instinto natural colaborativo no es inusual en la profesión jurídica. Pero con demasiada frecuencia se infravalora. Profesionales de la abogacía y estudiantes de Derecho con un perfil más colaborativo suelen carecer de la confianza y las habilidades necesarias para afrontar el conflicto y la confrontación propios de los sistemas jurídicos tradicionales.

La Negociación Estructurada ofrece herramientas de colaboración que se pueden aprender de la misma manera que se adquieren las habilidades relacionadas con los conflictos. El alumnado de Derecho y las leyes pueden desarrollar el músculo de la negociación. Las historias de este libro muestran cómo.

Negociación Estructurada: un cambio de paradigma para las nuevas empresas

Patreon es la principal plataforma de afiliación que conecta a artistas y a personas creadoras con "mecenas" que apoyan económicamente su trabajo. Desde su lanzamiento en 2013, se han pagado más de dos mil millones de dólares a creadores y creadoras a través de la plataforma. En 2020, Patreon también se convirtió en la primera empresa de nueva creación en beneficiarse de la estrategia de Negociación Estructurada en la que todo el mundo gana.

Esa negociación, basada en las necesidades de accesibilidad de una persona creadora con visión reducida, se describe en el nuevo capítulo 17. Una vez terminada la negociación, hablé con la asesora jurídica adjunta de Patreon, Priya Sanger, sobre el valor de la Negociación Estructurada para la comunidad creativa.

"Las start-ups", explicó Sanger

"están motivadas por su misión. Por regla general, nunca solemos tener suficiente gente o dinero para cumplir nuestras grandes visiones. Las start-ups están orientadas a las soluciones. Cuando identificamos un problema, queremos solucionarlo de forma rápida y rentable, centrándonos en las personas. No nos gusta gastar dinero en pleitos.

Estas cualidades hacen que la Negociación Estructurada sea especialmente adecuada para nuestro tipo de negocio".

Los litigios son un "baile complicado", me dijo Sanger, "demasiado centrado en ganar y perder y en discutir sobre quién tiene razón". Considera que la Negociación Estructurada es un "cambio de paradigma", alegrándose de que "el dinero que se hubiera gastado en una disputa se destinara en cambio a construir una solución para todas las partes."

Mediación y Negociación Estructurada

Mi clientela, mi colega y yo, rara vez recurrimos a profesionales mediadores durante las negociaciones descritas en el libro. En cambio, nos basamos en la comunicación directa para resolver casos complejos. Observé la falta de ayuda de terceros como una gran ventaja del proceso y lamenté la incapacidad de profesionales de la abogacía para hablar honestamente sin una persona mediadora.

Cinco años después sé que contratar a una persona mediadora durante una Negociación Estructurada no es un error. Hoy reconozco la opción de la mediación como prueba de la flexibilidad de la Negociación Estructurada.

David Hoffman, coautor con Dani Bowling de *Bringing Peace into the Room* y profesor de la Facultad de Derecho de Harvard, escribió que las estrategias de resolución de problemas que se describen en este libro resultan valiosas para las personas mediadoras:

> "Al tener grandes similitudes con el Derecho Colaborativo, y al integrarse bien con la mediación, el modelo de Negociación Estructurada proporciona una hoja de ruta detallada para lograr una pacificación en casos complejos."

Los capítulos que siguen ofrecen estrategias para iniciar una conversación, compartir información y evitar peleas de peritajes con habilidades colaborativas propias de los delfines. Pero cuando la comunicación directa flaquea, la mediación puede ayudar. La carrera hacia el litigio no es la única opción.

Negociación Estructurada con una demanda presentada

Incluso quien esté más comprometido con la Negociación Estructurada puede necesitar presentar una demanda, ya sea por la propia naturaleza del caso o por el hecho de que la Negociación Estructurada, como toda negociación, depende de una parte predispuesta.

El capítulo 6 ofrece herramientas para ayudar a convencer a las organizaciones de que se conviertan en esa parte predispuesta. Esas herramientas requieren la perspectiva que expresa la cita de la escritora, empresaria y presentadora de televisión fallecida, B. Smith: "He aguantado una montaña de *NOes* para lograr un SÍ".

Pero a veces no hay forma de vencer al "no". Una demanda puede convertirse en la mejor o única estrategia. Sin embargo, una vez presentada se puede seguir escalando esa montaña, pasando del conflicto y los gastos del litigio tradicional al "sí" de la Negociación Estructurada.

Profesionales de la abogacía que practican la Negociación Estructurada, desde que se publicó este libro, me han mostrado cómo esto es posible.

En medio de un litigio que, de otro modo, sería conflictivo, el peritaje compartido (capítulo 8) puede eliminar la ineficacia de las batallas periciales. Un intercambio de información transparente y preciso (capítulo 7) puede ahorrar tiempo y dinero en los tribunales. Las reglas básicas (capítulo 6) pueden establecer una pausa en el litigio y crear un entorno de confianza para abordar las negociaciones complejas. Un oasis en medio del conflicto.

En 2017, varios profesionales de la abogacía especializados en derechos civiles presentaron una demanda para abordar una lamentable carencia en la planificación de emergencias para personas con discapacidad en Washington, D.C. Luego invitaron rápidamente al Distrito a participar en una Negociación Estructurada en lugar de litigar en los tribunales. La invitación fue aceptada, se negociaron las reglas básicas y en 2019 las partes anunciaron un amplio acuerdo.

Esta historia y otras similares se cuentan en el nuevo capítulo 17.

Refuerzan el papel de la Negociación Estructurada para acercar a las partes incluso en el contexto del litigio.

Profesionales de la abogacía no litigantes y Negociación Estructurada

Profesionales de la abogacía no litigantes pueden beneficiarse de las estrategias individuales que se ofrecen en estas páginas. Dos colegas ciegos me enseñaron cómo hacerlo.

Sassy Outwater es una abogada ciega y directora ejecutiva de la Asociación de Invidentes y con Discapacidad Visual de Massachusetts. Nos conocimos a través de la comunidad nacional de invidentes. Nuestra relación se desarrolló en torno a sus publicaciones en las redes sociales sobre sus experiencias de ceguera y cáncer.

Sassy explica cómo este libro le ayuda a hacer su trabajo:

"Utilizo las estrategias del libro constantemente. Como directora ejecutiva, utilizo los principios de la Negociación Estructurada para escribir cartas y releo los capítulos antes de entrar en las reuniones. Recuerdo especialmente el último capítulo cuando intento cambiar la perspectiva de las personas con las que trabajo.

No puedo recurrir a las amenazas para lograr los objetivos de mi organización. Por el contrario, tengo que atraer a la gente a la mesa de negociación para que trabaje con nuestra organización y valore la experiencia de la discapacidad. Este libro me ayuda a recordar que la actitud es una parte importante tanto del liderazgo como de la defensa."

Sassy reconoce que en el pasado solía llegar a su trabajo con una actitud de enfado y activismo. Como jefa de organización, tiene que "dejar de lado la ira" y hacer algo más que señalar los problemas. Era preciso disponer de mejores herramientas para conseguir resultados y este libro se las ofrecía.

La Negociación Estructurada, me dijo Sassy Outwater, "me ayuda a gestionar mi trabajo en *pro* de la defensa".

La activista australiana Gisele Mesnage también reconoce el valor de la Negociación Estructurada. Gisele es la fundadora y coordinadora de la Digital Gap Initiative, una organización de voluntariado orientada hacia una era digital inclusiva.

> "Sus consejos sobre la redacción de cartas y correos electrónicos (la presentación inicial) y el lenguaje y tono utilizados son muy valiosos para os abogados y las abogadas y lo mismo ocurre con cualquier conversación entre las partes.

Como astuta abogada, Gisele entiende que los fundamentos jurídicos y los acuerdos financieros (capítulo 13) han sido fundamentales para el éxito de la Negociación Estructurada en los Estados Unidos. Reconociendo que el marco jurídico de los derechos de las personas con discapacidad en Australia no es tan sólido, la labor de defensa de la DGI se centra en hacer campaña para lograr reformas jurídicas estructurales. En este trabajo, las estrategias mediáticas de la Negociación Estructurada y las habilidades propias de los delfines para reconocer que la paciencia y la persistencia influyen en los resultados, han apoyado los esfuerzos de la DGI.

———

Ya sea promoviendo la ADA o abogando por una legislación similar, Sassy Outwater y Gisele Mesnage atestiguan que los elementos individuales de la Negociación Estructurada son herramientas útiles para que profesionales no litigantes preserven y promuevan los derechos civiles.

La accesibilidad digital, liderazgo empresarial y Negociación Estructurada

En 2020 se cumplió el 20º aniversario del primer acuerdo de accesibilidad web en Estados Unidos -la historia de las organizaciones de invidentes y el Bank of America que se narran en el capítulo 1-. Comprender los fundamentos de los derechos civiles contenidos en las historias de este libro ayuda a los/as profesionales de la abogacía del ámbito de la accesibilidad en el diseño, el desarrollo y la política web. Descubrir la larga historia de avances en materia de accesibilidad que se describe en este libro ayuda a profesionales a realizar su trabajo para crear y mantener un mundo digital inclusivo.

Las historias de este libro también ofrecen herramientas que pueden utilizar separa hacer ese trabajo.

Whitney Quesenbery es la coautora de *A Web for Everyone | Designing Accessible User Experiences*. En una reseña de este libro reconoció el potencial alcance de la Negociación Estructurada para la comunidad de la accesibilidad digital:

"La Negociación Estructurada tiene un alcance que va mucho más allá del mundo jurídico. Imagínese que los retos empresariales y de diseño habituales se resolvieran con un proceso que asumiera los resultados beneficiosos descrito en este libro para todas las partes."

Imagínese.

Las experiencias vividas desde la publicación de este libro han afianzado mi opinión sobre el valor de la Negociación Estructurada para quienes se dedican a la accesibilidad digital y quienes acaban de iniciar el camino de la tecnología inclusiva. Algunas de estas nuevas experiencias han tenido lugar en forma de casos recientes cuyas historias se cuentan en el capítulo 17. Pero también he puesto en práctica las habilidades de la Negociación Estructurada para un uso nuevo e inesperado.

Durante los últimos años, he actuado como recurso de accesibilidad digital para Disability:IN, una organización mundial sin ánimo de lucro que promueve la inclusión de la discapacidad en las empresas. Ayudo a la creciente comunidad de empresas de la lista Fortune 1000 a desarrollar, ampliar y mantener su compromiso con la tecnología inclusiva para personal con discapacidad, clientela y público en general.

Mi trabajo de Disability:IN no implica la resolución de demandas legales, sin embargo, me baso en estrategias de Negociación Estructurada. ¿Cómo?

- Aportando las habilidades de los delfines en las reuniones y comunicaciones con los equipos jurídicos de las empresas.

- Recordando el valor de los pequeños pasos para poder ayudar a las organizaciones sin importar en qué punto del camino de la accesibilidad se encuentren.

- Deshaciéndome de las suposiciones cuando comparto recursos, escribo documentos y hablo con las partes de la organización. Un cuarto de siglo de Negociación Estructurada me recuerda que debo inspirar la accesibilidad colaborativamente, sin provocar el miedo, sin la actitud de un tiburón.

La atención a las habilidades de los delfines, como la paciencia y la confianza, la ecuanimidad, el optimismo y la escucha atenta contribuyen a mi eficacia con el personal y los miembros internacionales de Disability:IN. Es muy gratificante poder constatar el profundo compromiso de quien lidera el sector empresarial que trabaja para construir un mundo digital inclusivo.

Iniciativas gubernamentales de accesibilidad y Negociación Estructurada

Mi visión del potencial de la Negociación Estructurada se amplió cuando leí la página 100 de la *Universal Accessibility Strategy in Basque Country Spain* (Estrategia la Accesibilidad Universal en el País Vasco, España). El documento, de 160 páginas, establece un plan de acción para la accesibilidad en espacios urbanos, edificios públicos, lugares de trabajo, hogares y entornos no físicos para "abrir nuevos horizontes de comunicación digital".

En la sección titulada "elementos de acción" se menciona específicamente la Negociación Estructurada:

"Encontrar fórmulas colaborativas para el acuerdo y la solución de los conflictos generados entre las partes:

- Es necesario anticiparse a los posibles desacuerdos entre las diferentes partes interesadas y se deben desarrollar fórmulas de solución colaborativa o nuevos enfoques como la Negociación Estructurada. "

Este tipo de lenguaje forma parte del Plan de Accesibilidad Universal de Euskadi gracias a la Asociación de Derecho Colaborativo de Euskadi (ADCE). La ADCE me ha invitado en dos ocasiones a compartir historias y estrategias de Negociación Estructurada con su comunidad de profesionales colaborativos/as y es la editora de la edición española de este libro.

Estoy deseando saber cómo el proceso puede ayudar al Gobierno Vasco y a profesionales que trabajan en el ámbito de la discapacidad y profesionales colaborativos/as a avanzar en la accesibilidad para toda la ciudadanía.

Ética y Negociación Estructurada

La primera edición de este libro no abordaba las ventajas éticas de la Negociación Estructurada. Ahora considero que la ética forma parte de su valor en dos aspectos importantes:

- En primer lugar, un enfoque colaborativo mejora el bienestar de profesionales de la abogacía, contribuyendo al éxito de los casos.

- En segundo lugar, la Negociación Estructurada es un antídoto contra las prácticas problemáticas y poco éticas presentes en el espacio jurídico de la accesibilidad digital que se han desarrollado desde la publicación del libro.

La Negociación Estructurada promueve el bienestar de la abogacía

Un año después de la publicación de *Structured Negotiation, A Winning Alternative to Lawsuits* (Negociación Estructurada, una alternativa ganadora a los pleitos), un informe exhaustivo titulado *The Path to*

Lawyer Well-Being: Practical Recommendations for Positive Change (El camino hacia el bienestar de la abogacía: recomendaciones prácticas para un cambio positivo), concluyó que el bienestar de la abogacía mejora si se "reducen las hostilidades que los litigios suelen generar".

Las recomendaciones incluyen "reducir el nivel de toxicidad en la profesión jurídica" y "dar pasos pequeños y graduales para cambiar la forma en que se ejerce la abogacía". El informe respaldó los programas de educación jurídica para "mejorar el optimismo, la resiliencia, las habilidades de relación... y abordar el estrés".

La Negociación Estructurada reduce las hostilidades en los litigios. Reduce el estrés y desarrolla las habilidades de relación. En otras palabras, es una estrategia de resolución de problemas que mejora el bienestar de la abogacía.

"Siempre es menos estresante la colaboración", me dijo un abogado de la ciudad de San Francisco después de que negociáramos sobre calles seguras para peatones invidentes. La Negociación Estructurada "tiende a ser menos conflictiva, por lo que produce menos ansiedad a profesionales de la abogacía y a su clientela", explicó un abogado de una cadena nacional de comercios.

El abogado de derechos civiles Matthew Handley se ocupa tanto de los litigios como de la Negociación Estructurada. "Esta ocupación es muy estresante", dice, y "una gran fuente de ese estrés es el miedo a perder o a hacer algo por lo que tu clientela pierda". Tener un proceso en el que ambas partes busquen una victoria conjunta", dice, "hace maravillas para reducir el estrés."

Martie Lafferty ha sido abogada en los tribunales durante veinte años. Como directora del Proyecto de Accesibilidad del Centro de Educación y Aplicación de los Derechos Civiles, aprecia las oportunidades que ofrece la Negociación Estructurada.

"El proceso es definitivamente menos estresante", me dijo:

"Los litigios dependen demasiado a menudo de un comportamiento agresivo y de atacar a la otra parte. En mis casos de Negociación Estructurada mi clientela tiene más voz y trabajamos conjuntamente para crear soluciones. He visto de primera mano la confianza que crea la Negociación Estructurada. Es una confianza que minimiza el estrés, se traduce en victorias para mi clientela y me hace sentir bien con el trabajo que hago."

El concepto "mindfulness" es importante

Tanto el informe sobre el bienestar de la abogacía como este libro recomiendan la meditación *mindfulness* como herramienta para apoyar las habilidades éticas en la práctica del Derecho. Sin embargo, dudé en escribir sobre las prácticas de *mindfulness* en la primera edición del libro por temor a que pareciera incoherente con una estrategia de negociación basada en la promoción de los derechos civiles.

No tenía motivo de preocupación.

En un taller de tres horas formativo en Nashville, pregunté a la organización si podía utilizar 6 minutos del taller para realizar una sencilla práctica de *mindfulness*. "¡Sería genial!", me aseguró. "Meditamos dos veces a la semana en nuestra oficina y a todo el mundo le encanta"

Esta experiencia renovó mi confianza en que las habilidades colaborativas son como los músculos: con la práctica y las herramientas adecuadas se pueden aprender aportando bienestar y resultados beneficiosos.

Abogacía eficaz y feliz

A finales de 2019, una organización nacional de derechos de personas con discapacidad celebró una gala en el Museo Americano de Historia Natural de Nueva York. Rodeados de dioramas de dinosaurios, la organización honró a Bank of America por su largo historial de logros en materia de accesibilidad. Brian Frumkin, que ha sido mi contacto del banco durante muchos años, recogió el premio.

Refiriéndose a nuestra primera Negociación Estructurada, descrita en el capítulo 1, Frumkin dijo a la audiencia:

"Durante nuestra negociación ocurrió algo curioso. Tal como se describe en el excelente libro de Lainey sobre este tema, se desarrolló un sentimiento de confianza entre el banco, los equipos jurídicos y las partes. A medida que la banca avanzaba más y más hacia el autoservicio, aprovechamos la relación positiva creada durante el proyecto de los cajeros automáticos y trabajamos juntos para desarrollar los primeros sitios web accesibles de la institución financiera en el país.

Para terminar, me gustaría compartir una nota personal. Ayudar a crear productos bancarios más accesibles ha sido una de las tareas más satisfactorias de mi carrera como abogado de Bank of America. Además, llevar el enfoque colaborativo a mi práctica me ha convertido, creo, en un abogado más eficaz y, quizás, en una persona más feliz. "

Una abogacía eficaz y una persona más feliz: ¿Qué más puede ofrecer una estrategia jurídica a la profesión?

Ética de la accesibilidad digital y Negociación Estructurada

Abandonada por Anderson Cooper

En junio de 2015, mi colega de Negociación Estructurada Linda Dardarian y yo pasamos horas con Anderson Cooper y su equipo para un reportaje de *60 Minutes* sobre el 25º aniversario de la ADA. La entrevista fue bien. Hablamos de nuestro trabajo y compartimos muchas de las historias que leerán en este libro. Cooper y su equipo nos dijeron que apreciaban que el estilo cooperativo de la ADA estuviera haciendo un mundo más accesible para las personas con discapacidad.

Después de la entrevista, nos trasladamos a la oficina de Linda, donde el equipo de cámaras de *60 Minutes* pasó horas filmando el sistema de recetas parlantes ScripTalk con una cámara de alta tecnología. (Como se describe en el capítulo 12, habíamos trabajado en Negociación Estructurada para llevar esa tecnología de vanguardia a las personas con visión reducida de todo el país).

Entonces, un domingo por la tarde, dieciocho meses después del rodaje, recibí una llamada telefónica de la productora. "Sólo quería que supieras que no estarás en el programa", me dijo "Hemos decidido hacer un programa sólo sobre los juicios *drive-by* -dispara y camina-".

"Juicios *drive-by*". "Es un término despectivo que se utiliza para describir los litigios al estilo de los pistoleros (que disparan desde el coche mientras pasan por delante de su objetivo), presentados por profesionales de la abogacía que supuestamente van en busca de vulneraciones de la ADA mientras "pasan" por los establecimientos comerciales.

Un fantasma de la historia del 25 aniversario de la ADA fue resucitado en el episodio de *60 Minutes* que se emitió el 4 de diciembre de 2016. Se centró en las cuestionables demandas presentadas por tres profesionales de la abogacía, dos de los cuales fueron demandados por su clientela con discapacidad por mala praxis.

La Negociación Estructurada, nuestra clientela y los avances en inclusión digital descritos en este libro (y filmados por el equipo de *60 Minutos*) nunca fueron mencionados. Un mes después de las elecciones presidenciales de 2016, la CBS decidió que era mejor para el programa hablar de profesionales de la abogacía sin escrúpulos que se aprovechan de la clientela con discapacidad de forma poco ética.

El miedo y la ética en el espacio jurídico de la accesibilidad digital

El tardío episodio de Cooper sobre la ADA en *60 Minutos* se basaba en el miedo: miedo a las leyes de derechos civiles, a las personas con discapacidad, a los costes financieros de la accesibilidad y a profesionales de la abogacía que defienden derechos civiles. Un temor similar existe ahora como importante en el espacio de la accesibilidad digital, donde la Negociación Estructurada comenzó y sigue prosperando.

En el año 2000, la Negociación Estructurada dio lugar al primer acuerdo de accesibilidad a la web en Estados Unidos. Quince años más tarde, se presentaron aproximadamente 57 demandas en los tribunales federales de EE.UU. sobre el tema. En 2020, había más de 3.000 y muchos más en los tribunales estatales.

¿Por qué tantas?

Mientras que las demandas éticas de derechos civiles siguen haciendo avanzar la accesibilidad digital, la mayoría de estas demandas posteriores a 2015 presentadas por profesionales de la abogacía que buscaban ganar dinero rápido con la accesibilidad digital. Llamadas en ocasiones demandas "surf-by" (una copia de las demandas drive-by que cautivaron a Anderson Cooper) la estrategia que utilizan ha transformado el espacio legal de la accesibilidad digital desde que este libro fue publicado por primera vez.

El miedo a recibir una demanda motiva a muchas organizaciones a buscar soluciones rápidas y baratas. En parte para satisfacer esta necesidad alimentada por ese temor, los capitales riesgo han financiado empresas de software que prometen a titules de sitios web "el cumplimiento total de la ADA en 48 horas" y una accesibilidad "sin esforzarse".

La tecnología producida por estas empresas no satisface las necesidades de las personas usuarias con discapacidad. En muchos casos puede hacer que la experiencia online sea incluso menos accesible.

Estos avances son la antítesis de la Negociación Estructurada. El método descrito en este libro (junto con los pleitos éticos) hace progresar en la consecución de los derechos. Los pleitos poco éticos y los programas informáticos de solución rápida perjudican a las personas con discapacidad. Crean la percepción pública de que las barreras digitales no excluyen a las personas y de que la aplicación de la ADA no es más que una forma de obtener dinero. Las demandas poco éticas llevan a muchos tribunales, arbitrajes y mediaciones a infravalorar la necesidad de cumplir la ADA en el espacio digital.

El derecho a presentar demandas, tan fundamental para la aplicación de todos los derechos civiles en Estados Unidos, ha sido objeto de repetidos ataques en las legislaturas estatales durante los últimos cuatro años como respuesta a las demandas de las empresas a las que se dirige este nuevo tipo de pleito por la accesibilidad. En octubre de 2020, se presentó en el Congreso de los Estados Unidos un proyecto de ley (que finalmente murió sin ser aprobado) para reducir la aplicación de la ADA a la tecnología y limitar las demandas por los derechos de las personas con discapacidad. El proyecto de ley se volvió a presentar en febrero de 2021.

El miedo que generan estos acontecimientos no es un estímulo suficiente para lograr un cambio estable ni para la inclusión digital. Durante veinticinco años he visto de primera mano el papel que desempeña el miedo en la negociación y cómo la Negociación Estructurada ayuda a las personas a acabar con el miedo en diversos entornos. Las historias del capítulo 12, por ejemplo, ilustran cómo una conversación honesta y el intercambio de información, centrados en la experiencia vivida por las personas con discapacidad, eliminaron el miedo de las farmacéuticas a las recetas parlantes, el de la banca a los cajeros automáticos con servicio de voz y el de la ingeniería de tráfico a las señales accesibles.

El panorama actual puede crear obstáculos para profesionales de la Negociación Estructurada. Muchas empresas a las que se dirigen profesionales de la abogacía éticos en busca de colaboración desconfían. Profesionales de la abogacía que reciben una carta de presentación cuidadosamente elaborada, como la descrita en el capítulo 3, pueden ponerse a la defensiva. Mucha gente presume que toda la abogacía está interesada únicamente en ganar los casos rápidamente. Sin embargo, esa rapidez resulta ineficaz en cualquier área del derecho en la que, como se describe en el capítulo 15, es esencial un seguimiento eficiente después del acuerdo.

Aunque el miedo que generan ciertas prácticas en la accesibilidad digital puede dificultar el trabajo de cualquier profesional colaborativo, la Negociación Estructurada también puede ayudar a diferenciar una estrategia legal centrada en la solución de otra menos preocupada por las experiencias de la clientela.

El abogado de derechos civiles de Washington D.C., Matthew Handley, me dijo que le gusta la Negociación Estructurada porque "me ayuda a distinguirme de colegas con poca ética en el ámbito de la discriminación por discapacidad". Matt aprecia el "enfoque holístico y curativo de la Negociación Estructurada, que ayuda a distinguir nuestro bufete de los demás".

———

Por supuesto, la Negociación Estructurada no es la única forma ética de hacer cumplir las leyes. Las demandas éticas, la actividad de las agencias gubernamentales y la acción directa de las organizaciones e individuos activistas han sido claves para la aplicación de los derechos de las personas con discapacidad durante 30 años. A diario, las personas con discapacidad "se meten la ley en el bolsillo" defendiendo los derechos civiles sin ayuda de la profesión jurídica.

También he visto de primera mano cómo la accesibilidad puede prosperar en organizaciones comprometidas con la creación de productos inclusivos. Conocí a algunas de estas organizaciones (como Bank of America) en la mesa de negociaciones. A otras, las he conocido a través de la comunidad implicada en la accesibilidad y de mi trabajo con Disability:IN.

Estos líderes mundiales de la accesibilidad miran «más allá del cumplimiento» para ver la accesibilidad como una creadora de marca, como un producto innovador y como una ética empresarial obligatoria e ineludible hacia la diversidad y la inclusión. Microsoft, por ejemplo, lleva mucho tiempo a la vanguardia en la promoción de la inclusión tecnológica para personas con discapacidad. Sus numerosas iniciativas de accesibilidad muestran el compromiso de la empresa con la accesibilidad digital como valor corporativo.

En el capítulo 14 se describen las ventajas de permitir que las partes negociadoras den a conocer las historias de éxito de la Negociación Estructurada sin hacer referencia a profesionales de la abogacía. Empresas como Microsoft no han necesitado una iniciativa de Negociación Estructurada para promover las innovaciones en materia de accesibilidad. En 2020 publicó un anuncio en la Super Bowl en el que aparecían jugadores con discapacidad y el innovador mando de juegos accesible de la empresa.

Microsoft y otras empresas líderes de la inclusión de la discapacidad saben que la accesibilidad forma parte de las prácticas empresariales éticas del siglo XXI. No necesitan esperar a que un gabinete (incluso uno colaborativo que practique la Negociación Estructurada) llame a la puerta.

Elecciones, Black Lives Matter y una pandemia mundial

En octubre de 2016 disfruté de una maravillosa presentación del libro en la costa oeste. Había una mesa repleta de postres que mostraban la tecnología de las historias de este libro: galletas de azúcar con puntos de caramelo en braille, pasteles rellenos de glaseado con forma de señales peatonales accesibles y cajeros automáticos parlantes. La sala estaba llena de amistades y colegas, muchas de las cuales ocupan un lugar destacado en el libro.

La presentación en la costa este se programó un mes después en la Facultad de Derecho de Harvard. Entre ambos eventos se celebraron las elecciones presidenciales estadounidenses de 2016. ¡Cómo iba a cambiar el mundo!

La Negociación Estructurada bajo el prisma de las elecciones de 2016 y 2020

Después de las elecciones de 2016, me esforcé por saber cómo promover la colaboración y las soluciones beneficiosas para todo el mundo en un país que acababa de elegir a un presidente que menospreciaba a las mujeres, se burlaba de las personas con discapacidad y despreciaba a quienes tenían opiniones diferentes y a quienes no eran de tez blanca. Preveía la necesidad de interponer demandas agresivas para proteger la democracia y los derechos civiles y me preguntaba por el valor actual de la colaboración.

La elección de alguien con un enfoque conflictivo y lleno de odio parecía socavar todo lo que representa la Negociación Estructurada. Me llené de dudas y pensé en cancelar la presentación del libro en Harvard.

Pero entonces recordé que la colaboración y la defensa firme no son incoherentes. Como escribí en el capítulo 16:

"Profesionales de la abogacía que practican la Negociación Estructurada también "ponen paz en la sala" aunque no sean neutrales. En dos décadas evitando acudir a los tribunales, he aprendido que traer la paz y ser una firme defensora no son mutuamente excluyentes. Al contrario, ser pacificadora sirve a los objetivos de la parte defensora igual que sirve a los de la persona mediadora".

Estas palabras me recordaron que, junto con las demandas y las protestas públicas, la Negociación Estructurada seguiría siendo una herramienta útil para resolver problemas y avanzar en los derechos. Los últimos cinco años lo han confirmado.

El evento de Harvard siguió adelante, al igual que docenas de eventos desde entonces. Mucha gente me ha dicho que las herramientas colaborativas para la resolución de problemas, como la Negociación Estructurada, son especialmente útiles en tiempos conflictivos. Las nuevas historias de Negociación Estructurada que se cuentan en el capítulo 17 comparten procedimientos colaborativos en los que los profesionales de la abogacía han confiado durante los últimos (muy difíciles) cinco años.

Escribo este prefacio después de la contundente victoria de Joe Biden y Kamala Harris sobre el odio y el miedo en las elecciones estadounidenses de 2020. La campaña de Biden y Harris prometió colaboración para recuperar el alma del país. El mensaje resonó y ganaron por casi 8 millones de votos.

Mientras que la insurrección del 6 de enero de 2021 en el Capitolio muestra que todavía existe un movimiento supremacista blanco y antidemocrático en Estados Unidos, las elecciones de 2020 siguen siendo un poderoso rechazo al conflicto, al miedo y a la desconfianza de los que se nutrió la última administración.

En una entrevista con la autora Brené Brown un mes antes de las elecciones, el ahora presidente Biden, habló de los valores que él y Harris aportarían a una nación necesitada de sanación: confianza y empatía, optimismo, esperanza y bondad. Las mismas habilidades de los delfines que han hecho que la Negociación Estructurada tenga éxito durante más de dos décadas.

Los primeros 100 días de la nueva administración -con su proyecto de ley de ayuda a la Covid de 1,9 billones de dólares, su plan de infraestructuras de 2 billones de dólares y la lista judicial federal más diversa de la historia del país- ilustran que la práctica de estas habilidades, como escribo en estos capítulos, no es un signo de debilidad.

Black Lives Matter

Desde la publicación de este libro, en Estados Unidos se ha vuelto a prestar atención a la falta de justicia racial en todos los aspectos de la sociedad. Activistas de raza negra de la comunidad de personas con discapacidad nos recuerdan que *#BlackDisabledLives matter*. Desde las personas activistas de base hasta las empresas con visión de futuro reconocen cada vez más la interrelación entre raza, género y discapacidad.

Estas cuestiones han influido en mi forma de pensar sobre la Negociación Estructurada.

En primer lugar, las protestas de Black Lives Matter ponen de manifiesto que la acción directa es una estrategia fundamental para el necesario cambio. (En el reciente 30° aniversario del Capitol Crawl -cuando las personas con discapacidad subieron a gatas la escalinata del Capitolio de EE.UU. en un impulso final para la aprobación de la Ley de Estadounidenses con Discapacidad- fue un recordatorio de que la propia ley en la que se basa la Negociación Estructurada nació de la acción directa). Al aferrarme al valor de la colaboración y la pacificación encarnadas en la Negociación Estructurada no cuestiono el valor de la acción directa para ampliar, hacer cumplir y mantener los derechos.

En segundo lugar, el movimiento Black Lives Matter nos llama a investigar los prejuicios basados en la raza y en cómo se cruzan con los prejuicios basados en la discapacidad que se analizan en este libro. Derribar los prejuicios en todas sus formas es una cualidad de los delfines esencial para establecer la confianza en la negociación. "Tus prejuicios son las ventanas del mundo", escribió Isaac Asimov. "Límpialos de vez en cuando o la luz no entrará".

En tercer lugar, los acontecimientos de los últimos años me han llevado a explorar la interrelación entre raza y tecnología. El diseño inclusivo reconoce toda la gama de la diversidad humana incluyendo la discapacidad, la raza, la edad, el género, etcétera. Cuando hablo con nuevas partes negociadoras de casos de accesibilidad digital, facilito la adopción de principios y acciones de diseño inclusivo en el desarrollo de nuevas tecnologías y contenidos. Cuando hablo del valor de contratar a personas con discapacidad en todas las fases de desarrollo del producto, me preocupo de subrayar el valor de la diversidad racial dentro de la discapacidad.

La inteligencia artificial es otro tema tecnológico interrelacional en el que no había pensado al escribir la primera edición. La IA ha beneficiado a las personas con discapacidad proporcionándoles, por ejemplo, un mejor reconocimiento del habla, mejores subtítulos de vídeo, conversión de texto a voz y software de señalética. Por otro lado, la IA en forma de software, intentando mejorar la accesibilidad de la web con una línea de código, ha sido en gran medida una falsa promesa.

Y aunque la tecnología de reconocimiento de imágenes es muy prometedora para las personas con visión reducida, profesionales de la informática de raza negra, personal de investigación con discapacidad y otras personas, han sacado a la luz formas racistas y discriminatorias en las que la IA de reconocimiento de imágenes puede causar un daño significativo a las personas de raza negra y otras razas y a las personas discapacitadas. La concienciación sobre cómo se interrelacionan la raza, la discapacidad y la tecnología, así como la adopción de medidas para evitar prejuicios, son cruciales para el éxito colaborativo en la tecnología de hoy y de mañana.

———

Cuando descubrí el artículo de Michael Z. Green, profesor de la Facultad de Derecho de Texas A&M, *Negotiating while Black,* tomé conciencia de que la raza y la negociación es otra interacción crucial a la que deben prestar atención todo profesional de la Negociación Estructurada. El artículo de Green revisa las publicaciones sobre cómo "las personas negras se ven afectadas de manera singular en las negociaciones", señalando que "durante décadas, articulistas han planteado su preocupación por los prejuicios que conllevan los procesos informales de resolución de conflictos".

Personal académico de raza negra y personas con liderazgo en el campo de la resolución de conflictos, incluyendo a Benjamin G. Davis y Homer C. La Rue, escriben sobre estrategias para subsanar la falta de diversidad racial en la mediación y el arbitraje. La atención y la acción centradas en estas cuestiones ayudarán a garantizar que la Negociación Estructurada siga siendo una forma verdaderamente inclusiva de resolver conflictos, solucionar problemas y hacer que el mundo digital resulte accesible para todo el mundo.

El valor de la resolución flexible de conflictos durante una pandemia mundial

Escribo este prefacio durante la peor crisis sanitaria en más de un siglo. El virus de la Covid y su mala gestión en Estados Unidos han causado estragos en las vidas, la salud, la economía y en muchos otros aspectos. Casi tres millones de personas en todo el mundo han muerto a causa de esta horrible enfermedad.

La pandemia ha mostrado los valores de la Negociación Estructurada:

- La Negociación Estructurada requiere un mínimo de desplazamientos, si es que son necesarios. Nuestra negociación con las Grandes Ligas de Béisbol (anexo 3) permitió corregir más de treinta sitios web y una aplicación móvil que fue premiada, aunque las partes nunca se reunieron presencialmente. La negociación con American Express (capítulo 7) tuvo éxito gracias a una "mesa redonda de acceso telefónico"."

- En la primera edición escribí que "no he utilizado programas de conferencias web porque a menudo es inaccesible para participantes con discapacidad, pero el software de reunión virtual que todo el mundo puede utilizar es una opción". Cuatro años después, el panorama de las conferencias digitales ha cambiado a mejor.

Zoom, Microsoft Teams y Google Meet han hecho que las reuniones virtuales sean mucho más accesibles para las personas con discapacidad. Estas tecnologías facilitan las negociaciones centradas en la clientela y en la distancia social.

Por ejemplo, durante una reunión virtual celebrada en la primavera de 2020 mientras la pandemia hacía estragos, nuestra clientela ciega compartió sus pantallas para mostrar las barreras de accesibilidad al equipo tecnológico de una institución financiera. La tecnología les permitió aprender sobre la inclusión digital de las personas más afectadas.

- Durante la pandemia, el tiempo adquirió un nuevo significado y a menudo faltaba la motivación. A mi colega, a las partes negociadoras y a mí nos resultaba a menudo un reto ejercer con vigor el "lenguaje de la persistencia" descrito en el capítulo 2.

No importa. La Negociación Estructurada toleró y se adaptó a los inevitables trastornos de horario por las órdenes de permanencia en casa, a la educación en el hogar y al interminable ciclo de noticias sobre pandemias que desviaban la atención de las tareas que se realizaban. La confianza y las relaciones construidas durante una Negociación Estructurada ayudaron a quienes participaron a superar esos tiempos turbulentos.

- Las ventajas de la Negociación Estructurada para reducir el estrés, que la convierten en una forma ética de ejercer la abogacía, también la convierten en un proceso ideal de resolución de conflictos durante una pandemia mundial que provoca estrés. Las reclamaciones siguen necesitando ser resueltas, los problemas siguen surgiendo. Es muy valioso gestionarlos mediante un proceso basado en la comunicación, la transparencia y la confianza.

———

No podría haber predicho todo lo que ha sucedido desde la publicación de este libro y ciertamente no puedo predecir el futuro. Tengo la esperanza de que las herramientas de la Negociación Estructurada sigan ayudando a resolver conflictos, a solucionar problemas y a avanzar en las causas como lo han hecho durante los últimos veinticinco años.

Dedicatoria de la segunda edición

Tres personas defensoras de personas con visión reducida y una experta en accesibilidad cuyas historias cuento en la primera edición de este libro han fallecido desde su publicación. La iniciativa de cajeros automáticos con voz descrita en el capítulo 1 dependía del apoyo de Catherine Skivers, presidenta del Consejo de Invidentes de California durante nuestra negociación. Cathie falleció en 2019 a la edad de 94 años tras toda una vida dedicada al ejercicio del derecho.

Marlaina Lieberg, que desempeñó un papel importante en la Negociación Estructurada de las Grandes Ligas de Béisbol y apoyó muchos otros casos, murió en mayo de 2018. Apenas un mes antes, Sue Ammeter, el corazón de nuestra Negociación Estructurada con la Sociedad Americana del Cáncer, descrita en este libro, murió a causa del cáncer que la llevó a buscar información accesible.

Como se explica en el capítulo 5, Jim Thatcher fue la mano invisible detrás de muchos éxitos de la Negociación Estructurada incluidos en este libro. Científico brillante con un don para explicar cuestiones de accesibilidad de forma que cualquiera pudiera entenderlas, Jim era la esencia de lo que puede ser un experto en un proceso colaborativo. Jim falleció en 2019.

A estas personas y a otras que ya no están, dedico esta segunda edición de Negociación Estructurada, una alternativa ganadora a los pleitos.

Lainey Feingold
Berkeley, California USA
Abril de 2021

INTRODUCCIÓN

¿Qué es la Negociación Estructurada?

"Si te enfrentas demasiado, la predisposición colaborativa será la mínima. La colaboración de la Negociación Estructurada permite obtener un resultado diferente."
—Susan Mazrui, demandante de Negociación Estructurada-

En Estados Unidos, las disputas legales se abordan habitualmente mediante la presentación de demandas. El proceso confrontativo comienza de inmediato, a menudo con un comunicado de prensa que publica una presunta mala conducta de la otra parte. Esto va seguido de versiones contradictorias sobre irregularidades cometidas, preparando el escenario para lo que pueda ser un litigio costoso, estresante y lento.

Una vez presentada la demanda, comienza la batalla. Cada parte lanza sus golpes en forma de peticiones de información, alegaciones y escritos de oposición. Se contratan expertos muy caros. En un momento dado, las partes pueden intentar llegar a un acuerdo, a menudo con una persona mediadora. La mediación puede ser muy beneficiosa pero a menudo los golpes ya han sido lanzados, se ha gastado dinero y tiempo, y se ha generado desconfianza.

Muchos profesionales de la abogacía y clientes no están satisfechos con este sistema, pero no ven otra opción. Este libro explica la Negociación Estructurada, una alternativa a los litigios con muy buenos resultados.

La Negociación Estructurada se da sin necesidad de interponer una demanda. El proceso evita argucias procesales, trámites complejos para obtener información, batallas entre expertos y que las decisiones estén en manos de terceros. En lugar de eso, la Negociación Estructurada posee un marco de actuación propio basado en la idea de que las demandas legales se pueden resolver de manera equitativa y asequible si las partes consiguen establecer relaciones y comunicarse abiertamente. Es un método de resolución de conflictos basado en la premisa colaborativa de que si las partes buscan un espacio común en lugar de profundizar en argumentos legales, pueden surgir soluciones incluso para los problemas más complejos.

La Negociación Estructurada cuenta con una importante trayectoria. En los últimos 20 años, el proceso ha logrado más de 60 acuerdos con algunas de las mayores organizaciones de los Estados Unidos. Bank of America, Walmart, Charles Schwab, CVS, Major League Baseball, Denny's, Anthem, Inc. y Weight Watchers son tan solo algunas de las entidades privadas que han cambiado el estrés, las contiendas legales y sus elevados costes por la Negociación Estructurada. Los acuerdos con la Ciudad y el Condado de San Francisco, la Autoridad Metropolitana de Tráfico de Houston, la Ciudad de Denver, la Sociedad Americana contra el Cáncer y el Hospital General de Massachusetts demuestran que el proceso es una alternativa viable a las demandas, tanto frente a entidades sin ánimo de lucro, como frente al sector público y empresas privadas.

La Negociación se desarrolló para para resolver las demandas legales de la comunidad de personas invidentes para acceder a la información y a la tecnología. La sociedad se encuentra en medio de una revolución digital que está cambiando el modo en que votamos, compramos, realizamos transacciones bancarias y aprendemos. Es una transformación que ha alterado la forma en que compartimos información con los profesionales médicos, mantenemos nuestras amistades y encontramos pareja. Hacer que este pujante panorama digital esté disponible para las personas con discapacidad es un cuestión de derechos civiles. Mi trabajo durante dos décadas ha sido encontrar la manera de proteger esos derechos sin conflictos ni rencores. La Negociación Estructurada me ha proporcionado las herramientas.

Gracias a la Negociación Estructurada, decenas de miles de cajeros automáticos con servicio de voz protegen la privacidad financiera de las personas con visión reducida. Los sitios web y las pantallas de aplicaciones móviles de algunas de las mayores organizaciones del país son accesibles para todos los usuarios, independientemente de cómo accedan al contenido. La Negociación Estructurada ha facilitado recetas médicas con voz a las farmacias del país, teclados táctiles para pagar en grandes almacenes y tiendas y señales accesibles para peatones en las calles de San Francisco. Las instituciones sanitarias y sus pacientes han utilizado el método para mejorar los servicios y la atención a las personas con discapacidad.

Pero aunque la Negociación Estructurada se desarrolló para resolver demandas sobre derechos civiles de las personas con visión reducida, tiene una aplicación más amplia. Las causas civiles en las que las partes buscan resolver las demandas sin acritud o posturas enfrentadas, de forma asequible, de otra manera, pueden resolverse mediante este proceso. La Negociación Estructurada aporta herramientas para que las partes preserven la relación que están construyendo mientras resuelven los conflictos. Si se necesitan expertos pero se quiere evitar el desgaste de recursos en una batalla entre profesionales, el excepcional enfoque sobre el conocimiento experimentado con que cuenta la Negociación Estructurada, ahorra tiempo y dinero.

La Negociación Estructurada evita los pleitos tradicionales, optando por un sistema más amigable y compasivo. Es un método de resolución de conflictos más centrado en la solución que en identificar a ganadores y perdedores. A diferencia del litigio o el arbitraje, en la Negociación Estructurada no hace falta que las partes prueben o refuten las acusaciones ante un tercero. No centrarse en conductas pasadas permite a los profesionales de la abogacía y clientela concentrarse en soluciones futuras. Sin temor a que las partes puedan decir algo que perjudique su caso, la Negociación Estructurada alienta un flujo de comunicación informal y directo que no existe en un entorno legal convencional.

La Negociación Estructurada ha modificado las políticas institucionales, sin aplicar estrategias confrontativas ni batallas procesales, y ha sido una herramienta eficaz para negociar reclamaciones económicas. El proceso empodera a los profesionales dándoles voz y un lugar en la mesa de negociación. Impulsa a los directivos de empresa y a la Administración a hacer lo correcto. Y ofrece a los profesionales de la abogacía una forma de ayudar a la clientela de una manera constructiva, no contenciosa y más holística.

A muchos profesionales de la abogacía les cuesta encontrar el equilibrio satisfactorio entre su vida profesional y personal. La gente duda en presentar demandas legales debido al estigma, el tiempo, el estrés y los gastos que los pleitos implican. Sin plazos judiciales, alegaciones, pruebas, citaciones, careos entre expertos y otras argucias procesales, la Negociación Estructurada ofrece a los profesionales de la abogacía y clientela más control sobre sus vidas. En 2007, una revista jurídica entrevistó a un socio negociador de un importante bufete sobre Negociación Estructurada quien dijo "La flexibilidad del proceso permite organizarse de forma menos rigurosa, por lo que su vida y la de sus clientes resultan menos estresantes". Ocho años después, durante una Negociación Estructurada, pregunté a un abogado de Washington D.C., que llevaba su primer caso en este proceso alternativo de resolución de conflictos "¿Qué le parece la Negociación Estructurada?", a lo que respondió agradecido "Todo lo que puedo decir", dijo agradecido, "es que puedo dormir por la noche. Eso lo resume todo."

Mis socios negociadores tienen razón. La Negociación Estructurada ofrece una forma menos estresante de ejercer la abogacía y de participar como cliente. "Estructurado" porque es un método con componentes identificables que dan forma a un proceso replicable para resolver demandas. "Negociación" porque el método es colaborativo, depende de un intercambio basado en la confianza y orientado hacia una solución en la que todos ganan (win-win solution).

Escribí este libro para compartir mi experiencia sobre cómo la Negociación Estructurada brinda a los profesionales de la abogacía y clientela una forma confrontativa y económica de resolver conflictos legales; y ofrece a los/las lectores/as las habilidades y estrategias necesarias para resolver conflictos sin necesidad de interponer demandas. Los juicios juegan un papel crucial en el ejercicio de acciones de reclamación de derechos, y a veces, son la mejor o la única opción. Pero cuando lo único que tienes es un martillo, todo termina pareciéndose a un clavo. La Negociación Estructurada ofrece otro tipo de herramientas.

Síntesis del libro

El Capítulo 1 comienza con la historia de los primeros casos gestionados por medio de este nuevo método de resolución de conflictos y explica por qué mi colega Linda Dardarian y yo escogimos denominar al método Negociación Estructurada. Después, muestra una hoja de ruta a través del proceso, analizando sus elementos y etapas. El Capítulo 2 presenta un aspecto de la Negociación Estructurada que está presente en cada etapa del proceso: el tono y el lenguaje que generan una dinámica de colaboración.

¿Qué sentido tiene utilizar el término «demandado» si no queremos que los socios en la negociación se defiendan respecto de un comportamiento pasado?; ¿Por qué denominar «demanda» si se busca que los destinatarios sientan que tienen algo que decir en la solución del problema que se plantea?. Los participantes en la Negociación Estructurada prestan atención al lenguaje empleado para que no interfiera en el objetivo de resolver conjuntamente los problemas. Los profesionales de la abogacía y su clientela pueden practicar el lenguaje colaborativo, del mismo modo que se les puede fomentar para ser agresivos/as y recelosos/as. El lenguaje colaborativo explicado en el Capítulo 2 es una estrategia para ayudar a los clientes/as de manera eficaz. Las sugerencias indicadas ayudarán a los profesionales de la abogacía y clientes/as a aprender a hablar el idioma de la Negociación Estructurada en cualquier ámbito legal.

Los capítulos 3 al 15 desglosan los aspectos básicos de esta resolución de conflictos sin presentar una demanda legal, explicando:

- Cómo determinar si la Negociación Estructurada es la estrategia correcta para un caso concreto y cómo garantizar que los/as **clientes/as participen en la Negociación Estructurada de manera efectiva**.

- Cómo escribir una **carta de presentación** que invite a participar en el proceso. Tal como dice uno de mis socios negociadores, representante de una empresa: "No se puede transmitir el tono en un escrito judicial. El único tono que existe en una demanda judicial es "tenemos razón, vamos a ganar, sois unas malas personas". La carta de presentación de la Negociación Estructurada es diferente. Piense en ella como una invitación a negociar.

- Cómo establecer un **documento de reglas básicas** del proceso que todas las partes firmen al inicio de la relación.

- Cómo celebrar **reuniones colaborativas** y compartir información sin disputas ni declaraciones costosas y polémicas.

- Cómo el **proceso de retroalimentación (feedback) de la Negociación Estructurada** ha mejorado los sitios web, las aplicaciones móviles, los cajeros automáticos y los dispositivos de pago en tiendas y supermercados; y cómo puede funcionar en otros ámbito del Derecho.

- Cómo aportar **expertos/as** al proceso sin discusiones, declaraciones juradas, alegaciones, tomas de declaraciones o gastos descontrolados.

- Cómo **superar los obstáculos** que pueden frustrar una negociación.

- Cómo **proteger el espacio de negociación** cuando no existen demandas judiciales. Prestar atención a las leyes, la jurisprudencia y los profesionales de la otra parte, y a veces, involucrarse, proporciona el espacio y el ámbito legal adecuados sobre los que negociar de forma productiva.

- Cómo **redactar el acuerdo** utilizando estrategias diseñadas para superar el miedo que pueda obstaculizar la solución.

- Cuándo incorporar **un o una mediador o mediadora** al proceso o incluso **presentar un acuerdo en el juzgado** (generalmente no es necesario pero a veces resulta útil).

- Cómo la **estrategia de comunicación** de la Negociación Estructurada es un apoyo para conseguir los objetivos de la negociación y construir relaciones.

- Cómo **se controlan y se hacen cumplir** los acuerdos de la Negociación Estructurada, asegurando que se cumpla lo acordado y que se puedan ampliar los compromisos.

———

La Negociación Estructurada, para ser efectiva, exige una actitud colaborativa. La última parada en la hoja de ruta de la Negociación Estructurada, examinada en el Capítulo 16, es la **mentalidad de la Negociación Estructurada**. Ciertas cualidades personales facilitan la resolución de conflictos sin la necesidad de la protección de la Justicia, dde las resoluciones judiciales o del procedimiento civil. La paciencia activa, la confianza, un sólido optimismo y valorar al otro de forma positiva son las herramientas de una parte negociadora en este proceso. Estas y otras cualidades se reducen a algo muy simple: Para resolver demandas sin litigios, las partes deben creer en la colaboración y apoyar su desarrollo. El profesional de la abogacía del demandante debe introducir una atmósfera de cooperación; todos los profesionales deben respetar y nutrir esta colaboración.

Cuando una negociación fuera de los tribunales se complica, puede que ambas partes piensen que interponer una demanda, solicitar actuaciones preliminares en los juzados o que un tercero decida sobre el asunto, sea la respuesta a la situación. La tentación de "tirar la toalla" y presentar una demanda puede ser muy fuerte. Además, la idea de una victoria en los tribunales puede vencer el miedo a ser demandado. Los elementos de la mentalidad de la Negociación

Estructurada, detallados en el Capítulo 16, son de gran ayuda para mantener el rumbo.

Los anexos del libro contienen herramientas útiles para el profesional en la Negociación Estructurada. El Anexo 1 es una plantilla diseñada para ayudar a escribir una carta de presentación persuasiva y el Anexo 2 es un modelo de reglas básicas del proceso para preparar el escenario de una negociación. El anexo final, examinando una de mis negociaciones favoritas muestra cómo los elementos de Negociación Estructurada se unen. Cuando los seguidores de béisbol con visión reducida necesitaron acceso online y por el móvil a partidos, a estadísticas y a otra información recurrieron a la Negociación Estructurada. El resultado fue una colaboración exitosa entre la comunidad de aficionados con visión reducida y las Grandes Ligas de Béisbol, lo que condujo a importantes acuerdos en los que los seguidores quedaron satisfechos. Las Grandes Ligas de Baseball evitaron el elevado coste y la publicidad negativa que conllevaba ser demandas en los tribunales, Además, se entusiasmaron con la iniciativa y hoy son líderes en tecnología inclusiva.

La Negociación Estructurada permitió a las personas con visión reducida aficionadas al béisbol resolver sus demandas de una manera eficiente, colaborativa y económica. En ese caso y en otros, mis clientes, mi colega y yo hemos observado el cambio se produce cuando las personas se comunican entre sí en lugar de atacarse. Cuando los profesionales de la abogacía pierden el miedo a que sus clientes o los expertos puedan equivocarse en lo que dicen, es más fácil resolver el problema.

Pero la Negociación Estructurada no surgió tal y como ahora se conoce. Las primeras cartas de presentación que la abogada de derechos civiles Linda Dardarian y yo escribimos se enviaron a tres bancos en nombre de profesionales de la abogacía invidentes que exigían tener acceso a cajeros automáticos. Estas cartas eran similar a las habituales cartas previas a una demanda: lenguaje agresivo mezclado con acusaciones de haber cometido delitos y amenazas de presentación de demandas inminentes. En un principio, no nos dimos cuenta de la importancia de una mentalidad colaborativa o del papel del lenguaje no confrontativo. No llamábamos al proceso Negociación Estructurada porque aún no sabíamos que teníamos un proceso. Transcurridos años, nos dimos cuenta de que grandes instituciones estaban resolviendo demandas complejas sin un proceso judicial, estábamos haciendo y diciendo determinadas cosas que fomentaban la colaboración. Estábamos negociando con una estructura específica.

Descubrí que al observar esa estructura, cuyos elementos se detallan en este libro, promovía los intereses de mis clientes. Aprendí que ser amable, paciente y confiada no es un signo de debilidad. La Negociación Estructurada me permite trabajar en asuntos que me interesan sin que los obstáculos del procedimiento me agobien o me quede enterrada en un papeleo innecesario. Como profesional independiente, valoro mucho que la Negociación Estructurada evite muchos de los elevados costes propios de los litigios. Y cuando mis hijos eran pequeños, me di cuenta de cómo la Negociación Estructurada me aportaba más control sobre mi tiempo que cuando ejercía ante los tribunales.

Una oportunidad para hacer lo correcto

En 2001, el negociador del Banco de América, Bill Raymond, apareció en un revista empresarial poco después de que su empresa concluyera un proceso de Negociación Estructurada sobre cajeros automáticos accesibles. El artículo señalaba que Raymond declaró que hacer accesibles los cajeros automáticos para personas con visión reducida era lo correcto. Comentó: "por la pura alegría de ver a una persona ciega utilizarlo, vale la pena el viaje". La Negociación Estructurada tiene el poder de convertir a potenciales adversarios como Bill Raymond y Bank of America en aliados. ¿Cómo sucede eso?

Una razón es que la Negociación Estructurada ofrece a los posibles demandados la oportunidad de hacer lo correcto. Esta razón quedó clara en una Negociación Estructurada con las agencias que facilitaba informes crediticios al consumidor TransUnion, Experian y Equifax. La negociación dio como resultado un acuerdo histórico que proporciona informes crediticios gratuitos en formatos accesibles para la comunidad con discapacidad visual . Susan Mazrui, una ejecutiva que ha sido ciega desde su adolescencia, fue representante del Consejo Americano de Personas Ciegas durante la negociación. "La gente quiere una excusa para hacer lo correcto" -dice Mazrui- que ha aprovechado su carrera para motivar a las empresas estadounidenses a ser más accesibles. "Con frecuencia ni siquiera saben que están haciendo algo mal. Si te enfrentas demasiado, la predisposición de la empresa es hacer lo "mínimo"". La colaboración de la Negociación Estructurada permite obtener un resultado diferente".

La abogada de TransUnion, Denise Norgle, descubrió otra razón por la que la Negociación Estructurada convertía a posibles adversarios en socios colaborativos. Si hubiéramos acudido a los tribunales, la empresa que representaba Norgle hubiera sido demandad. Como no lo hicimos -dice- "las empresas de informes crediticios se sintieron bien al trabajar con Usted y sus clientes en el proceso".

Un método de gestión de conflictos no puede pedir nada más.

CAPÍTULO 1

La hoja de ruta de la Negociación Estructurada

"La Negociación Estructurada ha permitido que los bancos nos vean como personas. Realmente han llegado a conocernos".

—Kathy Martínez, demandante de Negociación Estructurada-

¿Cómo se articula un nuevo método de resolución de conflictos? Esto se hizo realidad a través de la Negociación Estructurada durante muchos años cuando la abogada de derechos civiles Linda Dardarian y yo trabajamos para hacer cumplir la Ley sobre estadounidenses con discapacidad junto a profesionales defensores de la comunidad de personas con discapacidad visual. Este capítulo presenta una hoja de ruta de los elementos de la Negociación Estructurada que exploraremos en este libro. El viaje comienza con dos llamadas telefónicas y tres cartas.

La primera Negociación Estructurada

La primera llamada se produjo en 1994, en Nueva York, cuando Steven Mendelsohn, llamó a su amigo, el abogado de derechos civiles de California, Barry Goldstein. Mendelsohn y Goldstein se conocieron siendo estudiantes en la Facultad de Derecho de la Universidad de Columbia. Después de graduarse, pasaron un año juntos en Londres, donde obtuvieron sendos diplomas en criminología de la Universidad de Cambridge, en Inglaterra.

La llamada de Mendelsohn versaba sobre el tema de los cajeros automáticos (ATM, por sus siglas en inglés) que estaban comenzando a colocarse en Estados Unidos reemplazando otros antiguos. Mendelsohn acababa de publicar un libro sobre derecho tributario y era un trabajador bien remunerado. Pero si necesitaba efectivo de un cajero automático tenía que pedir ayuda. ¿Por qué? Steven Mendelsohn era ciego y ni un solo cajero automático del mundo era accesible para él.

Para sacar dinero de un cajero automático, Mendelsohn se veía obligado a depender de familiares, taxistas y extraños en la calle. Obtener el saldo de su cuenta era imposible. Incluso cuatro años después de la aprobación de la ley sobre estadounidenses con discapacidad (ADA), una de las leyes de derechos civiles más completas del mundo, los cajeros automáticos estaban vedados a las personas con visión reducida.

Steven Mendelsohn decidió que valía la pena luchar por el acceso autónomo a los cajeros automáticos. Su decisión contribuyó a un cambio radical en la industria de servicios financieros y generó una Negociación Estructurada.

———

Utilizando las habilidades de investigación que desarrolló mientras escribía su libro sobre derecho tributario, Mendelsohn estudió la recién aprobada ADA y la normativa para su implementación en el Departamento de Justicia. Estudiando profundamente esa normativa, Mendelsohn encontró una disposición que exigía que los cajeros automáticos fueran "accesibles y utilizables de manera autónoma por personas con discapacidad visual". ¿Podrían estas once palabras desencadenar su desarrollo? Mendelsohn llamó a Barry Goldstein para ver si podía resolverlo.

Goldstein era socio de una firma especializada en la defensa de derechos civiles en Oakland, California, conocida por presentar demandas agresivas por cuestiones de discriminación de mujeres y minorías raciales y étnicas. Había presentado demandas colectivas, llegando a comparecer ante la Corte Suprema de los Estados Unidos. Pero nunca había llevado un caso sobre derechos de personas con discapacidad. No le importó. Goldstein estaba receloso ante el hecho de desafiar a la industria de los cajeros automáticos con una nueva ley de derechos civiles. Le dijo a Mendelsohn que su firma investigaría posibles demandas legales. E hizo la segunda llamada telefónica que condujo al desarrollo de la Negociación Estructurada: me llamó para ver si yo quería ayudarle.

En esa época, yo trabajaba en el Fondo de educación y defensa de los derechos de los discapacitados (DREDF) en Berkeley, California, y estaba ansiosa por participar. Nuestra primera tarea fue hablar con otros clientes del banco que tenían dificultades para ver las pantallas de los cajeros automáticos. A principios de la década de 1990, los cajeros automáticos proliferaban y las personas con visión reducida se veían afectadas. El bufete de Goldstein, liderado por la abogada Linda Dardarian y el asistente legal Scott Grimes comenzaron a extenderlo a la comunidad. Centrándose en California, buscaron historias que convencieran a los bancos para mejorar su tecnología. Y encontraron esas historias en las experiencias de un comprometido grupo de profesionales de la abogacía con discapacidad visual.

Uno de esos defensores fue Kathy Martínez, quien más tarde se convertiría en Subsecretaria de trabajo en la administración de Obama. A principios de la década de 1990, Martínez viajaba por el mundo, abogando por los derechos de las personas con discapacidad. Pero en casa, al igual que Mendelsohn, no podía sacar ni 20 dólares de un cajero automático sin ayuda debido a que era invidente.

Otro defensor fue Nicaise Dogbo, quien se unió a la iniciativa movido por una tasa de 2 dólares. Ciego desde su adolescencia, Dogbo emigró a los Estados Unidos desde Costa de Marfil y obtuvo una licenciatura en ingeniería eléctrica. Su banco impuso una tasa de 2$ para sacar dinero en efectivo de los cajeros. Dogbo tenía que pagar a pesar de que no pudiera utilizar el cajero automático de las sucursales. La tasa hizo que pasara de cliente molesto a abogado defensor de sus derechos. Él y Martínez se unieron a Mendelsohn, que, junto a otras seis personas con visión reducida y una organización se convirtieron en nuestros clientes. Ellos fueron los primeros demandantes en utilizar la Negociación Estructurada.

Junto a la clientela, Goldstein, Dardarian y yo consideramos cómo hacer valer sus demandas de cajeros automáticos accesibles. Nuestra investigación demostró que no existían cajeros automáticos que una persona con visión reducida pudiera usar en algún lugar del mundo. ¿Podría la ADA exigir su desarrollo? ¿Podríamos correr riesgos al dictarse resoluciones precipitadas y deficientes dentro de la ADA? ¿Qué ocurriría si el caso se asignara a un juez que no entendiera la tecnología o la discapacidad? ¿Cuál sería la forma más rápida de obtener resultados para nuestros clientes? Estas preguntas planeaban a nuestro alrededor mientras considerábamos nuestra estrategia.

Goldstein era un litigante experimentado y presentar una demanda colectiva era una opción perfectamente válida. Pero Goldstein también sabía que después de las contundentes batallas legales, varapalos procesales y opiniones de los jueces, siempre terminaba hablando con sus adversarios, resolviendo los problemas y, al final, estrechándoles la mano. Como había ocurrido en la mayoría de las demandas que había interpuesto Goldstein, incluso en los casos más importantes casos de derechos civiles, tras salir de la sala del tribunal había entrado en la sala de negociación. Al considerar nuestra estrategia legal acerca de los cajeros automáticos, Goldstein se preguntó si existía un camino más rápido para llegar a la mesa de negociación.

Si nuestros clientes hubieran estado más interesados en la contienda que en la solución, la opción de demanda colectiva podría haber sido útil. Posiblemente la Negociación Estructurada no se hubiera desarrollado, pero nuestro grupo de clientes se centró en la solución. Entendieron que las demandas con gran notoriedad podrían no ser la ruta más eficaz para lograr cajeros automáticos accesibles. La presidenta del Consejo de ciegos de California (CCB), Cathie Skivers, una activista experimentada, reconoció el posible impacto negativo de una demanda, independientemente del resultado: "Con una demanda, tal vez ganes, tal vez no, pero pase lo que pase, a una parte de la población no le va a gustar porque demandas". Mendelsohn también pensó que merecía la pena intentarlo a través de la negociación, especialmente si podía evitarse que se dictaran resoluciones precipitadas y deficientes al principio de la historia de la ADA.

Entre marzo y julio de 1995, la firma de Goldstein, Dardarian y yo, como directora jurídica de DREDF, escribimos cartas al Bank of America, Wells Fargo y Citibank en nombre de Mendelsohn, el CCB y los otros profesionales de la abogacía. En lugar de una breve carta previa de demanda, nuestras primeras comunicaciones de Negociación Estructurada a los bancos fueron muy detalladas. Al principio, junto a la carta de 20 páginas se enviaban adjuntas otras 15 hojas transcribiendo la queja oficial que prometíamos presentar si los bancos se negaban a negociar. Más tarde, aprendimos que no se necesita utilizar un lenguaje agresivo y documentos legales amenazantes para atraer a posibles socios/as negociadores/as. No he redactado una demanda desde entonces.

Todas las instituciones respondieron a nuestras cartas. Bank of America y Wells Fargo contrataron bufetes externos para representarlos y Citibank asignó el caso a un abogado de la empresa. Para comenzar nuestra relación y generar confianza con cada institución negociamos breves acuerdos ampliando los plazos para la presentación de demandas ante tribunales si la negociación fallaba. Cada acuerdo incluía un listado de temas a tratar, una cláusula de confidencialidad y otros detalles de la negociación. Para elaborar estas reglas básicas, hablamos con los servicios jurídicos de los bancos sobre la negociación y llevamos a cabo debates previos que se convirtieron en un sello distintivo de la Negociación Estructurada. Y así, el acuerdo se convirtió en el Acuerdo de las reglas básicas de un nuevo proceso de resolución de disputas. Llevó meses negociar las primeras reglas, pero finalmente todos los bancos firmaron. Era hora de hablar sobre los cajeros automáticos que Mendelsohn y las demás personas con discapacidad visual no podían utilizar.

Durante los siguientes cuatro años trabajamos con cada institución financiera para desarrollar los primeros cajeros automáticos con servicio de voz del país, una nueva tecnología que hizo que los cajeros automáticos fueran accesibles para las personas con visión reducida. Sin demandas judiciales aportamos expertos, presentamos a nuestros clientes a los equipos de desarrollo bancario, ofrecimos nuestras opiniones sobre nuevas tecnologías y se plantearon dificultades en relación con el tiempo, el coste y los términos de lo necesario a medida que redactábamos las cláusulas del acuerdo. Por ello, en la última fase confiamos en equipos de mediación pero rara vez necesitamos asistencia de terceros en los 20 años posteriores a esas primeras negociaciones.

Los mayores avances en nuestras relaciones con los bancos se produjeron durante las reuniones celebradas en los laboratorios de cajeros automáticos. En las amplias instalaciones y habitaciones oscuras de los edificios corporativos, los/as clientes/as del banco que tenían dificultades para ver las pantallas dieron sus opiniones sobre las características y funciones de los cajeros automáticos accesibles. Los equipos de ingeniería escucharon con interés y deseo de comprender las necesidades de un segmento de la clientela que hasta entonces no había considerado. Estas fueron las primeras reuniones de la Negociación Estructurada, una alternativa a la prueba judicial que se convirtió en un aspecto fundamental del proceso de resolución de conflictos.

Sin llegar a presentar una demanda, cada banco firmó un acuerdo, solucionando las reclamaciones recogidas en nuestras cartas iniciales. Por fin, las personas que tenían dificultades para ver la pantalla de un cajero automático podían utilizar las máquinas de forma autónoma, protegiendo su privacidad financiera. Con esos tres casos como impulso, la Negociación Estructurada continuó cambiando el sector financiero. Profesionales de la abogacía de Chicago, Boston, Utah, Carolina del Norte y otros lugares dieron un paso al frente para exigir los derechos establecidos en la ADA. Se negociaron cerca de dos docenas de acuerdos de implantación de cajeros automáticos parlantes sin necesidad de una sola demanda.

Nuestro trabajo en cajeros automáticos accesibles condujo a otras Negociaciones Estructuradas que se describen a lo largo de este libro. Grandes hospitales en ambas costas de EEUU utilizaron este proceso con sus pacientes. Las farmacéuticas más importantes del país eligieron la Negociación Estructurada para gestionar las reclamaciones de la clientela. Y el método se ha adaptado a los problemas digitales del siglo XXI. Desde 2000, el Bank of America, Las Grandes Ligas de Baseball, CVS, Charles Schwab, Denny's y otra docena de empresas han dado su conformidad para hacer que sus aplicaciones digitales sean accesibles y utilizables mediante la colaboración en lugar de presentando demandas judiciales.

La elección del nombre "Negociación Estructurada"

La decisión de eludir demandas judiciales en los primeros tres casos de Negociación Estructurada dio sus frutos con la adopción histórica de acuerdos con clientes satisfechos y una nueva tecnología en la industria financiera. Linda Dardarian y yo nos dimos cuenta de que no fue solo la suerte lo que hizo que tres grandes bancos negociaran sin una demanda judicial, teníamos una estrategia legal con resultados exitosos y decidimos que necesitaba un nombre.

Un nombre para el proceso daría credibilidad a la idea de resolver reclamaciones sin presentar demandas. El término correcto vincularía los éxitos del pasado con las nuevas iniciativas y proporcionaría una hoja de ruta para el futuro. Un nombre nos aportaría la clave para referirnos a nuestro nuevo método de resolución de conflictos y nos alentaría a desarrollarlo y perfeccionarlo. ¿Cuál debería ser ese nombre?

Rechazamos el término "negociaciones previas al litigio" porque no nos gustó el énfasis sobre lo que podría pasar si las negociaciones no funcionaban. Me disgusté cuando la cobertura mediática de nuestras primeras instalaciones de cajeros automáticos con voz afirmó que habíamos amenazado con presentar una demanda. No quería que nuestros futuros socios negociadores se sintieran amenazados. El término "pre-litigio" indica que el litigio es el único método legítimo con una estructura que puede ayudar a las partes en conflicto a alcanzar los objetivos deseados. El término implica que el litigio es el verdadero acuerdo, que las negociaciones sin una demanda ante los tribunales son una alternativa menos eficaz. Pero estábamos aprendiendo que no lo eran.

Nuestras cartas de presentación desbloqueaban puertas que se habían cerrado debido a la falta de atención corporativa (o incluso más). Facilitaban las relaciones entre personas que de otra manera resultarían demandadas. Queríamos una denominación que reflejara eso.

Mi idea inicial era llamar a nuestro método Derecho Colaborativo, un término con un sentido de esfuerzo y aportación conjunta. El derecho colaborativo sonaba como una alternativa real a las relaciones entre adversarios y la toma de decisiones jerárquicas, que son características del litigio. Pero otros tuvieron la idea antes que yo. Cuando buscábamos un nombre a finales de 1999, descubrimos que el derecho colaborativo se estaba desarrollando rápidamente como un método aceptado para resolver casos de divorcio fuera de los tribunales. ¿Podríamos seguir usando el término para el trabajo que estábamos haciendo? Llamé a un abogado colaborativo experto para averiguarlo.

A los pocos minutos de esa llamada, aprendí que un elemento central del derecho colaborativo es la renuncia a acudir a los tribunales recogida en el documento conocido como Acuerdo de Participación. Esta regla evita que profesionales de la abogacía puedan defender a sus clientes en los tribunales si no llegan a un acuerdo mediante el derecho colaborativo. Asegura que las partes y sus abogados y abogadas permanezcan exclusivamente comprometidos con el proceso colaborativo. Esto tiene sentido en un ámbito legal donde los clientes pagan a sus propios profesionales, el período de resolución de problemas es relativamente breve y hay muchos profesionales que puedan intervenir si los clientes cambian de opinión o la negociación no tiene éxito. Pero no funcionaría con nosotros.

Si bien nuestra experiencia con los cajeros automáticos con voz fortaleció nuestro compromiso de negociar sin presentar una demanda, no podíamos abandonar la posibilidad de acudir a los tribunales si fracasaba la negociación. Nuestra clientela se hubiera sentido abandonada si lo hubiéramos hecho. La complejidad tecnológica y los aspectos burocráticos llevan tiempo. Esperar que otro profesional de la abogacía interviniera después de años de negociación no era realista. Y si fallara una negociación y se presentara una demanda, las partes sin duda volverían a la mesa de negociaciones. Necesitábamos estar allí si eso sucedía.

La clientela y los despachos jurídicos en nuestros casos tampoco podían permitirse las posibles consecuencias económicas de las reglas básicas del derecho colaborativo sobre el abono de los honorarios de los profesionales. La clientela en casos de discriminación se rige por los preceptos sobre honorarios recogidos en las leyes de defensa de derechos civiles. En la ADA y las leyes estatales y federales similares, estas disposiciones o preceptos transfieren la obligación de pagar los honorarios de profesionales de la abogacía, de personas con discapacidad y sus organizaciones a la entidad que haya vulnerado esas leyes. Ninguno de nuestros clientes –personas físicas o jurídicas- nos pagó por los años de negociación sobre el acceso a cajeros automáticos. En cambio, al final de cada negociación solicitamos el pago de los honorarios de nuestros profesionales a los bancos según lo permite la ADA. Las características del proceso colaborativo podrían haber supuesto que nuestros/as clientes/as hubieran perdido derechos según las normas de honorarios reconocidas, dejándonos sin compensación.

———

Sin llegar a presentar una demanda, habíamos entablado negociaciones mediante un tipo de carta de presentación, un documento de reglas básicas definido y una manera no contenciosa de compartir información. Habíamos encontrado un método efectivo y productivo para introducir la profesionalidad, conocimiento y experiencia de nuestra clientela y de expertos/as técnicos/as. Y habíamos adoptado una actitud de colaboración al hacer nuestro trabajo. Los primeros casos bancarios se habían convertido en negociaciones con una estructura particular: la Negociación Estructurada.

Lo hicimos oficial en junio de 1999, incluyendo el término en la primera carta de presentación de Negociación Estructurada enviada después de los primeros casos bancarios. Desde entonces, en todo Estados Unidos, he negociado más de 60 casos de esta manera. Mas colegas y clientela también han confiado en el método.

Seguir los elementos de la Negociación Estructurada ha hecho esto posible.

Elementos y etapas de la Negociación Estructurada

La idea de resolver una demanda compleja, o incluso simple, sin presentarla en el juzgado puede resultar intimidante. A pesar de que más del 90 por ciento de las demandas presentadas en Estados Unidos se resuelven amistosamente, la mayoría de los profesionales de la abogacía duda de que las negociaciones sobre los acuerdos puedan comenzar en serio sin una demanda. Incluso acceder a un mediador/a parece viable solo después de agotar recursos presentando una demanda y gastando dinero en la búsqueda de pruebas y presentación de alegaciones.

Cuando se presenta una demanda, las partes entran en un camino muy costoso. Está repleto de herramientas procesales -algunas útiles, muchas engorrosas y costosas- que están diseñadas para conducir a la resolución de las demandas. El proceso comienza con un plazo para la contestación a la demanda. Tras ello, y para defender las pretensiones, las partes pueden utilizar mecanismos arcaicos como: declaraciones, interrogatorios, solicitudes de inspecciones oculares y elaboración de informes. Las normas procesales y jurídicas rigen todos los aspectos del proceso desde qué persona puede intervenir como experto/a hasta cómo se pueden presentar y tachar las habilidades y el conocimiento de esa persona. Si se produce el incumplimiento de estas reglas, las mismas se pueden recurrir ante el tribunal.

Pero en la Negociación Estructurada no existe demanda judicial. ¿Qué hace que el destinatario responda a la carta que inicia el proceso? ¿Cómo se intercambia información relevante sin reglas sobre pruebas y un tercero para hacerlas cumplir? ¿Cómo comparten los expertos sus conocimientos sin declaraciones juradas, manifestaciones y testimonios en juicios? ¿Cómo pueden las partes llegar a una resolución sin que un tercero tome decisiones, o sin una persona mediadora que les instigue a para llegar a un acuerdo?

Veinte años de práctica en la Negociación Estructurada han dado respuesta a estas preguntas. Desde preparar un caso hasta hacer cumplir un acuerdo, los componentes y las estrategias de la Negociación Estructurada permiten resolver demandas civiles sin pruebas, tribunales, escritos jurídicos, estrés que genera el conflicto o enfrentamiento constante entre las partes.

———

La hoja de ruta de la Negociación Estructurada comprende siete etapas. Los elementos de cada etapa logran clientela satisfecha y acuerdos cumplidos. El lenguaje de la Negociación Estructurada (Capítulo 2) y la mentalidad de la Negociación Estructurada (Capítulo 16) impulsa cada elemento en cada etapa conduciendo el caso hacia la resolución.

Primera Etapa: Preparación de un caso de Negociación Estructurada (Capítulos 3, 4, 5)

- Determinar si el caso es adecuado para la Negociación Estructurada
- Discutir un enfoque colaborativo con la clientela y acordar una estrategia
- Establecer una relación formal entre profesional de la abogacía y clientela
- Posibilidad de acompañamiento de otro profesional
- Redactar una carta de presentación

Segunda Etapa: Establecimiento de las Reglas Básicas (Capítulo 6)

- Evaluar la respuesta inicial a la carta de presentación
- Establecer relaciones entre todos los profesionales
- Explorar la disposición de la posible parte demandada para participar en un proceso alternativo y explicar las ventajas
- Negociar y ejecutar el Acuerdo de Negociación Estructurada (documento de reglas básicas)

Tercera Etapa: Intercambio de información e intervención de expertos y expertas (capítulos 7 y 8)

- Solicitar y revisar documentos, así como dar respuestas a preguntas escritas

- Organizar y asistir a reuniones y sesiones de intercambio de opiniones

- Realizar visitas "in situ"

- Integrar experiencias (de expertos/as y clientes/as tradicionales)

Cuarta Etapa: Avanzando en las negociaciones (capítulos 9 y 10)

- Desmontar los prejuicios para conducir a las partes negociadoras hacia la resolución

- Crear (y valorar) pequeños pasos hacia un gran objetivo

- Proteger el territorio de la negociación

Quinta Etapa: Gestionando lo inesperado (Capítulo 11)

- Agregar nuevas demandas o demandantes

- Aumentar o reducir el objeto de la negociación

Sexta Etapa: Redactando el acuerdo (capítulos 12 y 13)

- Iniciar el proceso de redacción

- Desarrollar un lenguaje para dominar el miedo

- Considerar posibles pasos progresivos

- Pensar en términos generales sobre indemnizaciones

- Negociar acerca sobre el coste

- Decidir si la intervención de mediación (o ratificación por un tribunal) es necesario o deseable

Séptima Etapa: Estrategias posteriores al acuerdo (capítulos 14 y 15)

- Implementar estrategias de medios (y otras formas de poner en valor a las partes negociadoras)

- Controlar y hacer cumplir el acuerdo

- Gestionar incumplimientos

Todos estos elementos forman la Negociación Estructurada, una valiosa herramienta a tener en cuenta entre los métodos de resolución de conflictos.

CAPÍTULO 2

El lenguaje de la Negociación Estructurada

"Antes de conocer la Negociación Estructurada y experimentarla por mí mismo, solía enviar requerimientos extrajudiciales sin una expectativa real de que la carta condujera a una solución. De hecho, nunca enviaba la carta de requerimiento hasta que la demanda judicial estuviera para presentar".

—Dan Manning, abogado de demandantes de Negociación Estructurada-

Hace poco tiempo, un abogado que se estaba preparando para un juicio en otro Estado contactó conmigo. Representaba a una persona ciega y pensó que yo podía ayudarle. "No he tenido experiencia en juicios durante 20 años", le dije, "porque practico un proceso colaborativo de resolución de conflictos llamado Negociación Estructurada". "Necesito explorar tu sitio web e investigar sobre la Negociación Estructurada", respondió. "Esta labor procesal es como una guerra de trincheras y resulta estresante".

Guerra de trincheras. Listo para la lucha. Batallas. Historias de guerra. El escenario del litigio está lleno de palabras de guerra. Un periódico jurídico publica un artículo con el sorprendente titular: ¡Es la guerra! Consejos para preparar y hacer funcionar una "sala de guerra".[4] Un destacado blog jurídico publica Las 4 reglas de la guerra (y litigios) y explica: "A menudo se ha observado que los litigios se convierten en guerras. La analogía no es perfecta pero estudiar estrategias y tácticas militares puede resultar fructífero para los profesionales litigantes".[5]

No es sorprendente que la palabra "litigio" no signifique resolver o llegar a un acuerdo. Su raíz, del latín litigare, se traduce como "disputar, pelear, luchar". Incluso en el sistema de mediación, a menudo se dice que el mediador "golpea" a las partes, aunque como indica el mediador Eric Galton, "la mediación nunca debe implicar "golpear" a nadie. El acoso es la evidencia de una falta de técnica y resulta totalmente incompatible con el paradigma de la mediación".[6]

¿Por qué la guerra es la metáfora predominante que nuestra sociedad ha establecido para resolver conflictos? ¿Por qué la analogía es la batalla en lugar de la paz? ¿Son las palabras beligerantes una parte inherente a la resolución de demandas legales? ¿Es necesario un vocabulario militar para reflejar seriedad? Los capítulos que siguen exploran cada elemento de la Negociación Estructurada. La motivación es un lenguaje de cooperación.

En la facultad de Derecho aprendí la jerga combativa del litigio y la mentalidad confrontativa. Una mentalidad de "nosotros y ellos" donde la única forma de "ganar" es si la otra parte "pierde". Es una forma de ver los problemas a través de una mirada muy estrecha. Como mediador y autor, Gary Friedman escribe:

> "El sistema confrontativo, con frecuencia, reduce los conflictos complejos a argumentos simplistas en blanco y negro y produce soluciones basadas en la ley que no responden a la individualidad de la experiencia humana. Sobre la base de la coacción y la agresión, las batallas en el sistema judicial afectan tanto a los clientes como a los profesionales de la abogacía litigantes."[7]

Aunque Linda Dardarian y yo no demandamos a Wells Fargo, Citibank o Bank of America para resolver las reclamaciones de la comunidad ciega sobre cajeros automáticos accesibles, nuestra correspondencia inicial se fundó en un lenguaje agresivo y con amenazas de abandonar la negociación y volver al procedimiento judicial. Y aunque esas cartas consiguieron llevar a las instituciones financieras a sentarse en la mesa para iniciar las primeras Negociaciones Estructuradas, ahora practico la abogacía mediante un vocabulario diferente. Hoy sé que el lenguaje contencioso puede frustrar un ambiente colaborativo. Aprender a utilizar el lenguaje cooperativo de la Negociación Estructurada y deshacerse del lenguaje, a menudo hostil, de los tribunales, gradualmente se ha ido convirtiendo en la piedra angular de un nuevo método de resolución de conflictos.

Algunos términos actúan como poderosas herramientas para crear un ambiente colaborativo mientras que es mejor dejar otras palabras fuera de las salas de negociación. Veinte años de Negociación Estructurada me han enseñado que no se necesita un vocabulario agresivo para lograr resultados duraderos o llamar la atención de aquellos con quienes tratamos de negociar. Las frases, el tono y el tiempo cuidadosamente seleccionados son estrategias tan importantes como decidir qué demandas legales llevar adelante.

———

No es sorprendente que un método de resolución de conflictos iniciado en reclamaciones de derechos de personas con discapacidad preste especial atención al lenguaje. Las palabras han formado durante mucho tiempo percepciones comunes (equivocadas) sobre las personas invidentes y con visión reducida. "Escoja cualquier libro o revista" -escribe la profesora y autora de la Universidad de California en Berkeley, Georgina Kleege, que es ciega- "y encontrará docenas de símiles y metáforas que conectan la ceguera y las personas ciegas con ignorancia, confusión, indiferencia, ineptitud".[8] Frustrado por un titular del New York Times de 2015 que equiparaba la ceguera con la mala crianza de los hijos, escribí una publicación en el blog titulada Ciego no Significa Inconsciente. Las respuestas positivas de clientela y colegas confirmaron mi determinación de evitar un lenguaje que equipare la discapacidad con una cualidad negativa.

Pero la atención al lenguaje en la Negociación Estructurada no sólo está relacionada con la discapacidad. Sin tribunal y jueces/zas para controlar las relaciones, es el poder de las palabras y cómo y cuándo las usamos lo que crea una atmósfera de colaboración: la "jerga militar" produce pleitos. La elección cuidadosa del vocabulario y el tono han sido esenciales para crear un modelo diferente. Y no es sólo el lenguaje que utilizo con mi clientela y con quienes negocio, es un lenguaje que uso conmigo misma.

¿Quién necesita un demandante?

La colaboración comienza con el uso del término "solicitante" en lugar del tradicional "demandante" para describir a las personas y organizaciones que presentan demandas a través de la Negociación Estructurada. La elección de la palabra es deliberada. El término "demandante" se basa en un término francés de hace 600 años que significa quejarse, ser desgraciado o infeliz. Muchas grandes instituciones a las que nos hemos acercado dentro de la Negociación Estructurada ven a los demandantes como quejicas o reclamantes con ese patrón a pesar del enorme daño que han sufrido las personas que presentan demandas.

Los/as demandantes de pleitos han conseguido logros extraordinarios para los derechos civiles y la justicia social, económica y ambiental. Pero para abordar las connotaciones negativas de quienes presentan demandas, la Negociación Estructurada utiliza el término "solicitante" en lugar de "demandante". Puede parecer solo semántica pero disocia a quienes resuelven demandas fuera del sistema judicial de las opiniones comunes acerca de demandantes y las demandas.

Redactar la carta de presentación con el término "solicitante" ofrece a los profesionales de la abogacía la oportunidad de explicar la colaboración desde el principio. Cuando hablo con un/a colega que se refiere a mi clientela como "demandantes" señalo suavemente que "no hay demandantes en la Negociación Estructurada", lo que permite que mi elección del tipo de lenguaje abra la conversación sobre el proceso. Les explico que el vocabulario es más que una jerga. El cambio de demandante a solicitante es un recordatorio de que si bien el caso conlleva reclamaciones serias, estamos tratando de resolver esas peticiones de una manera creativa y no adversarial.

Los abogados y las abogadas perspicaces comprenden la diferencia. En una antigua negociación con una gran empresa sanitaria, el servicio jurídico corporativo tenía dificultades para convencer a su equipo directivo de participar en el proceso. "Sé que usted no utiliza la palabra "demandante", me dijo, pero mi clientela piensa en su clientela como demandante". Propusimos ideas sobre cómo modificar la forma de pensar de su clientela. Le ofrecí programar una reunión durante la cual su equipo podría conocer a mi clientela y ver por sí mismos cómo es la colaboración, pero la reunión no fue necesaria. Simplemente el hecho de ofrecer la reunión con el apoyo de su abogado sofocó las sospechas iniciales. Un año después, el caso se resolvió para satisfacción de todos y todas.

Evitar la actitud defensiva y la oposición

El término "demandado/a" da a entender el destinatario de una demanda defenderá su posición. Quien es demandado/a insiste en explicar porqué su punto de vista es correcto oponiéndose a la demanda y el cambio que ésta solicita. La misma palabra implica que la persona demandada tomará una posición y se aferrará a ella. Y eso es precisamente lo que sucede en un litigio tradicional: quienes son demandado/as se defienden.

Una vez que una demanda está presentada, los roles se establecen rápidamente. La abogada de TransUnion, Denise Norgle, representó a su empresa en una Negociación Estructurada. "Si hubiera presentado una demanda", dice Norgle, "probablemente nos hubiéramos centrado en lo que establece la ley. Lo habríamos contemplado a través de una mirada muy estrecha". Pero TransUnion no se vio obligada a defenderse y, por el contrario, participó en una Negociación Estructurada que alteró las políticas y prácticas de las oficinas crediticias más grandes del país.

El hecho de no obligar a las empresas a desempeñar el papel de "demandado/as" también contribuyó a lograr una magnífica negociación con Fleet Bank, que en ese momento era una gran institución financiera de Nueva Inglaterra. Según Robert Klivans, el abogado de la empresa encargado del caso, la Negociación Estructurada motivó a su empresa para ser más inquisitiva en la búsqueda de soluciones: "Probablemente usted se benefició al no entablar un proceso judicial", dice, "Las personas se consolidan más en su posición cuando son demandadas". Y al no tener presentada demanda, continúa, "usted logró facilitar las cosas. El hecho de que nuestra negociación no se iniciara con una demanda ayudó al banco a mostrar una actitud abierta y complaciente en la medida de lo posible". Klivans también agradeció "no tener que incorporar muchos profesionales de la abogacía ajenos a la empresa. Si nos hubieras demandado, eso es exactamente lo que habría sucedido".

El litigante de derechos civiles de Boston, Stan Eichner, fue mi colega en las Negociaciones Estructuradas con el grupo y con otras dos grandes instituciones financieras de la costa Este. "No existe lugar en la Negociación Estructurada para que una empresa sea obstinada", dice Eichner. El proceso "crea el espacio para hacer algo más que solamente defenderse". Como lo ilustran las historias descritas en este libro, más bien al contrario, nutre un entorno en el que las diferencias se pueden resolver. Incluso aunque nadie más lo advierta, eliminar la palabra "demandado/a" de mi vocabulario me recuerda que mi trabajo consiste en establecer una atmósfera donde nadie pueda sentirse atacado y, por tanto, ponerse a la defensiva.

———

Otro impulso hacia la colaboración es evitar el término "abogado o abogada contrario o contraria". Al igual que con "demandado/a", la frase implica un comportamiento. Así como la persona demandada se defenderá, el profesional de la abogacía de la otra parte se opondrá. Cuando practico la Negociación Estructurada, trato de no pensar en ningún profesional de la abogacía como oponente. Es posible que mi colega en la negociación ni siquiera se dé cuenta de esto pero mencionar ese término me recuerda permanecer en la mentalidad de Negociación Estructurada (ver capítulo 16).

El profesor John Lande, autor e investigador en el campo de la resolución de conflictos, confirma el valor de evitar el término "abogado o abogada contrario o contraria", una estrategia que recomienda incluso en casos judicializados:

Las personas a menudo utilizan el término "abogado/a contrario/a" cuando se refieren a los profesionales de la abogacía que representan las diferentes partes en un conflicto. Aunque estos profesionales a menudo se oponen entre sí, a veces con bastante vigor, también habitualmente cooperan entre sí. . . [E]l término "abogado o abogada contrario o contraria" distorsiona la compleja relación entre los profesionales de las diferentes partes.

Lande prefiere el término "abogado/a homólogo/a". Yo utilizo la frase "socio/a negociador/a" para enfatizar roles compartidos, o el término "posible demandado/a" como un recordatorio de lo que podría haber ocurrido sin una estrategia colaborativa.

Los tres términos modifican el tono de la oposición y la defensa, reconociendo al conjunto de los presentes en la mesa de negociación como socios/as potenciales para encontrar soluciones.

Evitar la denominación de "abogado/a contrario/a" no indica debilidad o falta de profesionalidad. Por el contrario, las relaciones positivas entre el profesional de la abogacía y la clientela son fundamentales para resolver disputas sin demandas judiciales. El compromiso con el resultado final resulta fortalecido y no debilitado al recordar que en el entorno de la Negociación Estructurada nadie necesita oponerse.

¿Lo "exigente" genera cooperación?

A principios de 2015, un abogado me llamó pensando que tenía un buen caso para la Negociación Estructurada. "Ya envié el requerimiento extrajudicial", me explicó. "Intenté hacerlo de forma amigable pero mi supervisor pensó que tenía que ser más provocador, así que la modifiqué. "¿Crees que aún podríamos llevar a cabo una Negociación Estructurada?".

La carta de Negociación Estructurada que comienza el proceso no debe ser provocativa. (ver capítulo 5). Hace varios años, incluso dejé de referirme a esa correspondencia como "carta de demanda" refiriéndome a ella como "carta de presentación". Es posible que su destinatario nunca sepa lo que estoy pensando pero el cambio de nombre es un recordatorio personal de que estoy tratando de comenzar una relación. Es una manera en la que el lenguaje da forma a mi actitud y al entorno en que espero desarrollar la negociación.

La carta de demanda estándar hace lo que su nombre implica: insiste en que se solucione un problema o se desembolse un dinero en un cierto período de tiempo. A menudo deja poco espacio para la discusión sobre los detalles de la solución o su puesta en práctica. Como el litigante de derechos civiles de Boston Dan Manning dice: "Antes de conocer la Negociación Estructurada y experimentarla por mí mismo, hubiera enviado cartas de demanda sin una expectativa real de que la carta condujera a una solución. De hecho, nunca envié una carta de demanda hasta que la demanda estuviera lista para presentarse".

Cuando redacto la carta de presentación de la Negociación Estructurada no guardo una demanda en reserva. Veinte años de experiencia enseñan que la carta misma logrará abrir un camino hacia la resolución de reclamaciones.

¿La palabra «discriminación» motiva a las personas a hacer lo correcto?

Mi pensamiento sobre la palabra "discriminación" en la Negociación Estructurada ha evolucionado. Las primeras cartas de presentación reprendieron a las empresas por discriminar ilegalmente a nuestra clientela. En algunas de esas cartas, esa frase aparecía dos o tres veces en las primeras páginas. La correspondencia llevaba a las empresas a la mesa de negociación. Pero hoy, excepto cuando se citan disposiciones de una ley contra la discriminación, soy cautelosa al usar la palabra "discriminación".

Etiquetar a alguien como discriminador/a no fomenta la creatividad y puede sofocarla. Cuando se le acusa de discriminación, la propensión es defender el comportamiento pasado, no mirar las posibilidades futuras. Identificar un comportamiento como discriminatorio puede inhibir el desarrollo de un entorno colaborativo. No es un buen motivador. Al tratar de convencer a un tribunal de que la conducta vulnera la ley, es útil hacer referencia a la discriminación pero cuando el objetivo es motivar el cambio y educar a quienes deben tomar decisiones, el uso del término "discriminación" tiene una eficacia limitada, especialmente al comienzo de una relación.

Es por eso que la carta de presentación de una Negociación Estructurada debe describir cuidadosamente la conducta que necesita modificar, pero debe tratar de no etiquetar el comportamiento pasado. Mientras que las demandas incluyen leyes de discriminación, el proceso de Negociación Estructurada educa a los órganos decisorios sobre la discriminación a través de la experiencia directa con los demandantes. Esa experiencia influye en el comportamiento mucho más que una carta de presentación con lenguaje divisorio, sin importar lo preciso que mi clientela o yo creamos que es ese lenguaje.

En otros campos del Derecho, las palabras son diferentes pero el principio es el mismo. Evalúe cuidadosamente si existe un lenguaje que pueda desencadenar una respuesta defensiva y mejorar escasamente el avance del caso. Cada elección de las palabras debe servir a los intereses de las partes y al objetivo de la negociación.

Comentarios versus pruebas

La Negociación Estructurada evita el lenguaje confrontativo en un esfuerzo por romper la mentalidad de "nosotros/as y ellos/as" que provoca los litigios. Es importante revisar las elecciones del lenguaje en todas las etapas del proceso. Un malentendido puede surgir inesperadamente debido a una mala selección de palabras, como sucedió cuando una parte negociadora se negó a permitir que los profesionales de la abogacía entraran en su laboratorio de cajeros automáticos. En casos anteriores, organizamos con éxito que nuestros/as clientes/as "probaran" cajeros automáticos recientemente accesibles (ver capítulo 7.). Pero en este caso, el abogado de la empresa nos advirtió que su jefe "no quería que personas externas probaran nuestros productos". Insistió en que "simplemente eso no iba a suceder".

Al principio, Linda Dardarian y yo asumimos que teníamos un negociador no cooperativo, no interesado en los comentarios de las personas consumidoras. Pero pronto llegamos a comprender que era una cuestión de semántica. Un producto puede fallar en una "prueba" pero los "comentarios" sólo pueden mejorar las cosas. Comenzamos a alejarnos de la palabra "prueba" y el profesional de la abogacía, que solicitó mantuviéramos su anonimato, confirmó después la sensatez de nuestro cambio de lenguaje:

> "Para un modelo corporativo, la diferencia entre comentarios y "pruebas" es muy significativa. En un entorno corporativo, utilizamos palabras de formas particulares. En nuestra empresa somos muy peculiares al respecto. Utilizamos tantos acrónimos que casi es preciso un diccionario para trabajar aquí."

Nuestro trabajo como negociadores/as es familiarizarnos en lo posible con ese diccionario. Una vez hecho, es más probable que nuestras comunicaciones contribuyan a un acuerdo que satisfaga las necesidades de todo el mundo. Sustituir la palabra "comentario" por la más crítica "prueba" no afecta a la calidad o cantidad de información compartida. Incluso si una persona se siente menos a la defensiva sin utilizar la palabra "prueba", el cambio de lenguaje merece la pena.

Dominar el lenguaje de la persistencia

En la Negociación Estructurada no hay normativa legal sobre el tiempo destinado a las comunicaciones, no hay calendarios procesales para adelantar un caso, no hay una fecha de juicio inminente para forzar las discusiones del acuerdo. Depende de las partes mantener un caso avanzando hacia un acuerdo; el profesional de la Negociación Estructurada debe dominar el lenguaje de la persistencia.

Cuando una parte negociadora promete información en una fecha concreta, le envio un correo electrónico de confirmación: "Gracias por aceptar enviarme los documentos el próximo martes", escribo. Luego, tengo en cuenta el martes y también los días anteriores. En fechas previas, envío un recordatorio por correo electrónico incluyendo el término "amistoso" (después de todo, nadie llega tarde todavía): "Este es un recordatorio amistoso para que me envíes los documentos para el martes. Avísame si hay cambios." Muy a menudo, el recordatorio funciona para obtener lo prometido según lo programado.

Pero si el martes no lo he recibido, le envío otro correo electrónico a primera hora del miércoles. Nuevamente, el lenguaje es ligero y amigable: "Revisando mis notas, veo que ibas a enviar los documentos ayer". Esta nota se envía con el correo electrónico de confirmación original adjunto.

Mi colega negociador/a puede solicitar algunos días adicionales, pero es inusual no recibir respuesta. La mayoría de las veces, la petición suave funciona bien. Cuando no es así, modifico mi método de comunicación y cojo el teléfono. Con el tiempo, las partes negociadoras saben que cuando llega una llamada telefónica, el asunto se vuelve más serio. Sin embargo, serio no significa enfadado o severo. Seriedad y civismo no son mutuamente excluyentes.

La persistencia es una habilidad crítica en la Negociación Estructurada y el lenguaje de la persistencia necesita una cuidadosa atención. La persistencia significa pedir constantemente lo que se necesita con un comportamiento tranquilo. La persistencia significa enviar correos electrónicos y hacer llamadas telefónicas hasta que se programen las reuniones y se reciban los documentos. Y persistencia significa hacer todo esto sin utilizar un lenguaje agresivo. La mayoría de los lunes miro todos mis casos pendientes y envío correos electrónicos recordatorios sobre lo que se espera esa semana. A lo largo de la semana, los correos electrónicos amigables aseguran que los casos sigan su curso.

Cuando las otras partes se retrasan, no se debe asumir que se estancan intencionadamente. Cuando los documentos no lleguen, no asuma que alguien está ocultando algo (ver capítulos 7 y 16). Por el contrario, utilice un lenguaje firme para hacer que las cosas sigan funcionando. Según mi experiencia, mediante la persistencia, se programarán las reuniones y se entregarán los documentos. Un lenguaje de suave insistencia conducirá a las partes a través de las etapas de un nuevo proceso de resolución de conflictos en el que los requerimientos judiciales no son necesarias.

Preparación de un caso de Negociación Estructurada

CAPÍTULO 3

¿Es la Negociación Estructurada la estrategia correcta?

"Ya sea por el formato de las negociaciones o por la personalidad de los y las profesionales de la abogacía, advierto que en una Negociación Estructurada mi clientela está dispuesta a proceder como probablemente nunca lo harían en un acuerdo, un tribunal de justicia o una instancia arbitral."

—John Fox, abogado bancario citado en un artículo en The Recorder en 2007-

La Negociación Estructurada es un proceso de resolución de conflictos que da resultados. Ha sido muy eficaz en la resolución de demandas en el sector privado, en entidades sin ánimo de lucro y en el sector público. Algunas de las mayores entidades financieras (Bank of America, Wells Fargo, American Express), minoristas (Walmart, Target), sanitarias (Anthem, Inc., CVSHealth, Kaiser Permanente, Massachusetts General Hospital), alimentarias (Safeway, Trader Joe's, Denny's) y deportivas (Major League Baseball) se han involucrado en el proceso. Los casos de Negociación Estructurada dan como resultado una satisfacción a las reclamaciones planteadas de forma menos costosa.

El método se ha utilizado para resolver casos en nombre de una persona, un grupo de individuos, una o más organizaciones, o una combinación de individuos y organizaciones. Ha reemplazado a los litigios con más de una parte demandada. En muchos casos, la

Negociación Estructurada ha demostrado ser muy adecuada en las demandas tecnológicas.

La Negociación Estructurada fue desarrollada en la búsqueda de personas ciegas hacia su inclusión y acceso a la tecnología e información. Durante dos décadas ha resuelto demandas conforme a la Ley sobre estadounidenses con discapacidad (ADA) y a la legislación estatal relacionada. Pero creo que la Negociación Estructurada es un método con aplicación más allá de los derechos inherentes a la discapacidad. Si se respetan las prácticas y principios descritos en este libro, potencialmente, se podrán resolver una amplia gama de demandas civiles vigentes sin intervención judicial.

Este capítulo expone brevemente algunos de los casos que se han resuelto en la Negociación Estructurada sin los gastos, el tiempo, el estrés y el conflicto propios de la presentación de una demanda ante los tribunales. Está diseñado para ayudar a los/as profesionales a pensar de manera creativa sobre los tipos de casos que se pueden gestionar en este proceso de resolución de conflictos.

Demandas Civiles en el Sector Privado

En noviembre de 2005, Walmart emitió un comunicado de prensa sobre su tecnología de pago: "En un acto aplaudido por miembros de la comunidad ciega en todo el país -comenzó-,

> Wal-Mart anuncia hoy que ha comenzado a instalar dispositivos de punto de venta, de "última generación", para proteger la privacidad y seguridad de los/as compradore/as de Wal-Mart con discapacidad visual. Los nuevos dispositivos disponen de teclas táctiles colocadas como un teclado de teléfono estándar que les permitirán leer información en una pantalla táctil introducir su PIN y otra información confidencial de manera privada y autónoma.[11]

El mayor minorista del mundo estaba actualizando más de 10.000 terminales de punto de venta (TPV) como resultado de una Negociación Estructurada. No hubo demanda, ni presentación de acción colectiva, ni revelación de pruebas, ni batallas de expertos.

Como litigante feroz con recursos ilimitados, Walmart tiene la reputación de resolver raramente las demandas mediante acuerdos. Linda Dardarian y yo estábamos entusiasmadas cuando la empresa aceptó nuestra invitación para negociar sobre dispositivos de pago que las personas ciegas no podían utilizar. En lugar de arrastrarnos a costosos pleitos, la compañía utilizó su poder para ejercer su influencia en los proveedores y mejorar la tecnología para su clientela.

Nuestro proceso de negociación, en nombre del American Council of the Blind, su filial de California, y la American Foundation for the Blind afectó a todos los puntos de pago de todas las tiendas de Walmart y Sam's Club, de Estados Unidos. Además de resolver las demandas de nuestra clientela, las acciones de Walmart demostraron que los teclados táctiles eran necesarios y se encontraban a disposición.

El acuerdo de Walmart POS no produjo un precedente judicial vinculante para casos futuros. La Negociación Estructurada nunca lo hace, pero los profesionales de la abogacía y clientela que ignoraban este método tuvieron la oportunidad de conocer otro tipo diferente de precedente. Al trabajar con grandes instituciones fuera de los tribunales he observado repetidamente que el precedente de este proceso es real y motivador.

El precedente del proceso otorga a las empresas permiso para actuar después de que algunos líderes den el primer paso. Respecto a los dispositivos TPV, ese líder fue Walmart. Durante nuestra negociación, y con las aportaciones de compradores/as invidentes, la empresa trabajó con su proveedor internacional de equipamiento en la creación de teclados que se pudieran tocar y no solo ver. Esos dispositivos quedaron disponibles para su compra por otros/as minoristas. A medida que otros/as proveedores siguieron el ejemplo de Walmart, las noticias de nuestra Negociación Estructurada sobre puntos de venta se propagaron por toda la industria. Después de concluir el caso de Walmart, Linda Dardarian y yo negociamos 11 acuerdos más sobre los TPV con algunas de las más importantes cadenas minoristas de la nación.

Walmart participó en una segunda Negociación Estructurada siete años después de anunciar sus mejoras en los puntos de venta. En 2012, el gigante minorista se convirtió en la primera empresa en ofrecer recetas médicas parlantes a pacientes de farmacias en todo Estados Unidos. Las recetas accesibles que ahora ofrece Walmart —un discreto chip RFID codificado con información de la receta y un dispositivo sin costo para quien lee esa información en voz alta— presentan una alternativa audible a la impresión estándar.

Sin esta tecnología, las personas que tienen dificultades para ver las etiquetas de recetas impresas deben idear torpes tácticas para evitar confusiones en los medicamentos, como nos han explicado los clientes de las farmacias del país:

- "Puse una goma alrededor del frasco de medicamentos para el corazón y dos gomas alrededor de mi medicamento para el colesterol".

- "Dejo las pastillas de la mañana en la cocina, las pastillas de la tarde en el dormitorio y tengo otra receta en la mesa. Siempre me preocupa olvidarme de dónde está cada cual ".

- "Una vez tomé accidentalmente la pastilla equivocada: tengo cinco recetas y es difícil recordar cuál es cuál".

En lugar de colocar sus vastos recursos en contra de su clientela Walmart aceptó nuestra invitación de negociar sobre este crítico problema de salud y seguridad y, en consecuencia, estableció un precedente en la industria por segunda vez. Los acuerdos sobre recetas médicas parlantes en la Negociación Estructurada prosiguieron con CVS, Caremark, Walgreens, Humana y otros.

Walmart no es la única empresa que ha participado en la Negociación Estructurada en más de una ocasión. Como muestra de las relaciones construidas a través del proceso durante un período de 20 años, Linda Dardarian y yo hemos negociado seis acuerdos con Bank of America sin presentar ninguna demanda. Desde los primeros acuerdos sobre accesibilidad web y cajeros automáticos con servicio de voz en el 2000 este banco ha demostrado un profundo compromiso hacia el acceso a la información. En esas pocas ocasiones en que han surgido nuevos obstáculos, el Bank of America ha estado dispuesto a participar en nuevas Negociaciones Estructuradas. Hemos representado a clientela del Bank of America en casos sobre el sitio web de bonificaciones de viaje del banco, sus características sobre seguridad online y en dispositivos móviles y disponibilidad de información sobre hipotecas para consumidores invidentes. Nunca hemos tenido que presentar una demanda.

El gigante sanitario y de comercio minorista CVSHealth también ha acordado llevar a cabo la Negociación Estructurada en más de una ocasión. La empresa sanitaria en expansión, primero resolvió las demandas de la comunidad ciega para mejorar la accesibilidad web y los dispositivos TPV. Más tarde, sus dos secciones de pedidos por correo comenzaron a ofrecer recetas médicas parlantes, en braille y en formatos impresos de letra grande.

Wells Fargo tuvo también varias experiencias con la Negociación Estructurada. Todavía era un banco de California cuando participó en un incipiente proceso de resolución de conflictos en 1995. Ya después de convertirse en el primer banco de EE. UU. que anunció elaborar un plan sobre cajeros automáticos con servicio de voz, acordó trabajar en otras dos Negociaciones Estructuradas con clientes en Iowa y Utah. Wells Fargo, más tarde, introdujo cajeros automáticos con servicio de voz en su marca en constante expansión. Al igual que Bank of America, ha sido durante mucho tiempo un líder nacional en servicios y tecnología para su clientela invidente.

———

Al experimentar una Negociación Estructurada, estas empresas optaron por no volver a la terrible experiencia de gastos, conflictos y daño de imagen que, a menudo, acompañan a una demanda legal. Si las demandas de accesibilidad contra Walmart, Bank of America y CVS son susceptibles de experimentar la Negociación Estructurada también lo serán otros tipos de reclamaciones contra grandes organizaciones. Estas instituciones, con recursos financieros ilimitados, inmersas en la mentalidad de pleito, han estado dispuestas a sentarse y encontrar un terreno común cuando se les ha proporcionado el enfoque de los principios detallados en este libro. Y han estado dispuestas a hacerlo más de una vez. Las entidades con menos recursos, naturalmente, estarán ansiosas por evitar los gastos, las molestias y las relaciones conflictivas que conllevan una demanda.

Demandas tecnológicas

La Negociación Estructurada es un proceso de resolución de conflictos especialmente adecuado para resolver demandas tecnológicas. Conocer a los/as seguidores/as invidentes de los Red Sox alentó a los medios de comunicación de las Grandes Ligas de Baseball a cambiar la forma en que pensaban sobre el béisbol digital. Y el equipo de desarrollo web de Charles Schwab tuvo una inspiración cuando vio al inversor ciego Kit Lau tratar de efectuar una rápida transacción online.

Colegas videntes a menudo expresan sorpresa cuando hablo de personas ciegas que usan ordenadores y dispositivos móviles. "¿Cómo lo hacen?" La respuesta es algo que hemos explicado muchas veces al equipo negociador en el entorno no defensivo de la Negociación Estructurada. El software y el hardware, conocidos como tecnología de asistencia, pueden leer textos en voz alta, proporcionar accesos directos de navegación, ampliar textos o producir resultados en braille. El tipo de software más común para personas ciegas llamado lector de pantalla accede al código soporte para leer en voz alta el contenido de la pantalla y verbalizar entradas de navegación como enlaces y encabezados. Los lectores de pantalla permiten a los/as usuarios/as invidentes ojear páginas, pantallas, documentos y tablas con las teclas designadas para ello. Y las personas ciegas pueden utilizar dispositivos IOS de pantalla plana con desplazamientos en pantalla, toques y dobles toques mientras escuchan el dispositivo de audio.13 Pero la tecnología de asistencia solo funciona si los sitios web y las aplicaciones móviles están diseñados con estándares de accesibilidad totalmente aceptados.

Durante la Negociación Estructurada con propietarios/as de grandes sitios web, nosotros y nuestra clientela explicamos que la mayoría de las personas ciegas pueden utilizar un teclado estándar para navegar por páginas web e introducir datos pero, al igual que las personas con diferentes discapacidades, muchas no pueden usar el ratón. Durante varias de las reuniones de Negociación Estructurada descritas en este libro, nuestra clientela utilizó software de lectura de pantalla en ordenadores y dispositivos móviles para demostrar sus experiencias tanto online como con dispositivos móviles.

Kit Lau navega por el sitio web de Schwab con su lector de pantalla y mediante un dispositivo electromecánico conectado a su ordenador que convierte el contenido de pantalla en lenguaje braille actualizándose constantemente. Después de una productiva reunión de Negociación Estructurada con sus equipos técnicos, empresarios/as y profesionales de la abogacía, Charles Schwab aceptó una significativa mejora en la accesibilidad de su sitio web, siendo funcional para personas como Lau que utilizan tecnología de asistencia.

Charles Schwab y las Grandes Ligas de Baseball no son las únicas empresas cuyas prácticas web cambiaron como resultado de la Negociación Estructurada. En los comienzos de la banca online, este proceso condujo a acuerdos de accesibilidad web con bancos en todo Estados Unidos. Antes de que cualquier resolución judicial o regulación federal lo estableciera esos acuerdos requerían que los sitios web fueran diseñados de acuerdo a los estándares internacionales que garantizaran un contenido accesible para todos. Y lentamente crearon un precedente en el sector financiero para el acceso a sitios web estimulando a otros bancos y proveedores externos al sector financiero a incorporar la accesibilidad en sus planes digitales.

Más tarde, a medida que el contenido digital se iba trasladando a dispositivos móviles, la Negociación Estructurada permitió a las partes elaborar planes para el acceso móvil evitando la hostilidad, los enredos procesales o los costes de los peritajes. Los equipos de desarrollo para dispositivos móviles de Bank of America, MLB, Anthem, Inc., Denny's, Weight Watchers, E*Trade y otros han aceptado la accesibilidad y han acordado evitar cualquier demanda legal.

La tecnología está en constante cambio y las tecnologías web y móviles se transforman más rápido que la mayoría. La flexibilidad de la Negociación Estructurada permite a las partes adaptarse rápidamente a esos cambios. Si las partes negociadoras necesitan tiempo adicional para las pruebas de accesibilidad o el cumplimiento de la normativa, se pueden ajustar los plazos sin necesidad de litigar en los tribunales.

Y las relaciones forjadas entre profesionales de la abogacía y la clientela en la Negociación Estructurada motivan a las partes a encontrar un espacio común en lugar de anclarse en las teorías legales confrontativas. Cuando surgen enfrentamientos, mantenemos una conversación telefónica (o tres) y los resolvemos. No se motiva a las empresas a esperar una resolución judicial o a ver qué sucede con una moción pendiente o con las regulaciones gubernamentales antes de hacer lo correcto.

Y el singular enfoque hacia la especialización de la Negociación Estructurada encaja perfectamente con el mundo digital. "Gran parte de la accesibilidad necesita que los/as desarrolladores/as web individuales la acepten", dice Shawn Henry, uno de los primeros expertos en Negociación Estructurada:

Tales técnicos deben pensar: "esto es algo importante para el mundo, y seré un mejor desarrollador web si mi trabajo resulta accesible". Quien asesora debe poder decir: "Estoy aquí para ayudarle a ver que esto es interesante y genial y que se convertirá en mejor técnico/a si lo hace". Sin una buena consultoría, simplemente no va a funcionar. Si el equipo desarrollador piensa que le imponen algo a través de una demanda legal o de un experto/a autoritario/a, hay más posibilidades de que cumpla con los mínimos requisitos en lugar de crear una experiencia accesible efectiva.

En la Negociación Estructurada no "imponemos" las obligaciones ni a los equipos desarrolladores web, ni a nadie.

En cambio, las partes hablan entre sí. Con cada nuevo acuerdo de accesibilidad digital, mi clientela, co-asesores/as y yo nos sentimos cada vez más cómodos/as resolviendo problemas tecnológicos fuera del juzgado. Vemos que la cooperación conduce a clientela satisfecha y a una publicidad positiva. Descubrimos el valor de los equipos técnicos desarrolladores y titulares de sitios web al tener una experiencia directa con los/as usuarios/as sin estrategias legales tradicionales. Y experimentamos cómo la Negociación Estructurada convierte a posibles partes contrarias en equipo colaborativo. El proceso tiene el potencial de hacer lo mismo con otros tipos de demandas dentro del sector tecnológico.

Reclamaciones contra entidades públicas

Las posibles demandas contra entidades públicas se pueden gestionar en la Negociación Estructurada. Tom Lakritz, que representó a la ciudad y al condado de San Francisco en una Negociación Estructurada, resumió el valor del proceso en el caso de una agencia gubernamental: "Puedes hacer lo que un tribunal te diga que hagas o puedes participar en un proceso en el que puedes ayudar a determinar lo que vas a hacer", dijo. "Es importante que las entidades gubernamentales mantengan el control. Quieren solucionar un problema y quieren ser parte de la solución en lugar de que solamente se les diga qué hacer ".

Aprendí cómo la Negociación Estructurada lo hace posible mientras trabajaba en un tema fundamental de seguridad pública.14

―――――

Desde 1995 hasta 2001, la Negociación Estructurada se utilizó únicamente para resolver demandas con instituciones financieras. Pero en 2002, me invitaron a una reunión en San Francisco que no trataba sobre privacidad financiera, tecnología de cajeros automáticos o banca online. Se trataba, en cambio, de señales peatonales, tecnología urbana universal que permitiría al público saber cuándo es el momento (seguro) de cruzar la calle.

Las señales estándar para peatones generan mensajes visuales de "camine" y "pare" o muestran el número de segundos restantes antes de que cambie una luz. Damien Pickering, empleado de la San

Francisco LightHouse for the Blind and Visually Impaired, me invitó a la reunión y me habló sobre la tecnología que proporcionó esta información vital a personas ciegas como él. Las señales accesibles para peatones (SAP) proporcionan señales audibles y táctiles, palabras o sonidos hablados y hardware vibrante, además de información visual. Con estos componentes añadidos, se transmite la información de seguridad fundamental a las personas con dificultad para ver una pantalla visual. Las palabras habladas: "Espere para cruzar la calle principal" reemplazan el silencio inseguro de una señal de cruce inaccesible.

Activistas frustrados, que luego se convirtieron en nuestra clientela, hicieron todo lo posible para convencer a la ciudad y al condado de San Francisco de instalar SAPs. Se compartieron listas de intersecciones peligrosas con el personal funcionario, se celebraron reuniones, se escribieron cartas y se presentaron solicitudes para la colocación de señales. Sin embargo, en 2002, San Francisco tenía solo una SAP, un dispositivo "experimental" instalado para la visita de representantes de una agencia federal. Los profesionales de la abogacía no pudieron superar las barreras burocráticas y recurrieron a la Negociación Estructurada. "Queríamos que San Francisco nos viera como personas que viven y trabajan en la ciudad", dice Pickering. "No pudieron, no lo hicieron, y no lo habrían hecho hasta que involucramos a los profesionales de la abogacía. Me alegra que los litigios no fueran la única alternativa".

Linda Dardarian y yo enviamos una carta de presentación al departamento jurídico del Ayuntamiento y San Francisco que aceptó nuestra invitación para negociar. Al trabajar con el servicio jurídico del gobierno en Negociación Estructurada sobre SAP descubrimos que quienes toman decisiones en las entidades públicas tienen motivaciones similares a sus colegas del sector privado. Se preocupan por los presupuestos y la interferencia externa, y a menudo, consideran sus departamentos como feudos. En el gobierno, al igual que en el sector privado, encontramos personas que frenaron el cambio y otras que lo aceptaron. En ambos sectores, la Negociación Estructurada nos ayudó a llegar más rápidamente a la solución.

También aprendimos que algunos factores diferencian las negociaciones del sector público que se deben evaluar cuidadosamente al decidir si presentar una demanda contra una entidad pública en la Negociación Estructurada. El público en general es un telón de fondo siempre presente cuando se negocia con una agencia gubernamental. La petición pública de señales accesibles creció durante el tiempo transcurrido entre nuestra carta de presentación y el acuerdo final. A diferencia de la empresa privada que opera sin iniciativas de gobierno abierto, San Francisco disponía de espacios para aportes públicos sobre las SAP independientes a nuestra negociación confidencial.

Jeff Thom fue presidente del solicitante Consejo de Ciegos de California (CCB) durante nuestras discusiones. Thom, que es ciego, desempeñó su carrera como abogado del estado. Según su opinión, la Negociación Estructurada es "ciertamente un método más complicado con una entidad pública que con el sector privado". "Son necesarias las reuniones abiertas, otros foros y se precisa la aceptación de más personas, incluida la de los gobernantes electos. Hay mucho menos control". Aunque esos agentes añadidos contribuyeron a retardar la negociación de las SAP, también ofrecieron una ventaja imprevista.

Dos años después de nuestras conversaciones con los representantes de la ciudad, el Consejo sobre Discapacidades de la Alcaldía celebró audiencias sobre el tema. Los ciudadanos expusieron sus experiencias en cruces inseguros. Ed Gallagher, activo en una organización de marineros con discapacidad, testificó sobre una peligrosa intersección cerca del lugar donde estaban atracados los barcos del grupo. Cuando más adelante seleccionamos las primeras ubicaciones para la instalación de SAPs, el cruce peatonal de los marineros ocupaba un lugar destacado en nuestra lista. La presión desde fuera de la sala de negociaciones ayudó a responsabilizar a todas las partes negociadoras.

———

Clientela y profesionales de la abogacía deben estar preparados para el probablemente lento ritmo de la Negociación Estructurada con una entidad pública. El letargo burocrático puede dificultar incluso que los promotores internos cambien su dirección. Las decisiones aparentemente más obvias deben pasar por muchos departamentos para su aprobación. "Es preciso encontrar una persona en el departamento que se responsabilice", dice el abogado del ayuntamiento Tom Lakritz. "Y esa persona debe tener la suficiente importancia en el departamento para hacerlo. Habrá un momento en que la persona correcta diga: "Oh, ahora lo entendemos, lo entendemos. Y, entonces, realmente podemos comenzar a participar".

Finalmente, encontramos personas que "lo consiguieron" en San Francisco y negociamos el acuerdo más completo del país sobre la instalación de SAPs. Sin las tradicionales batallas de expertos/as, la negociación se benefició de la experiencia de las personas interesadas y especialistas en la materia (ver Capítulo 8), pero el impulso fue lento. Es posible que los litigios no traigan resultados de inmediato, pero sin demandas legales, plazos y vistas judiciales, entre otros, puede que las partes y sus defensoras/es sientan que el progreso es aún más lento con este método. Preparar a la clientela para el ritmo de la Negociación Estructurada en el sector público ayuda a garantizar que el proceso transcurra sin problemas.

Para el voluntario de CCB y el experto del SAP, Eugene Lozano, Jr., el retraso en la negociación de San Francisco no fue un problema. "Prefiero disponer de más tiempo y resolver más detalles", dice Lozano, "y siento que lo conseguimos. Durante la larga negociación, la gente del gobierno de San Francisco llegó a comprender porqué era tan importante poseer SAPs. Ganamos su respeto y terminamos con una relación en la que se desarrolló la confianza con personas dispuestas a trabajar juntas".

"La Negociación Estructurada crea el espacio para sentirse cómodamente", dice Anita Aaron, directora de San Francisco LightHouse en el transcurso de nuestra Negociación Estructurada, que actualmente es una gran impulsora de la misma. "En lugar de resultar hostil, el proceso permite al personal de la Administración la oportunidad de entender lo que se le pregunta. Esperábamos que el proceso creara un espacio para obtener un resultado satisfactorio sin necesidad de una resolución judicial y eso es exactamente lo que sucedió".

Demandas contra organizaciones sin ánimo de lucro

La Negociación Estructurada ha resuelto con éxito demandas con organizaciones sin ánimo de lucro. Estas entidades se mueven motivadas por su misión con un fuerte deseo de evitar costes judiciales elevados y publicidad negativa. Resolver demandas sin necesidad de un litigio es atractivo para los órganos directivos de las entidades sin ánimo de lucro y para quienes son responsables de la toma de decisiones.

Dan Manning, director jurídico de Greater Boston Legal Services, fue el primer abogado en pedirme un curso intensivo sobre Negociación Estructurada. Después de conocernos en California, Manning y su cliente, el Boston Center for Independent Living, aplicaron el método por todo el país llegando hasta el Hospital General de Massachusetts y el Hospital Brigham and Women. Ambas organizaciones sin ánimo de lucro aceptaron la invitación de Manning para negociar sobre equipamiento y servicios adecuados para pacientes con discapacidad. Un periódico local de Boston resumió el acuerdo que Manning y su cliente negociaron:

"En un acuerdo histórico, dos de los hospitales más importantes del país se comprometen a gastar millones de dólares para resolver las quejas que el equipamiento inadecuado y, en ocasiones, sanitarios insensibles hacen que pacientes con discapacidad se sientan molestos.[15]

La historia reveló un motivo común para encauzar la Negociación Estructurada en organizaciones sin ánimo de lucro y otros posibles demandados/as:

Ambas partes estaban decididas a evitar los honorarios legales y los quebraderos de cabeza causados por la popularidad que inevitablemente se deriva de la acción legal.[16]

La abogada de derechos civiles de California, Linda Dardarian, y yo también hemos tenido éxito resolviendo demandas en el sector de entidades sin ánimo de lucro por medio de la Negociación Estructurada. A mediados de la década de los años 2000, resolvimos un caso con el Centro Médico de la Universidad de California, en San Francisco, representando a un paciente en silla de ruedas, frustrado porque el centro no disponía de una sola habitación accesible para pacientes hospitalizados. Inicialmente dudábamos de que la Negociación Estructurada fuera efectiva porque el hospital era parte de la Universidad de California que funcionaba con mucha burocracia. La duda se disipó a medida que se desarrollaba la Negociación Estructurada y se negociaba un acuerdo integral que abordaba el equipamiento, las políticas y las barreras arquitectónicas mucho más allá del único problema de la sala accesible.

Una negociación con la American Cancer Society (ACS) confirmó nuestra experiencia de que el método es muy adecuado para el mundo de las entidades sin ánimo de lucro. Sucedió cuando Sue Ammeter, quien había sido un agente activo en la comunidad ciega durante casi 40 años, fue diagnosticada de cáncer de mama en 2007. Ammeter, una lectora fluida de braille necesitaba información sobre las opciones de tratamiento. Sin embargo, no pudo obtener una sola página en braille de la ACS a pesar de que la organización ofrecía información en muchos idiomas.

Linda y yo enviamos una carta de presentación al abogado principal de la American Cancer Society en febrero de 2009. Destacando la experiencia de Ammeter y de otros miembros con cáncer del American of the Blind, la carta buscaba mejoras en el sitio web de ACS y la posibilidad de entregar información impresa en formatos alternativos, incluido el braille. Nuestra correspondencia proporcionó un equilibrio entre el respeto por la organización y la claridad sobre los derechos legales de nuestros/as clientes. Condujo, dos años después, a un acuerdo de solución sólido y a un comunicado de prensa conjunto positivo que anunciaba el nuevo programa de ACS para proporcionar información a las personas que no podían leer la impresión estándar.

Demandas inadecuadas

¿Cuándo podría la Negociación Estructurada no ser una opción? Si el/la profesional de la abogacía y los/as demandantes buscan deliberadamente un precedente judicial, la Negociación Estructurada no satisfará ese objetivo. El impulso nacional por la igualdad matrimonial no podría haberse manejado dentro de la Negociación Estructurada. Pero la mayoría de los casos se resuelven sin crear un precedente judicial. Y la capacidad de la Negociación Estructurada para crear un precedente ha demostrado ser efectiva.

La Negociación Estructurada también resulta ser compleja cuando existe una hostilidad profunda entre las partes y ninguna de ellas está dispuesta a dejar de lado la confrontación. Si las partes quieren una guerra, deberían litigar. La Negociación Estructurada también puede no ser la mejor opción cuando la posible parte demandada tiene una fuerte motivación económica o ideológica para evitar un acuerdo. Y si las reclamaciones incluyen el pago de una indemnización muy elevada, poco probable que se pague en ausencia de una orden judicial, la Negociación Estructurada probablemente no sea una estrategia viable. Sin embargo, el acuerdo alcanzado sin demanda legal puede presentarse para su homologación judicial. (Ver Capítulo 12.)

Sea prudente al hacer suposiciones sobre lo que las posibles partes negociadoras pueden o no hacer. (Después de todo, Walmart, importante adversario, ha participado en procesos de Negociación Estructurada en dos temas diferentes). Ofrecer a las personas e instituciones el beneficio de la duda es un elemento clave en la mentalidad de la Negociación Estructurada. (Ver Capítulo 16.) No asuma que una organización se negará a negociar o que un individuo se aferrará al status quo.

Dependiendo de la solidez y la naturaleza de la demanda, los profesionales de la abogacía y su clientela se pueden sorprender por lo que una entidad está dispuesta a hacer en el ambiente de colaboración que se da en el proceso de la Negociación Estructurada.

A menos que exista una razón particular por la cual una demanda deba ser gestionada dentro del sistema judicial, no hay razón por la cual la Negociación Estructurada no deba explorarse. Hay poco que perder al intentar un proceso alternativo. Si se rechaza una invitación para participar en la Negociación Estructurada, la puerta del tribunal permanece abierta.

———

Antes de que se pueda enviar esa invitación, los profesionales de la abogacía y su clientela deben acordar una estrategia legal. Una Negociación Estructurada que tenga éxito necesita algo más que demandas viables y una parte negociadora dispuesta. Deben existir solicitantes que confíen sus demandas a un proceso alternativo.

CAPÍTULO 4

¿Están preparados/as los/as solicitantes para un proceso alternativo?

"Trato de entender a la otra parte y trato de encontrar un espacio común. Me gusta esta actitud, en lugar de encontrarme en un papel confrontativo propio de demandas judiciales, con la hostilidad que eso conlleva. En ese tipo de situaciones, resulta difícil para ambas partes escucharse mutuamente".

—Eugene Lozano, Jr., solicitante de Negociación Estructurada-

Las personas y organizaciones que se sirven de la Negociación Estructurada deben estar dispuestas a trabajar en un proceso colaborativo. Deben tener expectativas razonables, comprender que el compromiso no es una señal de debilidad y reconocer que el cambio y la resolución de reclamaciones llevan su tiempo.

La activista de Chicago Kelly Pierce fue solicitante en dos Negociaciones Estructuradas y ha seguido de cerca el desarrollo del nuevo sistema de resolución de conflictos. "He tenido la suerte de trabajar con solicitantes inteligentes, informados, altamente motivados y con conciencia social", dice Pierce, "y esto ha ayudado enormemente a mi trabajo".

Estoy de acuerdo. Las personas y organizaciones que he representado no simplemente ofrecieron sus reclamaciones a un profesional de la abogacía para su resolución. Ayudaron a establecer el proceso que resolvería sus conflictos. Las partes solicitantes que construyeron la Negociación Estructurada eran personas de confianza, abiertas a compartir experiencias con negociadores/as, dispuestas a dejar de lado la ira y capaces de practicar la paciencia. Formaron un equipo en la creación de un método de resolución de conflictos que ahora se encuentra disponible para otras.

Hoy, la Negociación Estructurada no sólo es una estrategia legal para clientela innovadora con una predisposición natural hacia la colaboración. Cuando la abogacía comprende lo que hace que un solicitante tenga éxito, puede explicar el proceso a la clientela en cualquier campo del Derecho. La lista de verificación de este capítulo puede ayudar al diálogo inicial en la gestión de un caso en Negociación Estructurada. Ofrece la oportunidad de debatir los pros y los contras de un método no confrontativo. Y la conversación permite a quienes reclaman a sentirse cómodos con la idea de evitar el juzgado. Juntos, profesionales de la abogacía y reclamantes pueden decidir con perspectiva si el proceso es apropiado para el conflicto y para las personas que participan en él.

Fomentar la colaboración comienza con quien reclama

La construcción de las relaciones contribuye al éxito de la Negociación Estructurada. Después de negociar sobre la accesibilidad de los cajeros automáticos y de su sitio web, el negociador del Banco de América, Bill Raymond, se refirió a quienes reclamaban como "personas con las que le gustaría pasar el rato". Escuché algo similar a un abogado que representaba a una agencia crediticia nacional en una Negociación Estructurada para que los informes de crédito gratuitos estuvieran disponibles para el público que no podía leer la información impresa. Según el abogado, "los solicitantes en la negociación fueron excelentes representantes simplemente a la hora de explicar el problema". ¿Se habrían hecho estos comentarios sobre personas que hubieran presentado demandas?

He negociado casos en Negociación Estructurada en los que mi colega negociador nunca se reunió ni tuvo una conversación telefónica con mi clientela. Pero en muchos de los casos más gratificantes, los/as reclamantes juegan un importante papel: asisten a reuniones, aportan comentarios, diseñan soluciones estratégicas y se convierten, en palabras de Raymond de Bank of America, en personas con las que posibles demandados/as querrían pasar más tiempo.

———

Siempre inicio una conversación con un nuevo/a cliente con una pregunta simple: "¿Por qué contactó con un profesional de la abogacía?" Cualquiera que sea el campo del Derecho, las respuestas son similares: un problema necesita solución; alguien ha sido tratado injustamente; se busca una compensación. La clientela puede explicar por qué llama a un profesional de abogacía y qué quieren. Pero el trabajo del/la abogado/a consiste en explicar si la ley puede ayudar y cómo puede ayudar. Aunque presentar una demanda puede ser una respuesta, la mayoría de la clientela deseará escuchar otra opción, particularmente, cuando esa opción ofrece una alternativa al gasto, imprevisibilidad, inconveniencia, estrés y retraso a la opción de acudir al juzgado.

La mayoría de las personas prefieren no involucrarse en una demanda ya sea como parte demandante o demandada. René Cummins es un ejemplo. Cummins era una estudiante de doctorado en Carolina del Norte cuando escuchó por primera vez algo sobre cajeros automáticos accesibles. Frustrada por los cajeros automáticos que no podía utilizar debido a su pérdida de visión, a Cummins le gustó la idea de que nosotras hubiéramos evitado la demanda legal en el tema de los cajeros automáticos con servicio de voz. "Un litigio puede crear animosidad en la comunidad", dijo, "y todos tenemos que vivir dentro de la comunidad". Cuando leyó sobre los cajeros automáticos con voz en California que defendía Steven Mendelsohn, Cummins llamó a mi colega Linda Dardarian. "Este es el tipo de cosas que necesitamos aquí en Carolina del Norte", dijo. "¿Puede usted ayudar?" Pudimos, y lo hicimos, conseguimos la accesibilidad en cajeros automáticos con servicio de voz y banca online en Carolina del Norte sin necesidad de presentar una demanda legal.

———

Algunas personas, como Rene Cummins, cooperan de forma natural y se sienten atraídas por el enfoque de la Negociación Estructurada. Otras no encajarán en el método en absoluto. Y otras, aunque inicialmente escépticas, se convertirán en importantes solicitantes de Negociación Estructurada después de aprender sobre el proceso, sus beneficios y ser informadas en los puntos delicados de la colaboración a medida que avanza el caso.

Solicitantes cooperativos predispuestos de forma natural

Algunos/as clientes tienen una innata predisposición a ser solicitantes de Negociación Estructurada. Prefieren un enfoque colaborativo y utilizan sus capacidades de resolución de problemas en todos los aspectos de sus vidas. Richard Rueda, un solicitante en una Negociación Estructurada con la cadena de cine Cinemark, dice que el proceso se ajusta a él porque "mi naturaleza tiende a mantener abiertos los debates. Al final del día quiero ser tu amigo y no quiero tener enfrentamientos. Simplemente no es mi espíritu". Eugene Lozano, Jr., líder en Negociación Estructurada en el caso de seguridad peatonal en San Francisco, siente que el proceso armoniza con su personalidad: "Realmente no disfruto con los enfrentamientos. Prefiero sentarme con la otra parte y hablar. Trato de entender el otro lado y trato de encontrar un espacio común".

Alice Ritchhart fue solicitante de Negociación Estructurada con Weight Watchers. A Ritchhart le gusta el proceso de resolución de conflictos porque quiere "resolver problemas en lugar de llevar a las personas a los tribunales y demandar. Se logra más con las negociaciones", dice ella. "Si hay margen para el compromiso y puedes sentarte a la mesa y resolverlo, siempre es mejor. No estoy dispuesta a demandar aun cuando todo lo demás falle. Si puedo, preferiría participar en la solución".

Rueda, Lozano y Ritchhart entienden que ser razonables y

trabajar juntos no son signos de debilidad. Al igual que Marlaina Lieberg, propietaria de una pequeña empresa que apostó con Safeway y las Grandes ligas de Baseball por la Negociación Estructurada en lugar de litigar en los tribunales como había hecho durante décadas. Lieberg también se sentó en la mesa de Negociación Estructurada cuando trabajó como consultora para un banco durante las primeras negociaciones de cajeros automáticos con servicio de voz. "El litigio tiene su lugar", dice ella, "pero ya simplemente dicha palabra induce a una relación de confrontación". Lieberg, ciega desde su nacimiento, entiende la Negociación Estructurada como "construcción de puentes, y cuantos más puentes pueda ayudar a construir, mejor".

Solicitantes improbables

No todas las personas que buscan defensa legal son proclives a la colaboración. Una colega me preguntó recientemente si un caso que estaba gestionando podría resolverse mediante una Negociación Estructurada. Estaba ansiosa por probar el método pero preocupada por sus clientes. "Quieren denigrar a la parte demandada y hacer públicas las vulneraciones y los abusos que han sufrido", me dijo. "¿Podrían ser realmente solicitantes de Negociación Estructurada?"

No lo creía. Los deseos de sus clientes eran legítimos, pero a menos que cambiaran o pudieran atenuarse, la Negociación Estructurada probablemente no era la mejor estrategia. Los participantes en la Negociación Estructurada no ponen en evidencia públicamente a sus socios/as negociadores/as. En lugar de emitir un comunicado de prensa anticipado y condenatorio esperan a que haya algo positivo que informar antes de acudir a los medios (ver capítulo 14). Una persona solicitante o profesional de la abogacía con un enfoque diferente en las declaraciones públicas podría arruinar una negociación.

Es poco probable que quien tiene un desconocimiento de lo que supone una demanda valore adecuadamente un entorno colaborativo. Y puede suceder que quienes se sienten incómodos dando pequeños pasos hacia un objetivo más amplio -una herramienta útil de la Negociación Estructurada- puedan sentirse frustrados con el proceso (ver capítulos 9 y 12). Quienes se niegan a confiar en alguien del "otro lado de la mesa" tampoco son buenos/as candidatos/as para la Negociación Estructurada. Como advierte Linda Dardarian "aunque la ira y la desconfianza de una persona ante una administración o empresa privada puedan explicarse, el proceso se puede frustrar fácilmente si no se es capaz de dejar esos sentimientos de lado". Dardarian recuerda: "una vez tuve clientes que sentían que estaba siendo demasiado amables y pacientes, e insistieron en presentar una demanda después de comenzar una Negociación Estructurada. El proceso alternativo no fue la mejor estrategia en aquel caso".

Lista de verificación para formar a la clientela en la Negociación Estructurada

Los/as clientes/as que no poseen un enfoque colaborativo de forma natural pueden ser solicitantes cuando se les explica el proceso y se les capacita para ser participantes efectivos. Tony Candela fue un gran impulsor en la iniciativa nacional de Negociación Estructurada que mejoró los dispositivos de pago para clientela ciega en Walmart, CVS y una docena de otros pequeños comercios. Los casos surgieron cuando las empresas lanzaron nuevas tecnologías sin teclas táctiles, lo que obligó a los compradores con visión reducida a revelar su PIN a extraños. Candela, invidente trabajador en activo, estaba justificadamente enojado y frustrado por ver amenazada su privacidad cada vez que quería utilizar su tarjeta de débito. La paciencia y la colaboración no son sus mejores cualidades.

"Tengo tendencia a decir: "demande a esos desgraciados" me dijo Candela cuando le pregunté si el proceder de Negociación Estructurada era algo natural para él.

"Pero sé que la Negociación Estructurada es un enfoque a largo plazo y es más constructivo para unir a las personas. Sé el gran logro que ha sido ayudar a las personas ciegas en la integración y la inclusión. Lo que más se adapta a mi personalidad es demandar a gente. Pero cuando me calmo y veo a otros a mi alrededor haciendo algo constructivo, también yo quiero hacerlo".

———

¿Cómo pueden los profesionales de la abogacía ayudar a sus clientes/as a darse cuenta del valor de la colaboración? Compartir historias de éxito logradas mediante la Negociación Estructurada es una manera. También es preciso mantener una conversación sincera sobre el impacto que se sufre al presentar una demanda en lugar de utilizar una Negociación Estructurada (o tomar otro camino hacia la resolución de conflictos). Aquí hay algunos problemas que la abogacía y clientela deben explorar juntos:

- ¿Cuáles son los plazos de tiempo de una demanda y cuáles los de la Negociación Estructurada? En un caso presentado ante el juzgado, la parte demandante tendrá que declarar, una experiencia que requiere mucho tiempo y que implica una preparación significativa. Al contrario que en una declaración, las reuniones de Negociación Estructurada pueden empoderar a quienes reclaman (ver capítulo 7). Bernice Kandarian fue solicitante en la Negociación Estructurada con Bank of America. Durante la Negociación de cuatro años, el banco nunca solicitó la declaración de nadie. Pero Dandarian y otros participaron en reuniones con quienes desarrollaban cajeros automáticos y negociadores bancarios. "Las reuniones me hicieron sentir que merecía la pena; que alguien escuchaba nuestras necesidades", dice ella. No tener que realizar declaraciones formales supone un gran ahorro de tiempo para quienes reclaman en la Negociación Estructurada.

• - ¿Cuál es la repercusión de cada fase del proceso judicial para las partes? Las declaraciones no solo conllevan mucho tiempo, para las partes demandantes y testigos pueden resultar estresantes e intimidantes. Linda Dardarian defiende demandantes en litigios y acompaña a solicitantes en Negociación Estructurada. "El ánimo del profesional defensor en la declaración de quienes demandan", dice, es "en parte para recopilar información pero, también, para avergonzar, degradar y desanimar en la continuación del proceso judicial y, por tanto, el desistimiento del ejercicio de sus derechos". Esto se evita por completo en una Negociación Estructurada.

• - ¿Cuáles son los gastos económicos de cada proceso? En la

Negociación Estructurada no existen honorarios judiciales, costes de transcripción, de arbitraje o excesivos costes de expertos/as, que, según el acuerdo profesional de la abogacía-clientela, suelen existir en un litigio tradicional. En aquellos casos en los que los honorarios se establecen por hora, seguramente se verán reducidos significativamente en los casos de Negociación Estructurada en comparación con el litigio aún cuando la reclamación finalmente se resuelva favorablemente. La ausencia práctica de pruebas y periciales son dos factores importantes que reducen el tiempo de trabajo del profesional de la abogacía y, por lo tanto, los honorarios de la Negociación Estructurada. Al contrario que en los casos donde rige la condena en costas, en la Negociación Estructurada no se corre el riesgo de abonar los honorarios de la otra parte.

• - ¿Qué método permite una mayor participación de la clientela en el proceso? Es posible lograr una participación importante en la Negociación Estructurada (ver capítulo 7). Margie Donovan fue la única solicitante en una Negociación con el Union Bank of California. Ella valoró el nivel de participación que ofrece el método: "Me convertí en una clienta valiosa y no simplemente una persona anónima con una discapacidad", dice Donovan, que es ciega y funcionaria jubilada. "Las personas del banco estaban muy interesadas en producir tecnología novedosa en cajeros automáticos y sentíamos que todos estábamos en un solo equipo. Me empezaron a valorar como una persona con titulación y como una persona y que podía aportar y se impresionaron. Yo ya había participado en negociaciones y en aquella sala la sensación fue completamente diferente".

Tim Miles, activista, con uno de los solicitantes en la Negociación de Carolina del Norte, también percibió el valor de la participación directa del cliente: "El banco inicialmente tenía la visión tradicional de que las personas ciegas necesitaban ayuda", dice, "Pero cuando nos conocieron y tuvimos la oportunidad de hablar, disipamos ese estereotipo".

• - ¿Qué estrategia tiene más probabilidades de preservar las relaciones entre las partes? Las empresas, las administraciones públicas o individuos a menudo quieren (o necesitan) preservar las relaciones durante y después de la resolución de las reclamaciones. Pueden surgir conflictos entre compradores/as y vendedores/as que no desean abandonar una relación comercial pero que necesitan resolver una cuestión. Es posible que los/as compradores/as deseen una mejora en la tecnología minorista aunque deban continuar interactuando con las tiendas de su vecindario. Las personas con discapacidad que solicitan atención sanitaria no quieren abandonar a sus profesionales. La Negociación Estructurada permite continuar las relaciones sin sentimientos amargos que, a menudo, persisten a raíz de un proceso de confrontación.

Este fue un factor clave en el caso de San Francisco sobre las señales peatonales. "Mantuvimos relaciones continuas con el funcionariado de la ciudad y trabajamos juntos en varios temas", explica Anita Aaron, directora ejecutiva con experiencia política de la San Francisco LightHouse for the Blind, durante la Negociación. "Una demanda podría haber dañado esas relaciones, tal vez de manera irreparable, y no queríamos que eso sucediera".

• - ¿Qué estrategia le permite a la clientela realizar una mayor contribución al resultado final? Las reuniones de Negociación Estructurada permiten realizar aportes reales sobre los aspectos esenciales de un acuerdo. En negociaciones con minoristas farmacéuticos nacionales Linda Dardarian y yo representamos a organizaciones y a invidentes que no podían leer las recetas impresas en formato estándar. Durante las negociaciones, nuestra clientela evaluó prototipos de recetas médicas parlantes, analizó otras alternativas en braille y aportó su opinión sobre materiales de formación. Sin pruebas judiciales ni alegaciones, el ambiente era relajado y cooperativo.

Quienes reclamaban en la Negociación Estructurada también jugaron un papel importante durante el desarrollo de los cajeros automáticos con servicio de voz. Hoy, cualquiera puede acudir a un cajero automático, conectar un auricular y escuchar mientras la máquina dice: "Este cajero automático ofrece instrucciones audibles para su comodidad; su dinero saldrá por la ranura de la derecha del teclado a las 4:00 horas". Estas palabras muestran las sugerencias de los solicitantes Jerry Kuns, Roger Petersen y otros intervinientes que contribuyeron al texto que reproducirían los cajeros automáticos con servicio de voz. Petersen que ha pasado su vida siendo activista, reflexionando sobre su papel como uno de los primeros solicitantes de cajeros automáticos con servicio de voz, dice que la experiencia fue "una de las experiencias que más me han hecho sentir mi implicación en cambiar el mundo". En un litigio, el orgullo por participar y la contribución de quien reclama es, si no imposible, más difícil de lograr.

- • - ¿Cuánto tiempo llevará resolver la demanda? Dependiendo de la naturaleza del caso, las demandas a menudo (aunque no siempre) se resolverán más rápidamente en una Negociación Estructurada que en un litigio. Esto es cierto incluso si el caso judicial queda resuelto. Un caso ante los tribunales siempre corre el riesgo de apelación o de procedimientos prolongados y el espíritu de confrontación, a menudo, propicia el retraso. Aunque la toma de declaraciones, la espera del fallo del tribunal, la presentación de informes y la argumentación de alegaciones crean una percepción de avance, esa percepción es, a menudo, ilusoria.

Puede ocurrir que el tiempo de inactividad de la Negociación Estructurada sea difícil de gestionar. Aprobar cambios en las políticas y procedimientos o la aprobación de un presupuesto, pueden llevar tiempo, tanto en el sector público como en el privado, especialmente, en las negociaciones con administraciones públicas. Y la ausencia de fechas límite impuestas por el tribunal supone una carga para el profesional de la abogacía de quien reclama para avanzar en un caso. A veces el ritmo puede resultar inmutable. Para evitar la frustración durante los inevitables retrasos de una negociación, los profesionales de la abogacía y su clientela deben hablar desde el principio sobre el ritmo que esperan lograr en la Negociación Estructurada frente a un litigio. Independientemente del tiempo que transcurra desde la carta de presentación hasta alcanzar el acuerdo, las inquietudes de las partes y profesionales respecto al tiempo son menores que en un proceso judicial.

- • - ¿Las indemnizaciones serán diferentes según la estrategia? Las reclamaciones económicas e indemnizaciones pueden resolverse en la Negociación Estructurada. Mientras que el método no conlleva una resolución judicial de una acción colectiva, el ejercicio de la acción es común (ver capítulo 13). Se puede indemnizar tanto a las personas que han reclamado como a otras afectadas aunque no hayan participado en la reclamación. Los acuerdos alcanzados en el proceso son acatados e implementados igual que los acuerdos alcanzados en un litigio. Según mi experiencia, el espíritu de colaboración desarrollado durante el curso de una negociación elimina la necesidad de ejecución judicial durante el período de control (ver capítulo 15).

En la Negociación Estructurada no hay desagravio declaratorio ni órdenes judiciales u opiniones que establezcan un precedente judicial. Quien reclama o su abogado/a puede que no quiera seguir un método alternativo si un fallo judicial favorable pudiera crear precedente sobre un aspecto esencial de la reparación deseada. Pero el precedente judicial es inusual y los resultados de la Negociación Estructurada tienen un tipo de influencia diferente. Robert Klivans fue asesor interno de un banco de Boston que participó en una Negociación Estructurada después de los éxitos iniciales de los cajeros automáticos en California. El precedente que establecimos en California animó a la empresa de Klivans: "Los acuerdos de California fueron importantes para nosotros. El hecho de que otros bancos hayan acordado hacer esto nos ha facilitado hacerlo". He escuchado declaraciones similares de colegas sobre muchos de los problemas que mi clientela y yo abordamos en la Negociación Estructurada.

- • - ¿Cuál es el riesgo de que la clientela pierda el caso? Un litigio puede concluir con una sentencia desestimatoria en primera u otras instancias y la parte reclamante puede ser condena a abonar las costas de la otra parte. Eso no puede suceder en la Negociación Estructurada. Una vez que se firma el documento de reglas básicas, la probabilidad de un acuerdo es alta. Solo tuve un caso en el que no se llegó a un acuerdo después de que las partes elaboraran un documento de reglas básicas.

• - ¿Entiende la clientela la mentalidad de Negociación Estructurada? Los elementos que integran la mentalidad de la Negociación Estructurada ayudan tanto a profesionales de la abogacía como a su clientela a avanzar en el proceso de manera efectiva (ver capítulo 16). Estos elementos, incluyendo la paciencia y la voluntad de no realizar conjeturas negativas, se deben revisar previamente. Al observar la figura del profesional de la abogacía en películas y en televisión existe la percepción pública de que ejercer la abogacía de forma efectiva se traduce en ser agresivo, duro y firme. Explicar las cualidades personales de un/a negociador/a eficaz ayuda a la clientela a comprender un comportamiento que de otra manera podría percibirse como debilidad. Una explicación previa de la mentalidad inherente a la Negociación Estructurada ofrece a las personas reclamantes una idea de las cualidades que ellas y sus defensores/as tendrán que ejercitar a medida que el caso avance.

———

Cuando se explora el valor de la Negociación Estructurada en una conversación utilizando las guías anteriores, ni siquiera las personas más escépticas optarían fácilmente por la alternativa del litigio. Al igual que Tony Candela, al principio pueden ser más proclives a "demandar a esos desgraciados" pero valorarán las ventajas significativas de escoger un camino diferente.

¿Cuántos solicitantes?

La Negociación Estructurada evita las batallas continuas y jurisdiccionales que pueden minar los recursos y bloquear los litigios. Sin estos obstáculos procesales existe un amplio margen para decidir el número apropiado de solicitantes para lograr el éxito en un caso. Un/a cliente/a puede contactar con un profesional de la abogacía en relación con un problema singular y exclusivo y convertirse en el único solicitante. Otras veces, un/a cliente/a tiene una demanda que afecta a otras personas, o bien más de un individuo se acerca a un profesional de la abogacía con el mismo problema, o una organización quiere presentar una demanda en nombre de sus miembros. En estos casos, el objetivo es establecer un equipo para las posibles partes negociadoras. He resuelto casos en Negociación Estructurada con una sola parte y con nueve solicitantes. He representado tanto a organizaciones solas como a un grupo de organizaciones e individuos. Determinar el tamaño y la naturaleza del equipo de solicitantes depende de los hechos del caso y de las historias que los posibles solicitantes, como Lela Behee y Kit Lau, traen a la mesa de Negociación.

———

Lela Behee se había mudado recientemente a una ciudad rural de Texas cuando pidió a una de sus nuevas vecinas que le ayudara a comprar en la tienda local de Dollar General. En el momento de pagar, Behee no pudo utilizar su tarjeta de débito de forma autónoma porque no había teclado táctil y no podía ver los números de la pantalla. "Soy independiente y me gusta hacer todo yo misma", me dijo Behee. Pero "no tuve más remedio que revelar mi PIN a quien me ayudaba. Le pedí que lo introdujera en el dispositivo por mí y le di mi tarjeta de débito para que la pasara. Resultó fácil y, sinceramente, no lo pensé dos veces".

La joven no devolvió la tarjeta. Sabiendo el PIN, esa tarde fue a un cajero automático y sacó 220 dólares de la cuenta de Lela Behee. Quedaron menos de 30 dólares después de la retirada del efectivo.

La abogada empleada de Dollar General fue receptiva y se mostró preocupada cuando recibió nuestra carta de presentación que describía la experiencia de Behee. El caso solicitaba la instalación de dispositivos de pago con teclas táctiles que se pudieran sentir y ver para que Behee y la clientela, en general, pudieran introducir información confidencial de manera autónoma. El American Council of the Blind (ACB) y la American Foundation for the Blind (AFB) se unieron a Behee como solicitantes en el caso.

La naturaleza convincente de la experiencia de Behee nos aportó la confianza de que no eran necesarios más clientes de Dollar General en el equipo solicitante. En un litigio con normas de procedimiento, la empresa podría haber argumentado que las organizaciones no tenían la suficiente legitimación, o que estaba obligada solamente a actualizar la tecnología en la tienda del Norte de Texas donde la Sra. Behee era cliente. Sin embargo, Dollar General adoptó la Negociación Estructurada y la vio como una oportunidad para mejorar la experiencia de pago en todo el país. Como resultado de nuestro acuerdo, la empresa compró nuevos equipos para más de 8.000 tiendas.

————

En la Negociación Estructurada de Charles Schwab, un solo inversor ciego representante de una empresa comprometida con encontrar soluciones logró modificar con éxito la accesibilidad online del gigante comercial. La solicitante Kit Lau tenía una convincente historia personal, una predisposición natural, que le apartó de la confrontación y una consolidada relación con Charles Schwab. Estos factores la convirtieron en una solicitante, en solitario, ideal. Nacida en la China rural, perdió la visión por una enfermedad cuando era niña: A Lau no se le permitió asistir a la escuela hasta los quince años. Cinco años después emigró a los Estados Unidos, donde obtuvo dos títulos de licenciatura y se jubiló tras una vida laboral de 15 años como programadora informática. En su retiro, Lau era una activa comerciante en el sitio web de Schwab. "Oí que eras una abogada que no demandaba a las personas", me dijo cuando llamó después de varias modificaciones en el sitio web que convirtieron la accesibilidad en un desafío. Schwab estaba ansioso por abordar las preocupaciones de Lau cuando entró en la Negociación Estructurada. Su sitio web mejoró en beneficio de todos.

Mientras que en la Negociación de Schwab solamente un inversor fue el solicitante, en una Negociación que se siguió sobre la accesibilidad de las ofertas digitales de Safeway, el equipo de solicitantes fue un grupo de nueve compradores y compradoras. Dos personas con visión reducida presentaron una Negociación Estructurada con Weight Watchers en alianza con una organización nacional para enfatizar el gran alcance de la asistencia solicitada. La composición del grupo solicitante es diferente en cada caso. La Negociación Estructurada permite cualquier composición que satisfaga las necesidades de la clientela y los objetivos del caso.

Representando organizaciones

La Negociación Estructurada es una estrategia eficaz para los/las solicitantes de organizaciones. El ACB fue la única solicitante en la exitosa Negociación con la Sociedad Americana contra el Cáncer. Y en más de una docena de casos donde se pedían dispositivos de pago utilizables, la ACB, su filial de California y la Fundación Americana para Ciegos (AFB) fueron los únicos solicitantes. Estas organizaciones también fueron solicitantes, de forma individual y en grupo, en una Negociación Estructurada que pedía recetas con servicio de voz para clientes de farmacias que tenían dificultades para leer recetas impresas.

Al igual que ocurre con las personas, algunas organizaciones son más propensas a un enfoque colaborativo que otras. La AFB es una organización nacional política y de defensa de derechos cuyos orígenes se remontan a la década de 1920 y a Helen Keller. La Negociación Estructurada armoniza con la forma en que la organización prefiere trabajar. "Nos sentimos cómodos en la Negociación", dice Paul Schroeder, vicepresidente de Programas y Políticas de la AFB. "Cada reunión que la AFB tiene con un miembro del congreso constituye una negociación y toda política refleja el hecho de dar y recibir. La Negociación Estructurada se ajusta a nuestra personalidad organizativa. No somos litigantes, pero estamos comprometidos a promover la accesibilidad. Trabajar como solicitante de Negociación Estructurada fue realmente beneficioso para nosotros como organización".

La posición de la organización puede ser un tema polémico en un litigio. No ocurre así en la Negociación Estructurada. Los grupos de defensa han representado con éxito los intereses de sus miembros sin tener que sufrir trámites procesales judiciales o reunir evidencias para demostrar su derecho en una demanda. Al contrario, nuestras partes negociadoras han considerado valiosa la habilidad, reputación y experiencia colectiva de una organización. Linda Dardarian y yo, una vez, enviamos una carta de presentación a una empresa de atención sanitaria en nombre de tres de sus miembros. Después de conocer el proceso, la empresa acordó participar en la Negociación Estructurada pero preguntó si podíamos representar a un solicitante más, una organización con un fuerte interés en la defensa del tema. La organización acordó convertirse en nuestro cliente y participar como solicitante. La Negociación tuvo éxito y la organización se benefició de los aportes.

Hojas de encargo

Aunque la Negociación Estructurada es un proceso informal, la relación profesional de la abogacía-clientela debe ser establecida en una hoja de encargo. Una hoja de encargo en la Negociación Estructurada debe cumplir con los requisitos de la legislación estatal e incluir una declaración indicando que la designación es para "la investigación y negociación de un posible acuerdo de todas las reclamaciones viables" en relación con el problema identificado. El contrato puede incluir disposiciones para presentar la demanda si la negociación no tiene éxito, o puede recoger que el encargo no cubre los servicios legales para una posible demanda judicial, la cual deberá negociarse por separado.

Un acuerdo "sólo de negociación" aclara que profesionales de la abogacía y clientela están de acuerdo con la estrategia elegida y entienden que se necesitará un segundo contrato si resultara necesario presentar una demanda judicial.

El lenguaje explícito que el profesional aplica a la negociación, cumple otra función. El camino de la negociación a veces puede ser irregular o lento. Disponer de un contrato limitado, sólo para negociaciones, puede hacer que los litigios sean un poco menos atractivos durante los períodos de frustración. La necesidad de efectuar un nuevo contrato de prestación de servicios puede ayudar a mantener a los/las profesionales de la abogacía y clientes en el camino para resolver las demandas en la Negociación Estructurada.

Asesoramiento conjunto

La decisión de incorporar a otro profesional de la abogacía en la Negociación Estructurada es similar a preparar el equipo de abogados/as en casos tradicionales. ¿Se puede compartir el trabajo? ¿Cómo se dividirá? ¿Se necesita asesoramiento adicional para una defensa eficaz del cliente? ¿Pueden los profesionales de la abogacía acordar cómo se repartirán los honorarios?

El asesoramiento conjunto, en todos los casos, requiere que los profesionales de la abogacía tengan una buena relación de trabajo. Pero el asesoramiento conjunto en la Negociación Estructurada implica algo más. El profesional de la abogacía debe tener la misma actitud que en un procedimiento judicial. Sería frustrante si los profesionales de la abogacía no se aproximaran al acuerdo de la misma manera o no tuvieran las cualidades personales para resolver rápidamente las diferencias. Cuando un miembro del equipo asesor solicita tiempo adicional para responder a una solicitud en la Negociación Estructurada, otro puede comprender que necesita ese tiempo y un tercero puede considerar que la demora es injustificada. Es probable que existan conflictos sobre la estrategia si los profesionales de la abogacía tienen enfoques muy diferentes o no pueden gestionar los desacuerdos. Los elementos de la mentalidad de Negociación Estructurada (ver capítulo 16) se deben revisar antes de que se ejecute un acuerdo de colaboración entre profesionales.

———

Se establece el equipo de asesores, se firma la hoja de encargo y se acuerda la estrategia de Negociación Estructurada por clientela y grupo de asesores. Es el momento de una carta de presentación diseñada para involucrar a posibles partes negociadoras y convencerles de evitar el tribunal. Como la defensora de Chicago, Kelly Pierce, manifiesta sobre el hecho de ser cliente en Negociación

Estructurada: "Al trabajar con usted y con Linda Dardarian aprendí la tremenda importancia de causar una buena impresión a través de una carta de contacto inicial bien articulada y fundamentada." El siguiente capítulo expone cómo escribir una.

CAPÍTULO 5

Escribir una invitación para negociar

"Cuando se presenta una demanda, de inmediato todo el mundo se dispone a defender sus posiciones. Las personas se ponen a la defensiva y se aferran al status quo. Recibir una carta de Negociación Estructurada es muy diferente a ser demandado".

—Minh Vu, abogado de varias empresas que escogieron la Negociación Estructurada-

Una carta de presentación de Negociación Estructurada favorece la participación en el proceso. No se le pide al receptor que implemente una política particular en un momento dado o que acepte pagar una determinada cantidad de dinero. No se espera ninguna acción, excepto una respuesta a la carta, dentro del habitual plazo de 30 o 60 días, igual que en una demanda tradicional. Por el contrario, se invita al lector a decir "sí" a la Negociación Estructurada.

Una carta de presentación no es una demanda

Las cartas de presentación deben evitar la mentalidad de una demanda y en cambio, mostrar una actitud de invitación al proceso. Entre 2009 y 2014, las cartas a Walmart, CVS, Caremark, Walgreens, Rite Aid y Humana utilizaron esta perspectiva, y eso fue lo que condujo a los primeros acuerdos sobre recetas médicas con servicio de voz. Involucramos a estas empresas con cartas de presentación que reconocían sus buenas prácticas y explicaban porqué ofrecer solamente etiquetas de recetas impresas resultaba nocivo para nuestros clientes y suponía una infracción legal.

En la carta a Walgreens, hicimos referencia a " su iniciativa de crear un lugar de trabajo inclusivo para personas con discapacidad". Reconocimos a Humana como "una empresa industrial líder en accesibilidad digital". Cada carta sirvió para iniciar una conversación, dejando clara nuestra invitación a negociar:

"Esperamos que acepte nuestra invitación a participar en una Negociación Estructurada y así resolver las peticiones de nuestros clientes para conseguir la información de las recetas de forma segura, precisa y efectiva".

Sé que mi actitud por sí sola no determinará cómo responderá el lector a una carta de presentación de Negociación Estructurada. Pero mis reflexiones sobre lo que estoy escribiendo y las palabras que escojo para expresar esos pensamientos sobre el papel son importantes. Las palabras crean el entorno de colaboración necesario para trabajar fuera de los tribunales. Una demanda judicial abre la puerta a vías convencionales, confrontativas y costosas para la resolución de conflictos. Una carta de presentación traslada a un potencial demandado que dispone de otra vía para resolver el conflicto. Cuando estamos predispuestos a colaborar, resulta más fácil escribir palabras que eviten el conflicto.

———

Como mi colega Linda Dardarian dijo hace muchos años en una reunión de profesionales de la abogacía invidentes, "Una demanda es como un puñetazo en el estómago; nuestra carta de presentación es una mano extendida". Los/as abogados/as de la empresa estuvieron de acuerdo. "La invitación de la carta de Negociación Estructurada puede, de diferentes maneras, ser más eficaz que una demanda para explicar un problema", dice Minh Vu, un abogado de Washington D.C. que ha leído nuestras cartas de presentación como asesor de varias grandes corporaciones. "En una demanda legal, un profesional de la abogacía dice solo lo que es necesario y nada más. Una carta va mucho más allá; explica la base legal del problema, lo que puede resultar una herramienta útil para atraer a los clientes a la mesa de negociación".

Cuando se presenta una demanda en el tribunal, la parte demandada debe responder. "Se crea una zona de confort cuando se presenta una demanda", dice el abogado de Boston, Dan Manning, quien también trabajó en Negociación Estructurada. "Logras unas reglas de juego, te adjudican a una tercera persona de la judicatura en quien ampararse". Pero en la Negociación Estructurada no hay reglas o terceros que supervisen la respuesta de la otra parte. La carta de presentación y las conversaciones iniciales deben convencer al lector de participar en el proceso. Para hacerlo, el contenido de la carta debe evitar las acusaciones que pongan al lector a la defensiva. El objetivo es que las personas destinatarias de la carta decidan que les conviene participar en la Negociación Estructurada; que tiene sentido legal y/o económico. Lo ideal sería que quien lo recibe, incluso, decidiera que eso es lo correcto.

Construyendo la carta de presentación

La carta de presentación tiene seis partes. El lenguaje colaborativo y un tono de compromiso están presentes en cada uno de los elementos.[17]

Primera parte: Introducción

Personas destinatarias. La carta a las instituciones debe enviarse a quien es responsable del servicio jurídico. Si ya se han establecido relaciones con otras personas de la organización, puede ser apropiado ponerlas en copia o incluirlas como destinatarias. Si el profesional de la abogacía remitente tiene una relación con el servicio jurídico asesor de la destinataria, la deontología dicta que debe ser informado de la carta.

Al escribir a las agencias crediticias nacionales, debatimos si enviar una carta a las tres empresas o una carta por separado a cada una de ellas. Mostramos la sencillez y la franqueza que conforman la

Negociación Estructurada cuando la carta propuso "un plan para entablar conversaciones con el fin de llegar a un acuerdo con ustedes, ya sea colectiva o individualmente, a su elección, y para trabajar de manera constructiva y resolver las demandas de nuestra clientela sobre su seguridad y privacidad y sus derechos civiles en relación con sus informes crediticios y sitios web inaccesibles". El hecho de invitar a las empresas a decidir si deberíamos tener una negociación o tres, manifestaba tanto la flexibilidad de la Negociación Estructurada como nuestra voluntad de colaborar. Les ofrecimos una oportunidad para estructurar el proceso que resolviera las reclamaciones de nuestros/as clientes.

Párrafos de presentación. Comience indicando que la carta se envía en nombre de los/as clientes e identifíquelos/as por su nombre. Describa el tema en una o dos oraciones, sin exageraciones ni acusaciones. Si es posible, explique la experiencia de quienes solicitan en el contexto de una cuestión tan visceral como la privacidad, la seguridad o la equidad. Nuestra carta a la Ciudad y al Condado de San Francisco describía la tecnología que nuestros clientes/as veían como necesaria "para evitar accidentes con desenlace de muerte, lesión y confusión de los peatones". Explicamos: "Los cruces de San Francisco seguirán siendo un peligro continuo para muchos/as peatones invidentes y con discapacidad visual hasta que la ciudad instale señales peatonales accesibles".

Los párrafos iniciales deben indicar brevemente la naturaleza de la infracción legal pero desde, el principio, deben dejar claro al lector la preferencia por la Negociación Estructurada. Una frase común es:

"En lugar de presentar una demanda, proponemos un plan para trabajar de manera constructiva con su empresa/agencia mediante el eficaz método alternativo de resolución de conflictos denominado Negociación Estructurada".

Segunda parte: Resumen de la Negociación Estructurada

Presentar la Negociación Estructurada. Incluya un apartado titulado "Descripción general de la Negociación Estructurada" que haga referencia a este libro, artículos e información online sobre el proceso. Las cartas que Linda Dardarian y yo enviamos incluyen una observación general indicando: "La Negociación Estructurada se ha utilizado durante veinte años para resolver demandas sin acudir al tribunal. Entidades como las Grandes ligas de Baseball, la American Cancer Society (ACS), CVS y el Bank of America han participado en este proceso colaborativo. Nuestro cliente agradece la oportunidad de trabajar con usted en este método eficaz y asequible de resolución de conflictos".

Ventajas del proceso alternativo de resolución de conflictos. Tal y como le indicamos a una distribuidora farmacéutica, "Al participar en una Negociación Estructurada para resolver las demandas de nuestros clientes, las partes pueden evitar los gastos, los riesgos y las argucias procesales típicos de los procedimientos judiciales en tribunales."

Tercera parte: Presentar a las partes

Solicitantes. Describa a cada cliente no sólo como alguien con una demanda legal. Para describir a las personas podría incluir una exposición sobre su empleo, actividades de voluntariado, familia o formación. En una carta de presentación a la cadena de cines Cinemark presentamos al solicitante Rio Popper como "un niño de seis años extrovertido, inteligente, adorable, curioso y atrevido que es ciego". Le contamos a la empresa las muchas actividades que realizaba Río, incluido su esfuerzo por aprender snowboard, lo que era público porque había aparecido en las noticias.

La descripción de los/as solicitantes también debe explicar su vinculación con la empresa o entidad. ¿Son clientes, empleados o persona externa? ¿Durante cuánto tiempo se ha mantenido la relación entre la persona que solicita y la entidad que recibe la carta? En una carta de presentación a una institución financiera, explicamos que el solicitante Pratik Patel, un empresario ciego y experto en tecnología, "utilizó por primera vez el sitio web de la empresa hace 12 años cuando comenzó a administrar online la cartera de valores de su madre. Abrió su propia cuenta hace aproximadamente seis años y actualmente es responsable de ambas cuentas. Si las obligaciones de su negocio no se interponen, Patel entra todos los días en el sitio web de la empresa".

La descripción de la persona que solicita debe incluir una breve declaración de los hechos como preludio de una exposición más detallada que le siga a continuación. Si es posible, describa también alguna experiencia positiva que quien solicita tuviera con la entidad a la que envía la carta (ver la cuarta parte sobre la importancia de decir algo positivo de la empresa / entidad a la que escribimos esta carta).

Se deben resaltar la misión y los logros conseguidos por el grupo de solicitantes en el ámbito de la organización a quien se dirige la carta. En nuestra negociación con las Grandes ligas de Baseball sobre la accesibilidad de su sitio web y de las aplicaciones móviles, Linda Dardarian y yo representamos al Consejo Americano de Ciegos (ACB) y sus afiliados de Massachusetts y California. En nuestra carta de presentación, no identificamos a las organizaciones solicitantes como adversarios, sino como grupos compuestos por "miles de personas que son seguidoras del béisbol". Confiábamos en que la persona que recibiera nuestra carta se sintiera indentificada con los / as amantes del "deporte" nacional.

Describir los intentos de quienes solicitan para resolver el problema. Mis clientes casi siempre han intentado resolver el problema que aborda la demanda legal antes de llamar a una abogada. Kit Lau envió información detallada a Charles Schwab sobre cómo podría hacer que su sitio web fuera más accesible. Los miembros de la ACB solicitaron a los despachos de farmacia que dispensaran recetas con servicio de voz. Esto es algo común en la Negociación Estructurada; las personas dentro de las grandes instituciones quieren hacer lo correcto pero carecen de autoridad para tomar decisiones. Las direcciones de sucursales piensan que los cajeros automáticos con servicio de voz son una gran idea y los / as gerentes de las tiendas no quieren que los clientes invidentes deban desvelar sus PINs. El personal de atención al cliente desea ofrecer documentos impresos de gran tamaño y el servicio técnico, a menudo, está deseando dar cabida a las personas ciegas que acceden a las webs. Sin embargo, estas personas carecen de capacidad para ello. Una carta de presentación de Negociación Estructurada desempeña el papel que este personal administrativo no puede; abre puertas hacia personas que pueden establecer cambios en las políticas, decidir inversiones necesarias y fijar indemnizaciones.

Los esfuerzos de nuestros/as clientes para resolver el problema siempre se incluyen en nuestra carta de presentación. En una carta, describimos cómo el solicitante Victor Tsaran, un gerente de tecnología ciego, "contactó con su empresa por correo electrónico y a través de su cuenta oficial de Twitter y utilizó estos canales para instar a la empresa a mejorar la accesibilidad. Al Sr. Tsaran le respondieron que sus comentarios serían compartidos con el equipo de desarrollo pero las barreras aún perduran". Este tipo de información advierte a quienes son destinatarios de la carta sobre la continuidad del problema y crea buena voluntad. Como respuesta a una carta de presentación, a menudo escucho: "su cliente nos lo debería haber dicho y habríamos abordado el problema". La descripción de los esfuerzos de los solicitantes para resolver los problemas hace difícil que una empresa o entidad gubernamental pueda argumentar que la Negociación Estructurada no es necesaria.

Describir los procesos litigiosos y la experiencia alternativa de resolución de conflictos. Una descripción de la experiencia en litigios del profesional de la abogacía le permite a quien la recibe saber que el asunto podría gestionarse en un foro tradicional si fuera necesario. Describir una experiencia de resolución alternativa de conflictos que haya tenido éxito es igualmente valioso. Demuestra el compromiso del profesional de la abogacía con una resolución no confrontativa de problemas y ayuda a crear un ambiente colaborativo.

Ofrecer información de contacto de negociadores anteriores. Si es posible, las cartas deben incluir información de contacto de negociadores/as anteriores. Denise Norgle es la vicepresidenta y asesora general de TransUnion. Recibió nuestra carta de 10 páginas dirigida a las agencias crediticias del país sobre la falta de informes de crédito para las personas que tienen dificultades para leer texto impreso en formato estándar. "Cuando leímos la carta por primera vez, pensamos que definitivamente estábamos en medio de un gran conflicto" dice Norgle. Pero confirma que nuestra estrategia de compartir los datos de contacto de otros participantes en procesos de Negociación Estructurada mereció la pena: "Luego nos comunicamos con algunos de los bancos con los que habíais trabajado. Les preguntamos qué es la Negociación Estructurada, ¿Quiénes son Linda Dardarian y Lainey Feingold y cómo les gusta trabajar? Cuando supimos que erais justas y razonables, llegamos a un punto de inflexión en nuestra empresa".

Cuarta parte: Hechos que respaldan las reclamaciones

Describir los hechos de la reclamación. ¿Qué llevó a la persona que solicita a presentar reclamación? ¿Qué problema está tratando de resolver? Sea lo más realista posible, sin dramatizar en exceso. Evite el lenguaje confrontativo. No existe lugar para las amenazas en la carta de presentación. Esta parte de la carta debe transmitir que el profesional de la abogacía de quienes solicitan ha investigado a fondo los problemas y presenta una reclamación seria. ¿Cómo se hace eso? Preparando una carta de la misma manera que se prepara una demanda legal. El personal de la oficina de Linda, dirigido por el asistente legal Scott Grimes, estudió detenidamente los registros públicos para que nuestra carta de 13 páginas a la Ciudad y el Condado de San Francisco pudiera identificar las solicitudes específicas sobre señales peatonales accesibles presentadas y la falta de respuesta por parte del Ayuntamiento. Cuando escribo a una empresa sobre problemas de accesibilidad digital, descargo aplicaciones móviles y me registro en sitios web para comprender mejor qué contenido y características se ofrecen. Paso tiempo con mi clientela evaluando el sitio web y las barreras con las que se encuentran.

En la medida de lo posible, esta parte de la carta debe contar una historia. En las primeras cartas de presentación de Negociación Estructurada a los bancos de California, presentamos a nuestros/as clientes y describimos su frustración con los cajeros automáticos al no poder utilizarlos de forma autónoma. Resaltamos sus habilidades profesionales y personales y señalamos su impotencia para retirar 20 dólares de su cuenta bancaria. La solicitante Kathy Martinez viajaba fuera del país para una organización sin ánimo de lucro en defensa de los derechos de las personas con discapacidad, Steven Mendelsohn era abogado, Nicaise Dogbo, era ingeniero y Don Brown era Director de educación superior. Para nosotros era obvio que debían de ser capaces de poder utilizar un cajero automático de forma autónoma.

Decir algo positivo. La carta de presentación describe un problema y explica cómo se ha infringido la ley. Pero para sembrar el germen colaborativo, la carta también debe mencionar algo positivo sobre la entidad que la recibe. En el ámbito de los derechos de la discapacidad no ha sido difícil. A menudo contactamos con empresas que sobresalen en lo que hacen. Son líderes en algún aspecto de su negocio o marcan el ritmo de su sector económico. Algunos incluso obtienen altas valoraciones en relación con los servicios a la comunidad de personas con discapacidad, aunque se hayan quedado atrás en el tema que estamos abordando. No importa cuánto se haya equivocado una empresa, siempre he podido decir algo positivo.

Cuando contactamos con Trader Joe en relación con los dispositivos de pago no accesibles, escribimos: "el personal de Trader Joe ha sido muy atento con varios clientes con discapacidad visual". Elogié a un posible socio negociador por su "liderazgo en el mercado" y, en un escrito enviado a Charles Schwab, ensalcé al gigante financiero por sus generosas donaciones a ONGs relacionadas con la discapacidad.

En los documentos legales que inician una demanda, no hay oportunidad de reconocer nada favorable sobre la persona demandada. Las declaraciones positivas en nuestras cartas de presentación proporcionan una idea previa de que la Negociación Estructurada es diferente. Expresar lo bueno y lo malo ayuda a crear confianza. Nuestras palabras dicen "seremos honestos con usted sobre lo que es bueno, así que debe creernos cuando le decimos qué es lo que necesita cambiar". El abogado de Washington, D.C. Minh Vu comprende que la carta de presentación de una Negociación Estructurada no acusa ni fuerza a la empresa a defender sus políticas. "Con una demanda legal", explica Vu, "todos se atrincheran para defender su posición. La gente se pone a la defensiva y se aferra a su statu quo. Recibir una carta de Negociación Estructurada es muy diferente a ser demandado".

Intentar adaptar la indemnización a la imagen de la empresa. En la medida de lo posible, describa las necesidades de quienes solicitan de manera coherente con los objetivos y la misión de quien vaya a ser socio en la negociación. Si puede, describa las experiencias en las que se basa la demanda como una anomalía, un error. Las redes sociales y el contenido digital lo hacen posible. Antes de redactar una carta de presentación, suelo dedicar tiempo a analizar los comunicados de prensa, el sitio web, las cuentas de redes sociales y, si están disponibles, los documentos de responsabilidad corporativa de la empresa. Siempre puedo encontrar algo que refuerce la invitación a negociar.

Nuestra carta de presentación le recordó a Humana una declaración de su sitio web que decía: "la empresa mantiene un fuerte compromiso con la diversidad y la inclusión como parte fundamental de nuestro negocio". En una carta de presentación a la ACS, revisé el contenido digital e impreso de la organización y descubrí que la agencia se jactaba de estar "haciendo historia" al proporcionar alternativas de audio y braille de un documento impreso en un Estado del país. No evitamos mencionar la iniciativa: "Si bien nuestro cliente aplaude el esfuerzo que hizo posibles formatos alternativos para este documento, el hecho de que este esfuerzo "hiciera historia" enfatiza la necesidad de lograr un programa nacional integral".

Encontramos algo más que era útil en el contenido web de ACS. Anunciaba disponer de información sobre el cáncer en varios idiomas. "La Sociedad Americana contra el Cáncer -escribimos-, está claramente comprometida a difundir su información sanitaria, que salva vidas a un segmento cada vez más amplio de la población". "Con este fin, la información del sitio web de ACS está disponible en muchos idiomas además del inglés, incluyendo español, francés, chino, coreano, vietnamita, árabe, tagalo e hindi". Nuestra demanda legal se basaba en que la información sobre el cáncer debía estar disponible para las personas que no pueden tuvieran dificultades de lectura, lo cual, surgió de lo que la asociación ya estaba haciendo.

No mencionar a peritos. En la Negociación Estructurada, como en los litigios, el profesional de la abogacía puede confiar en peritos para comprender mejor los hechos en los que se basan las demandas de sus clientes. Pero yo casi nunca incluyo el nombre de un/a perito o un informe pericial en la carta de presentación. En el clima cargado de conflictos que impregna la profesión legal, la mera mención de un/a perito puede traer malas consecuencias. Identificar a quien puede llevar a cabo la pericial ofrece la impresión de que se están recopilando pruebas para una batalla prolongada. Si "una parte" tiene un/a perito, la "otra parte" piensa que ella también lo necesita. Y al/ a la perito de la "primera parte" no se le considera de confianza basándose únicamente en la naturaleza partidista del proceso. Sin mencionar a peritos en la carta de presentación, indicamos que el papel tradicional de estos profesionales no forma parte de la Negociación Estructurada (ver capítulo 8).

Uno de los peritos en los que he confiado durante mucho tiempo en casos de accesibilidad digital es Jim Thatcher. El Dr. Thatcher obtuvo uno de los primeros doctorados en ciencias informáticas y ayudó a desarrollar el primer lector de pantalla: el software que da voz al texto digital y a las señales de navegación para personas con dificultad para ver la pantalla de un ordenador. El Dr. Thatcher escribió algunos de los primeros libros y artículos sobre accesibilidad web y trabajó como perito de los demandantes en litigios sobre accesibilidad de sitios web. En la Negociación Estructurada de Weight Watchers, Jim Thatcher me ayudó a comprender los fallos técnicos que experimentaban nuestra clientela e hizo que nuestra carta de presentación para la empresa fuera técnicamente sólida. Pero a pesar de las importantes credenciales del Dr. Thatcher, su nombre no apareció en nuestra carta.

Sabíamos que si Weight Watchers aceptaba nuestra invitación a negociar (lo que finalmente hizo), ambos recomendaríamos contar con expertos. El papel del Dr. Thatcher era ayudarme a tener un conocimiento más profundo para poder defender mejor a mi clientela. Mencionarlo podría haber alentado a Weight Watchers a contratar a un/a perito diferente, y a prepararse para una batalla que esperábamos nunca tuviera lugar.

Sentar las bases para generar confianza. La confianza es un elemento esencial en el proceso de la Negociación Estructurada. Sin confianza en la mesa de trabajo, la Negociación Estructurada no funciona (ver capítulo 16). Transmitimos confianza en la carta de presentación al plantear los hechos abiertamente y compartir información relevante.

A principios de la década de los años 2000, Linda Dardarian y yo representamos a dos personas ciegas titulares de tarjetas American Express en una Negociación Estructurada porque la empresa no ofrecía estados de cuenta de tarjetas de crédito en braille. Uno de nuestros clientes fue el vicepresidente de asuntos gubernamentales del MIT, Paul Parravano, quien había aprendido a leer braille en un bloque de madera de seis agujeros tallado por su padre después de perder la vista siendo un niño. Los padres de Parravano le dieron seis canicas que encajaban perfectamente en esos agujeros, colocados para representar los seis puntos en una celda de braille rectangular, y con ello Parravano consiguió ser un ávido lector de braille. Es una habilidad que contribuyó a su éxito como estudiante en Harvard.

Después de que American Express rechazara su solicitud de información en un soporte que pudiera leer, Parravano descubrió que la empresa ofrecía braille a los titulares de cuentas canadienses. Incluimos ese hecho en la carta de presentación e incluso ofrecimos a la empresa información de contacto de la persona en Canadá con quien Parravano había hablado.

En una demanda, una evidencia "irrefutable" ayuda a convencer a un tribunal de que una parte merece ganar. La prueba de que American Express ofreció braille a clientela canadiense era una evidencia contundente de que la empresa podría ofrecer braille en los Estados

Unidos. Pero en la Negociación Estructurada no tenemos ningún incentivo para ocultar nada, no es necesario guardar nuestra prueba para un juicio. Nuestro objetivo era resolver un problema con American Express, no probar que se había cometido una infracción legal. Ser comunicativo en la carta de presentación sirve a los intereses de nuestros clientes para construir una base de confianza, colaboración y buena fe. Compartimos lo que sabemos para animar a posibles partes negociadoras a compartir su información.

Quinta parte: Base legal de las demandas

Describir la normativa y los recursos disponibles. Para la carta de presentación es fundamental una descripción concisa de la jurisprudencia y las normas que respaldan la demanda. Incluya citas pero no amenace. Al inicio del desarrollo de la Negociación Estructurada, Linda Dardarian y yo detallábamos en nuestras cartas el tipo de demanda que presentaríamos si los destinatarios no respondían a las reclamaciones hechas. Ahora sabemos que este tipo de amenazas son innecesarias y posiblemente pueden frustrar el objetivo de ir a la mesa de negociaciones sin tener que presentar una demanda ante el tribunal. No es necesario preparar una demanda legal o adjuntarla a la carta de presentación.

Para suavizar el lenguaje agresivo propio de la descripción de infracciones legales, redactamos las cartas de presentación con una introducción de este tipo:

Una de las muchas ventajas de la Negociación Estructurada es que permite a las partes dejar de lado los problemas legales y procesales tradicionales y, en cambio, centrarse en una solución beneficiosa para todos. Otra ventaja ha sido la capacidad de las partes de evitar disputas legales prolongadas y que acaban distanciando a las partes así como evitar también los importantes costes y riesgos propios del litigio. Sin embargo, dentro de ese contexto, hemos descubierto que es útil explicar porqué es contraria a la ley la situación que se quiere cambiar.

A menudo damos un paso más, informando a las posibles partes negociadoras que "deliberadamente no le enviamos un análisis legal extenso de las demandas de nuestros clientes". Siempre podemos aportar jurisprudencia más tarde. Independientemente del nivel de detalle, el análisis legal debe incluir referencia a la indemnización compensatoria que estamos solicitando.

Ir más allá de las infracciones técnicas. Si es posible, la carta de presentación debe ir más allá de lo que es una infracción legal. Mucho antes de la actual ola de denuncias por facilitación de datos de tarjetas de crédito sólo disponíamos de un simple reglamento para llamar la atención de los responsables de las empresas sobre los casos relacionados con la instalación de dispositivos de venta no accesibles (POS):

Los "terminales de pantalla plana", escribimos a Walmart, Best Buy y otros minoristas, "ponen en riesgo la información económica del/de la usuario/a invidente" y plantean "un riesgo desde el punto de vista de la responsabilidad de las tiendas".

Aprendimos del presidente de la ACB, Kim Charlson, a ir "un paso por adelante" de la ley, en nuestras cartas de presentación a las farmacias para que dispusieran de recetas con servicio de voz. "Administrar los propios medicamentos es un asunto de vida o muerte para la ciudadanía y las personas ciegas no son una excepción", dice Charlson. Esta idea tiene un mayor impacto en las empresas a las que invitamos al proceso de negociación que el citar artículos de leyes o jurisprudencia. Nuestras cartas presentaban una base jurídica y resaltaban la necesidad crucial de que la clientela ciega "tome sus medicamentos de manera segura, privada y sin riesgos".

Sexta parte: Propuesta de resolución; Conclusión

Describir la indemnización que se desea obtener en el proceso de negociación. Sea específico sobre el tipo de reclamación que pretende el solicitante, incluidos daños y perjuicios, medidas a adoptar y honorarios de profesionales. En una carta de presentación donde solicitamos mejorar el contenido digital, incluimos este tipo de lenguaje:

> La Negociación Estructurada ha permitido a las partes llegar a acuerdos sin litigios, incluso sin presentar ni una sola demanda, y nos gustaría lograr aquí una resolución similar sin acudir al juzgado. Esta solución requerirá un acuerdo por escrito y vinculante con tres componentes: medidas a adoptar que aborden la accesibilidad de su sitio web así como políticas relacionadas, y cuestiones de formación; indemnizaciones a los solicitantes; y el pago de honorarios.

No se debe solicitar una cantidad precisa de dinero. No se deben especificar los tipos de políticas a aplicar. Durante la negociación habrá muchos detalles a resolver, incluidos los importes económicos. Estos no deben incluirse en la carta de presentación.

La petición siempre debe incluir un acuerdo por escrito y vinculante. Si bien la Negociación Estructurada es un proceso informal, todas las partes deben comprender desde el principio que una negociación con éxito culmina con un acuerdo vinculante.

Explicar lo que sucederá después. Una carta de Negociación Estructurada concluye con este tipo de lenguaje:

> Si está dispuesto a trabajar con esta parte de la manera propuesta, comenzaríamos concertando una llamada telefónica con la persona designada para discutir los asuntos particulares de la Negociación Estructurada. Entonces comenzaríamos a compartir la información crucial para lograr negociaciones eficaces. Por nuestra parte también nos gustaría reunirnos con usted en persona si eso les resultara de utilidad.

Dependiendo de la naturaleza de la demanda, la carta debe solicitar una respuesta en un plazo de dos o cuatro semanas. No presuma lo que sucederá si no se recibe una respuesta. Ofrézcale a quien va destinada el beneficio de la duda y asuma que su carta tendrá una respuesta.

Una carta de presentación de Negociación Estructurada termina al igual que comienza, con un tono de amistad y colaboración, a pesar de la seriedad de los problemas planteados:

> Le agradeceríamos se comunicara con nosotros como muy tarde el [fecha] para informarnos si está dispuesto a participar en el proceso de Negociación Estructurada y así decidir sobre las reclamaciones de nuestros/as clientes. Gracias por su atención en este asunto y esperamos tener noticias suyas. Si surge alguna duda mientras revisa esta carta, no dude en llamarnos.

———

La carta se envía. Puede llevar más tiempo del deseado, pero pronto tendré a alguien con quien hablar. Lo más probable es que la conversación comience con dos preguntas que he escuchado muchas veces: "¿Qué es esto de la Negociación Estructurada?; Si decidimos hacerlo, ¿qué ocurre después?

Establecer las reglas básicas

CAPÍTULO 6

Reglas básicas de la Negociación Estructurada

"Si existe alguna oportunidad de llegar a un acuerdo, la aprovechamos. Les reconozco el mérito, a usted y a la demandante Margie Donovan por haber adoptado este enfoque en lugar de presentar una demanda. Para todos los que trabajamos en la iniciativa fue una experiencia muy enriquecedora".

—Gino Chilleri, abogado de Union Bank of California-

Para que un sistema de resolución de conflictos funcione es necesario que todos los participantes comprendan las reglas del proceso. Las normas procesales cumplen esta función, rigen el proceso judicial; en el arbitraje y la mediación las reglas son diferentes. En la versión no confrontativa del derecho de familia, conocida como Derecho Colaborativo, un acuerdo de participación pone en marcha el proceso. En la Negociación Estructurada las reglas básicas se establecen en el acuerdo de Negociación Estructurada. Este capítulo describe este documento y ofrece consejos para ayudar a las partes a que lo firmen. Pero antes de que las partes puedan discutir las reglas básicas se necesita una respuesta a la carta de presentación.

Respuesta a la carta de presentación

Los profesionales de la abogacía frecuentemente envían requerimientos, pero se ven obligados a presentar demandas porque nunca reciben respuesta o las respuestas que reciben son inconsistentes.

El contenido, el tono y el vocabulario de la carta de presentación en la Negociación Estructurada tienen como objetivo obtener una respuesta concreta. Los/as destinatarios/as de la carta deben reconocerla como una verdadera invitación para participar en un proceso alternativo de resolución de conflictos. La buena práctica profesional exige una respuesta meditada.

Aún así, el/la destinatario/a de la carta de presentación puede estar atrapado/a en una mentalidad litigiosa. El profesional de la abogacía de la otra parte puede no apreciar las ventajas de la Negociación Estructurada y enviar una respuesta negativa. Peor aún, puede que ni siquiera responda. Algunas entidades puede que no tengan interés en resolver una demanda o, incluso, deseen un litigio. Sin embargo, puede haber otras causas que motiven una respuesta negativa a la falta de respuesta. No se debe renunciar a participar en una Negociación Estructurada simplemente porque no se recibe una respuesta en una fecha determinada o la respuesta recibida sea considera insuficiente.

Esperar y evaluar la respuesta a una carta de presentación son cuestiones críticas en la Negociación Estructurada. Muchos profesionales de la abogacía y clientela no se adaptan a la incertidumbre que implica este periodo. Los/as profesionales están educados en la desconfianza. Si una respuesta no llega dentro del plazo establecido, muchos creen que la otra parte se niega a responder (a pesar de que el plazo se haya impuesto unilateralmente). Si una respuesta inicial solicita más tiempo para investigar, en ocasiones los profesionales de la abogacía pueden suponer que se trata de una maniobra dilatoria. ¿Os suena familiar? Estas actitudes están presentes en la mayoría de las mentes de los/as abogados/as.

También puede suceder que no sea así. Con las herramientas propias del enfoque de la Negociación Estructurada, los profesionales de la abogacía pueden aprender a esperar con optimismo y ecuanimidad. Practicar la paciencia activa y no hacer suposiciones negativas ayuda en estos momentos.

Confiar en la Negociación Estructurada para obtener resultados permite que el profesional de la abogacía deje que esta primera parte del proceso siga su curso (ver capítulo 16).

Tal vez no se reciba una respuesta a la carta de presentación porque la correspondencia nunca llegó a su destino o, tal vez, esa persona estaba de vacaciones o con algún problema familiar. Quizá la carta llegó a la persona adecuada quien la envió a su abogado/a para que le diera su opinión. Tal vez la propia actividad del día a día de ese profesional de la abogacía haga que la carta termine al final de la lista de tareas pendientes.

¿Por qué no asumir que existe un motivo razonable para el retraso? La Negociación Estructurada funciona porque en principio no presuponemos nada. No nos tomamos una falta de respuesta como algo personal y otorgamos a las posibles partes de la negociación el beneficio de la duda. ¿Cómo se traduce eso en nuestra forma de actuar? La mayoría de las veces, la primera respuesta a una carta de presentación de Negociación Estructurada es solicitar más tiempo para responder o, directamente, no contestar. Siempre diga "sí" a las solicitudes de tiempo extra. Y si una carta no recibe respuesta, esfuércese en encontrar a la persona adecuada para hablar.

Una semana antes de la fecha de respuesta propuesta suelo llamar para asegurarme de que la carta llegó y ha sido asignada a alguien para que la analice. A menudo envío una segunda copia por correo electrónico solicitando ayuda para que la carta llegue a las manos correctas. Realizo un seguimiento hasta saber que alguien responderá.

Cuando Linda Dardarian y yo escribimos a las Grandes ligas de Baseballl (MLB) en representación de los/as seguidores/as de visión reducida en el American Council of the Blind (ACB) sobre las limitaciones de su portal web, el abogado de la institución solicitó una semana adicional para responder a nuestra carta. Respondimos afirmativamente y después nos sorprendimos cuando la respuesta convenida no llegó en los siete días posteriores. El octavo día volvimos a escribir: "Nos ha sorprendido no tener noticias suyas ayer como convenimos", le dijimos. "Indíquenos su disponibilidad esta semana para analizar si las Grandes ligas de Baseball están interesadas en utilizar la Negociación Estructurada para resolver las demandas de nuestros/as clientes".

Recibimos una respuesta de inmediato: MLB había enviado una

carta por correo postal. El porqué nunca llegó sigue siendo un misterio. Me alegra que no asumiéramos que habían decidido no contestar; me siento agradecida de haber aplicado el enfoque de la Negociación Estructurada desde el inicio. Nuestra relación con MLB, construida a través de la Negociación Estructurada, dio como resultado acuerdos históricos sobre accesibilidad web y en dispositivos móviles. De hecho, ha sido una de las colaboraciones más fructíferas que hemos tenido (ver anexo 3).

Evaluación de la respuesta inicial

No espere que la persona destinataria de la carta se apresure a aceptar con entusiasmo la Negociación Estructurada. En un mundo utópico, una entidad que recibiera una carta de presentación estaría preparada para entablar conversaciones beneficiosas sobre lo que se les solicita. Sin embargo, eso rara vez sucede. Aunque la carta pretende ser una invitación a negociar, sigue siendo una carta formal de un profesional de la abogacía que refiere infracciones e indemnizaciones previstas en la ley. En realidad, no se necesita una respuesta afirmativa de inmediato. Solamente hace falta una contestación de la otra parte para comenzar a hablar sobre el proceso.

Es probable que en el escrito de respuesta diga que la carta de invitación al proceso es incorrecta respecto a la legislación y errónea en cuanto a los hechos. Esté preparado para escuchar que los/as solicitantes no merecen la indemnización que pretenden conseguir. Y no se sorprenda al leer en el escrito de respuesta que un proceso es innecesario, incluso uno más amable y flexible como la Negociación Estructurada. Los profesionales de la abogacía de la otra parte, en principio, consideran que su trabajo les exige rebatir las reclamaciones que se les planteen. Eso no significa que la entidad no vaya a negociar.

Poco después de enviar una carta inicial a Weight Watchers sobre los problemas de accesibilidad en la web de la empresa en las aplicaciones móviles y en los documentos impresos, su abogado nos dijo que las mejoras de accesibilidad ya estaban en marcha. En lugar de discutir con Weight Watchers sobre si su afirmación era cierta o no, respondimos positivamente. Nuestros/as clientes incluyeron a los/as veteranos/as miembros de Weight Watchers Alice Ritchhart y a Lillian Scaife en la negociación. Ambos eran profesionales con experiencia en accesibilidad de portales web y aplicaciones móviles con tecnología de voz integrada en sus ordenadores y dispositivos móviles. Sabíamos que si la empresa aceptaba negociar, Scaife y Ritchhart se beneficiaría de las mejoras que ya se habían implantado

No cuestionamos las afirmaciones de Weight Watchers sobre sus continuos esfuerzos; en esa primera etapa ni siquiera les pedimos detalles. Si llegábamos a firmar el documento de reglas básicas del proceso y se iniciaba una negociación, nos enteraríamos a su debido tiempo de las mejoras en accesibilidad que estaban en curso en la empresa. Ante todo, evitamos recriminaciones porque en la Negociación Estructurada no hay que focalizarse en demostrar las infracciones o errores de la otra parte.

En otra negociación sobre productos digitales, recibimos una breve respuesta a nuestra carta de presentación enviada en representación de dos inversores ciegos. La empresa insistió en que no estaba legalmente obligada a hacer accesible su portal web ni sus aplicaciones móviles y solicitó más tiempo para investigar. Citó algunos casos a los que habíamos hecho referencia en los que discrepaba de las resoluciones judiciales y advirtió que "los esfuerzos para garantizar la accesibilidad a nuestro portal web y a las aplicaciones móviles se deben al deseo de servir a todos nuestros miembros, y no a una obligación legal".

No nos involucramos en un proceso legal, ni enviamos jurisprudencia adicional y ni siquiera explicamos porqué creíamos que el análisis legal del abogado era incorrecto. Respetuosamente, indicamos que no estábamos de acuerdo y pasamos a negociar el documento de reglas básicas. A medida que se desarrollaba la Negociación Estructurada, disipando los asuntos legales, la empresa se fue convirtiendo en una gran defensora de la accesibilidad digital.

La primera vez que Linda Dardarian y yo aprendimos a no crear conflictos por una respuesta inicial fue durante una negociación con

Bank One en Chicago. Escribimos al banco sobre sus cajeros automáticos y su plataforma de banca online e imprimimos documentos en nombre de Ann Byrne y Kelly Pierce, clientas que no podían ver la pantalla de un cajero automático ni leer la impresión estándar. Los abogados del banco enviaron una respuesta mixta. En primer lugar, la empresa afirmó que la ADA no necesitaba cajeros automáticos con servicio de voz y que era suficiente con las etiquetas en braille. Luego, el abogado de Bank One expresó su temor a que los cajeros automáticos con voz pusieran a las personas ciegas en "una situación de mayor riesgo de robo, así como de asalto y agresión".

La carta del banco era preocupante. Kelly Pierce quien había trabajado en la oficina del Fiscal del Estado en Chicago y era miembro fundador del Grupo de Usuarios de Ordenadores con Discapacidad Visual (VICUG) de esa ciudad, poseía una lista de contactos de todo el país que resultó ser valiosa. Byrne, era madre soltera y programadora informática para la empresa de servicios públicos de la zona y se había graduado con honores en la Universidad de Illinois. Ambas entendieron que el braille en los cajeros automáticos no ayudaba a los/as clientes invidentes a realizar transacciones. Y ambas se sintieron ofendidas porque el banco pensó que sabía más que ellas acerca de su propia seguridad.

Sin embargo, no dejamos que el enfado ante la respuesta interfiriera en nuestro objetivo de involucrar al Bank One en la Negociación Estructurada. A pesar de la falta de comprensión del abogado sobre la accesibilidad de los cajeros automáticos y sobre la discapacidad visual, su respuesta suponía una oportunidad para colaborar. Camuflada en la respuesta estaba esta frase: "Estamos dispuestos a reunirnos con usted y sus clientes para estudiar si hay algo más que el banco pueda hacer para adaptarse a las personas ciegas y con discapacidad visual".

No prometían instalar cajeros automáticos con voz, actualizar una web o proporcionar extractos en braille. Pero era la apertura que necesitábamos para comenzar la conversación. Después de recibir la carta, Linda Dardarian y yo volamos a Chicago para reunirnos con Pierce, Byrne y las personas que iban a negociar por parte del banco. Dos años después, concluimos con éxito nuestra negociación sobre todos los temas planteados en la carta de presentación. No fue necesaria ninguna demanda.

Cuándo introducir las reglas básicas

Una vez que se ha recibido una respuesta a la carta de presentación y se da por finalizada la espera, el documento de reglas básicas (acuerdo de Negociación Estructurada) es el primer tema de conversación con la otra parte. En nuestros primeros casos, Linda Dardarian y yo incluimos una propuesta de acuerdo de Negociación Estructurada con la carta de presentación. Y hubo ocasiones en que las personas destinatarias se negaban a firmar el documento cuando eran conscientes de que podrían ser demandadas. Nos dimos cuenta que dichas personas se podían desmotivar respecto al acuerdo propuesto y a participar en un proceso del que nunca habían oído hablar con personas que no conocían.

Ahora sé que es mejor presentar el documento de reglas básicas durante una conversación telefónica, donde puedo explicar su propósito y su valor a la otra parte. Después de esa conversación, envío un borrador por correo electrónico. Aunque los elementos centrales siguen siendo los mismos en todos los casos, presento el documento como un "borrador" para que las partes negociadoras comprendan que pueden contribuir a redactar el documento final.

Al presentar el acuerdo de Negociación Estructurada durante la primera conversación con el/la colega de la otra parte, queda claro que, si bien, los/as solicitantes prefieren no presentar una demanda esperan conseguir la misma indemnización que obtendrían en un proceso judicial. Hacer referencia a un documento de reglas básicas en esta etapa temprana enfatiza que la Negociación Estructurada no es una conversación superflua, sino que forma parte de un proceso cuyo objetivo es llegar a un acuerdo legal vinculante (18)

Elementos del acuerdo de Negociación Estructurada

Comenzar la relación de Negociación Estructurada trabajando en un documento de reglas básicas genera confianza y disuade a las partes de tomar posiciones al inicio del proceso. "Evite la negociación de posiciones", advierten los autores de Obtenga el sí, el clásico manual de instrucciones de negociación. El acuerdo de Negociación Estructurada brinda a las partes la oportunidad de centrarse en los problemas a resolver, no en las posiciones, a medida que el caso avanza. El documento tiene ocho partes (19).

1. Identificar a las partes demandantes

El acuerdo de Negociación Estructurada es un contrato entre el profesional de la abogacía de los demandantes y la persona o entidad demandada. Dado que el profesional de la abogacía que firma el documento de inicio representa a los clientes, éstos/as no necesitan firmar el acuerdo de Negociación Estructurada, aunque podrían hacerlo si quisieran.

Acordar qué partes son las apropiadas para participar en el proceso resuelve problemas que en los tribunales podrían acarrear grandes costes y reduce el tiempo que se dedicaría a confirmar la identidad de la parte o partes demandadas. Puede que la otra parte en la negociación quiera incorporar empresas matrices al proceso. En una ocasión, un socio negociador preguntó si podíamos añadir una organización a "nuestro lado" de la mesa por su experiencia y reputación. En alguna otra ocasión, cometimos errores al citar a una entidad o el nombre oficial de la empresa. Estos errores se corrigen nombrando a las partes adecuadas en el acuerdo de participación en la Negociación Estructurada.

2. Indicar el propósito de la Negociación

El propósito se describe ampliamente, sentando las bases para una relación colaborativa. Una exposición típica del "propósito" incluye párrafos abiertos como por ejemplo:

- "Para proteger los intereses de todas las partes durante las negociaciones sobre [insertar una breve descripción del problema];

- Para proporcionar una alternativa al litigio mediante negociaciones de buena fe sobre [insertar la misma descripción]; y

- Para explorar si los conflictos de las partes con respecto a [insertar la misma descripción] se pueden resolver sin la necesidad de acudir al tribunal."

3. Enumerar los temas a negociar

Identifique los temas de negociación que se abordarán en profundidad una vez que se hayan consolidado las relaciones y la confianza. La lista de temas del acuerdo de Negociación Estructurada incluye asuntos a tratar pero no soluciones concretas. Identificar los problemas para elaborar el documento de reglas básicas de la Negociación Estructurada no supone tomar una posición sino aceptar hablar esos temas.

Las reglas básicas para negociar sobre las recetas con voz tendrían que incluir el asunto genérico: "Mejorar y mantener la accesibilidad para las personas con discapacidad visual en relación a la información de recetas médicas de la empresa; "No identificábamos el tipo de mejoras, los posibles proveedores o los tiempos que tendrían que determinarse durante la negociación. Para el caso de que se requiriera formación del personal, los temas a tratar debieran incluir: "Formación del personal apropiado y adopción de políticas adecuadas". De esta manera la otra parte de la Negociación sabe que los/as responsables de formación de la empresa estarán en las conversaciones. El alcance, los tiempos y las personas destinatarias de la formación se analizarán más adelante.

Si la parte solicitante busca una indemnización además de medidas cautelares (o si fuera el caso, solo de daños y perjuicios) la lista de temas debería incluir: "daños y perjuicios razonables legalmente exigibles" y no el importe determinado. Esto pone a todas partes sobre aviso en cuanto a las indemnizaciones económicas pero evita profundizar prematuramente en lo que puede ser un tema polémico (ver capítulo 13).

El último punto que aparece en el documento de reglas básicas siempre es: "Alcance y formato de un acuerdo escrito que aborde los problemas anteriores, el seguimiento de los temas a tratar y otros asuntos relevantes". Esto advierte que, aunque las partes no hayan acudido a los tribunales, el objetivo de la Negociación Estructurada es lograr un documento legal vinculante.

4. Suspensión del plazo de interposición de la demanda

Aunque las partes de una Negociación Estructurada esperan no tener que recurrir a los tribunales, el profesional de la abogacía debe proteger los derechos de sus clientes/as por si la negociación fracasara. Con este fin, el documento de reglas básicas del proceso incluye una disposición sobre suspensión que identifica el período de aplazamiento y las demandas que se posponen y establece, asimismo, que las partes solicitantes no demandarán durante este periodo al tiempo que confirma que no se reactivarán los plazos de acciones interpuestas. El lenguaje de esta cláusula asegura que las partes solicitantes no se verán perjudicadas por intentar encontrar soluciones extrajudiciales.

Las partes en litigio a menudo discuten si las demandas se han presentado en plazo. En 20 años aplicando la Negociación Estructurada, nuestra cláusula de suspensión nunca ha sido cuestionada porque nunca hemos abandonado una negociación y presentado una demanda después de firmar un documento de reglas básicas.

5. Proteger la confidencialidad de la información que se comparte

En la Negociación Estructurada la información se comparte de manera oficiosa, honesta y eficiente desde el punto de vista económico (ver capítulos 7 y 8). El documento de reglas básicas lo hace posible al proteger la confidencialidad de la "información debatida o intercambiada durante la negociación". Si una negociación fracasa y se presenta una demanda ante los tribunales, se podría volver a solicitar la información compartida en la negociación durante la fase de prueba en el proceso judicial. Nunca he tenido que analizar en profundidad nuestra cláusula de confidencialidad. Después de firmar un acuerdo de Negociación Estructurada nunca he tenido una fase de prueba ante un tribunal.

"¿Qué pasa con la destrucción de pruebas?", me preguntó recientemente un abogado que llevaba su primer caso de Negociación Estructurada. "¿No te preocupa que las pruebas se destruyan?". Mi respuesta fue no. Como se analiza en el próximo capítulo, nuestros/as socios/as negociadores/as casi siempre ofrecen la información necesaria para resolver las demandas de nuestros/as clientes. No hay "tretas" en la Negociación Estructurada por lo que no hay necesidad de ocultar (o destruir) evidencias que puedan probar o refutar una demanda o defensa. Ni siquiera usamos el término "prueba" porque nos centramos en la información que ayuda a las partes en el proceso a resolver los problemas, no a probar o rebatir una demanda.

Nunca había pensado en añadir una cláusula de preservación de pruebas al acuerdo de Negociación Estructurada hasta que mi colega me lo preguntó. La desventaja es que su inclusión contribuye a percibir que la negociación es un paso previo al litigio. Por otro lado, dependiendo de las circunstancias, un/a abogado/a puede querer incluir cláusulas garantizando que la información relevante se vaya a conservar mientras dure la negociación.

6. No exigir la asunción de responsabilidad de la otra parte

El documento de reglas básicas de Negociación Estructurada incluye una cláusula de no asunción de responsabilidad por la misma razón por la que existe una cláusula de confidencialidad. Ambas cláusulas facilitan una conversación honesta que no sería posible si a las partes negociadoras les preocupara que la participación en este proceso les fuera a perjudicar después. Utilizamos un lenguaje estándar:

"Las partes reconocen y acuerdan que llevar a cabo este acuerdo no constituye de ninguna manera una asunción de responsabilidad o de comisión de infracción por ninguna de las partes, y que todas las conversaciones y negociaciones según lo establecido en este acuerdo irán encaminadas a resolver las demandas, de conformidad con lo establecido en la legislación federal sobre pruebas, la normativa 408 o cualquier legislación estatal similar sobre pruebas (de acuerdo a la legislación norteamericana)."

7. Acceso a la justicia gratuita

La Negociación Estructurada se desarrolló como un método de resolución de conflictos para defender intereses de colectivos vulnerables, de personas y colectivos especialmente protegidos -incluyendo personas con discapacidad, mujeres y minorías raciales y religiosas- respetando la legislación norteamericana sobre acceso a la justicia gratuita con asistencia de letrados/as especializados/as. Esta legislación establece que en los casos en que los tribunales reconozcan las reclamaciones de los colectivos vulnerables siempre habrá condena en costas a la parte demandada.

La Negociación Estructurada se centra en la resolución de conflictos y no "etiqueta" a las personas infractoras. No hay tribunales que resuelvan las demandas sobre discriminación. Aun así, los que solicitan iniciar un proceso de Negociación Estructurada no renuncian a que los honorarios de sus abogados/as sean pagados por la otra parte por el hecho de elegir un proceso alternativo de resolución de conflictos. Cuando la Negociación Estructurada se utiliza para resolver demandas bajo "fee-shifting statutes", esta cláusula en el documento de reglas básicas protege el derecho de las partes solicitantes y sus abogados/as a que los honorarios sean abonados por la parte demandada.

"Las partes reconocen que la realización de este acuerdo reemplaza a una demanda presentada ante un tribunal (federal o estatal). La parte demandada [la Empresa, persona o entidad pública] está de acuerdo en que las partes demandantes y sus abogados/as percibirán los honorarios, gastos y costes en los que hayan incurrido -tal como se establece en la legislación (federal y / o estatal) aplicable-, por haber optado por un método alternativo de resolución de conflictos en relación a cualquier tipo de demanda, como ha quedado definido anteriormente, incluyendo, entre otras, la Negociación Estructurada, la mediación y/o arbitraje, en lugar de iniciar una acción legal. En este sentido, la parte demandada [empresa, persona o entidad pública] no alegará que la parte demandante o sus abogados/as pierden el derecho a percibir los honorarios, gastos o costes en que hayan incurrido por el hecho de que no hayan obtenido indemnización o el reconocimiento de un derecho subjetivo a través de una resolución judicial".

Este lenguaje garantiza que los principios de "fee-shifting statutes" se apliquen a pesar de que la Negociación Estructurada no acabe en una sentencia o resolución judicial. Al resolver conflictos sin el amparo de "fee-shifting statutes" las reglas básicas del proceso de Negociación Estructurada pueden especificar otros criterios que rijan el pago de los honorarios de los profesionales o las partes y también pueden determinar que no es necesaria una provisión de fondos.

8. Fijar la fecha de entrada en vigor y de finalización del acuerdo

La fecha de inicio del acuerdo de Negociación Estructurada puede ser una fecha determinada o la fecha de la firma de las reglas básicas del proceso.

Las partes también deben determinar la fecha de finalización del acuerdo. Por lo general, las reglas básicas permanecen vigentes hasta que una parte notifica por escrito -a menudo, con 30 días de antelación- que da por cancelada la cláusula de suspensión de procedimientos judiciales. Se considera que transcurridos 30 días desde la comunicación, el acuerdo y la obligación de negociar finalizan. Nunca he participado en una Negociación Estructurada en la que una parte haya decidido poner fin al proceso de negociación. Aunque es una formalidad, el acuerdo puede establecer que el documento de reglas básicas establezca un periodo de vigencia.

Además de la cancelación de las negociaciones, previa notificación, las partes pueden determinar que las reglas básicas de la Negociación Estructurada se dejen de aplicar automáticamente después de un período de tiempo determinado. Andrés Gallegos es un abogado dedicado a la atención sanitaria y los derechos de personas con discapacidad en Chicago que litiga y utiliza la Negociación Estructurada. Gallegos considera útil incluir una fecha de vencimiento -establecida en un periodo de 9 a 18 meses- en el documento de reglas básicas. "Mantiene a las partes centradas y permite identificar si las partes están negociando de buena fe", dice. "Especialmente cuando abordamos la discriminación por discapacidad en el ámbito de la atención sanitaria, cuanto antes podamos llegar a un "sí" mejor para nuestros/as clientes que desean continuar las relaciones con sus proveedores/as de servicios".

Las partes deben ser prudentes al incluir la fecha de vencimiento en el documento de reglas básicas. Encontrar la solución siempre lleva más tiempo de lo previsto. Incluir una fecha de finalización puede crear expectativas poco realistas entre clientes y profesionales de la abogacía. Aún así, si las partes creen que establecer una fecha de finalización automática del proceso es un gran aliciente, se puede incorporar fácilmente a las reglas básicas, tal como sugiere Gallegos. A medida que se acerca la fecha de finalización acordada, los/as negociadores/as deberían determinar si es necesario ampliarla.

Consejos para trasladar a la otra parte las reglas básicas

El documento de reglas básicas a menudo se redacta con rapidez. Pero otras veces, pasamos los primeros meses de la relación negociando este documento. Este es un período delicado en el que la mentalidad de la Negociación Estructurada resulta muy útil (ver capítulo 16). Es importante tener paciencia con las otras partes de la negociación y con uno/a mismo/a. Hay que tener confianza en que el proceso va a funcionar. Es importante ofrecer a la persona destinataria de la carta de presentación el beneficio de la duda. Pueden darse trabas burocráticas antes de que una institución acepte participar en un nuevo método de resolución de conflictos. Las barreras emocionales pueden impedir la rápida adopción de un proceso en el que se argumenta que se han cometido infracciones legales.

Las cuestiones logísticas también pueden causar retraso. Las negociaciones con las principales agencias crediticias del país involucraron a tres empresas y tres bufetes externos a ellas. Todas las llamadas se programaron en tres zonas horarias distintas. Pero los desafíos logísticos no son la única razón de los retrasos. La rapidez con la que se pueden negociar las reglas básicas depende de lo que tarden las partes demandadas en sentirse cómodas con un proceso de resolución de conflictos que no conocen. A continuación se explican cuatro estrategias para ayudar a las nuevas partes negociadoras a comprender el valor de la Negociación Estructurada.

Dar referencias de partes negociadoras anteriores

Las garantías que ofrece un/a profesional de la abogacía familiarizado con la Negociación Estructurada mitigan los temores sobre el método. Junto con el borrador del documento de reglas básicas, a menudo, envío datos de contacto sobre personas negociadoras anteriores (es posible que estos contactos también se hayan incluido en la carta de presentación) a las entidades que lo van a evaluar. Proporcionar esta información elimina la desconfianza que se asocia a las relaciones tradicionales entre profesionales de la abogacía de las partes.

A pesar de que no nos referimos a los/as profesionales de la abogacía de la Negociación Estructurada como demandantes, los/as abogados/as en este proceso con demasiada frecuencia nos presentan a mi compañera y a mí como "abogadas de parte". Los/as profesionales de la abogacía no están acostumbrados/as a confiar en aquellos/as a los que ven como la "otra parte". Al darles el contacto de otros participantes en casos anteriores se disipa la negatividad y se genera confianza en el proceso. Agradezco a mis socios/as negociadores/as que hablen positivamente sobre la Negociación Estructurada cuando les llaman otros/as profesionales de la abogacía. Se pueden compartir contactos de profesionales que hayan intervenido en otros procesos anteriores con otros abogados/as sin experiencia en Negociación Estructurada porque transmitirán confianza en el método.

Disipar los temores de ser parte demandada

La parte negociadora a menudo pregunta si la firma del acuerdo de Negociación Estructurada le protegerá de ser demandada por terceros sobre cuestiones que se aborden durante la negociación. El/la profesional de abogacía de la parte solicitante no puede ofrecer garantías. Pero las entidades deberían sentirse cómodas firmando un acuerdo de Negociación Estructurada, incluso existiendo una pequeña posibilidad de demanda de otra parte sobre el mismo tema.

En todos los supuestos en los que se apliquen políticas y prácticas a colectividades siempre existe la posibilidad de una demanda externa. Las barreras de accesibilidad visual en la web afectan a miles de personas además de a mi clientela. El hecho de no ofrecer recetas con voz pone en riesgo a innumerables clientes. Sin embargo, las otras partes con las que hemos negociado nunca han sido demandadas por estas cuestiones mientras participaban en una Negociación Estructurada. Estos antecedentes ofrecen a las partes confianza en el proceso.

El/la abogado/a de la parte solicitante debe expresar su disposición a hablar con otros/as profesionales de posibles demandantes que contacten con una parte negociadora. Como les he dicho a menudo a las partes negociadoras que una vez que se firma el documento de reglas básicas surge el interés compartido de protegerse frente a interferencias externas.

El miedo a demandas externas a veces conduce a una empresa a preguntar si el documento de reglas básicas debe ser confidencial.

Los/as abogados/as de empresa tienden a pensar que un documento público incita a litigar. Esa no ha sido mi experiencia.

Poder compartir los avances de la Negociación Estructurada limita la posibilidad de recibir demandas externas porque hace que otras partes sepan que se ha iniciado un proceso alternativo de resolución de conflictos. Ciertos participantes en la Negociación Estructurada han ido aún más lejos. En otoño de 2015, tres despachos defensores de derechos civiles emitieron una "Declaración a la comunidad sobre Negociación Estructurada con Lyft". El anuncio informaba al público lector de que el servicio de vehículos compartidos había "iniciado una Negociación Estructurada". Proporcionaba información de contacto de los tres bufetes que representaban a las personas solicitantes y al departamento de relaciones públicas de Lyft.

Independientemente de si el documento de reglas básicas es público, la posibilidad de que se presente una demanda no es un motivo para rechazar la Negociación Estructurada. Como explica el abogado de Boston, Dan Manning, "Aunque otra persona pudiera demandar a una entidad durante la Negociación Estructurada, ningún tribunal, en la práctica, ordenaría una medida cautelar contra una institución involucrada en negociaciones serias con un grupo de solicitantes que en realidad trabajan conjuntamente para mejorar las cosas".

E incluso si alguien más presenta una demanda, resolverla por medio de la Negociación Estructurada es más rentable y requiere menos tiempo que un litigio. Decir no a la Negociación Estructurada por una futura incertidumbre no es prudente.

Recalcar que la Negociación Estructurada es asequible y justa

Un importante argumento a favor de la Negociación Estructurada es que reduce el coste de las reclamaciones. No hay costosas disputas en el tribunal sobre el foro aplicable, el juzgado competente y otros asuntos. No hay alegaciones o procedimientos incidentales. Compartir información de manera colaborativa es mucho menos costoso que tomar declaraciones, responder a interrogatorios y discutir en los tribunales. La Negociación Estructurada reduce drásticamente el coste de peritos.

El Union Bank of California fue uno de los primeros participantes en la Negociación Estructurada. Gino Chilleri, abogado interno que gestionó la negociación, explicó la valoración que el banco hacía de la Negociación Estructurada: "Si hay una oportunidad para llegar a un acuerdo, buscamos esa oportunidad. Creo en usted y en la solicitante Margie Donovan por tener ese enfoque, en lugar de presentar una demanda", me dijo. "Le habría costado más dinero al banco y probablemente habría retrasado el caso. Después de todo, probablemente hubiéramos tenido los mismos resultados, pero habría sido de una forma mucho más costosa. Y para las personas que trabajamos en el proceso, fue una experiencia muy esclarecedora".

El abogado defensor Michael Bruno está de acuerdo en que la Negociación Estructurada ofrece beneficios a quienes reciben una carta de invitación a negociar. Bruno es un litigante que también ha representado a un demandado en Negociación Estructurada. "En el tribunal, las pruebas, los plazos de presentación de peticiones y, a veces, la judicatura obliga a las partes a practicar pruebas costosas que pueden ser de poca utilidad", dice. "Aprendí que la Negociación Estructurada es más justa para mi cliente que el litigio. Me gusta el proceso porque ofrece a mi cliente la oportunidad de hacer lo correcto y evita litigios costosos. Y si la negociación no tiene éxito, mi cliente no ha renunciado al derecho de participar en una defensa agresiva y estratégica".

Ventajas económicas

A la abogacía no le gusta la incertidumbre. Cuando se enfrenta a un documento de reglas básicas que hace referencia a pagos por daños y perjuicios y honorarios, la inclinación natural es preguntar "¿cuánto?". Incluso después de explicar porqué la Negociación Estructurada es asequible, los/as abogados/as del proceso pueden negarse a aceptar referencias a pagos sin conocer la cifra exacta.

Como se ha indicado antes, el propósito del acuerdo de Negociación Estructurada es identificar problemas no imponer posiciones. El pago futuro a los/as clientes es un asunto a tratar; el importe del pago es una posición. En la mayoría de los casos, he podido garantizar a otras partes que nuestras peticiones económicas serían razonables. Estaban convencidos de que no era necesario calcular los importes de los pagos al inicio del proceso. Sin embargo, en ocasiones estas conversaciones son complejas. Ha habido veces en que una entidad ha insistido en una cifra "aproximada" por daños, honorarios de profesionales o de ambos.

Los/as abogados/as deben tener cautela al proporcionar tales cifras. Aunque pueda parecer una conversación informal, para la parte demandada citar una posible cifra se materializa como el límite máximo de lo que finalmente pagará. Si una parte negociadora insiste en saberlo, se debe discutir con los/as clientes los pros y los contras de proporcionar una estimación de costes por daños y las expectativas de cliente sobre el pago final. Si se proporciona una estimación, es importante describir cualquier aspecto del importe del pago que todavía no se conozca. Si los daños son continuados, explique cómo y porqué. Si los daños no se pueden plantear sin información adicional, dígalo.

La negociación económica es el aspecto más tradicional y, a menudo, difícil de una Negociación Estructurada (ver capítulo 13). Los/as profesionales de la abogacía esperan que las reclamaciones iniciales sean significativamente más altas (o más bajas) de lo que los/as clientes finalmente aceptan; incluso quienes no comparten ese enfoque deben tenerlo en cuenta por si se ven obligados a formular una propuesta económica de daños en el documento de reglas básicas.

Aunque en algunos casos al principio sea posible estimar un pago por daños, los honorarios de los/as abogados/as en una causa según la ley "fee-shifting" se basarán en el tiempo que aún no se ha invertido. La negociación puede transcurrir rápidamente o atascarse. Pueden surgir problemas legales inesperados. Con tantas incógnitas es difícil valorar el importe en que se incurrirá y lo mejor es evitar poner un importe máximo en el acuerdo de Negociación Estructurada.

La persona destinataria de la carta de presentación debe sopesar cuidadosamente la relación entre el importe máximo y la propuesta económica por daños estimados y el riesgo de perder la oportunidad de participar en un proceso de resolución de conflictos más eficiente en costes. Negociar el documento de reglas básicas requiere practicar la confianza de la que depende la Negociación Estructurada. Es mejor si la persona destinataria confía en el proceso y no necesita una propuesta de dinero anticipada.

———

Colaborar estrechamente para establecer reglas básicas sienta las bases para la siguiente fase de la negociación. Las buenas relaciones entre profesionales de la abogacía se desarrollan mientras elaboran el acuerdo de Negociación Estructurada para gestionar y resolver las reclamaciones. ¿Cuál es el primer paso de esa negociación? Compartir información y experiencia de manera asequible, flexible y colaborativa.

TERCERA ETAPA

Compartir información y experiencia

CAPÍTULO 7

Alternativas a la fase de pruebas en la Negociación Estructurada

"Una de las razones por las que me gusta participar en la Negociación Estructurada es que todos terminan aprendiendo algo. Todos se sienten ganadores".

—Marlaina Lieberg, solicitante de Negociación Estructurada-

Se firma el acuerdo de Negociación Estructurada y se deciden los temas a discutir. Pero, sin aplicar las reglas sobre del procedimiento judicial, peticiones, práctica de pruebas, jueces, magistrados o mediadores/as, ¿cómo logran las partes un entendimiento mutuo sobre los hechos? Sin pruebas, ¿cómo averiguar cuáles son los documentos útiles? La Negociación Estructurada responde a estas preguntas. Se posibilitan las reuniones colaborativas, los reconocimientos "in situ" y los intercambios informales de información escrita. La comprensión compartida de los hechos lleva a las partes a una valoración mutua de la experiencia y perspectiva de cada uno.

No he tomado una declaración, ni he llevado a cabo un interrogatorio, ni he presentado una acción de apremio en 20 años. Las alternativas a la fase de pruebas en la Negociación Estructurada crean el espacio común necesario para resolver conflictos fuera de los tribunales.

———

El proceso de recopilación de información en una demanda es un juego de estrategia. Las reglas establecen cuántas preguntas escritas se pueden hacer, sobre qué aspectos y cómo rebatirlas. Ante una solicitud de documentos la parte contraria puede alegar, y la parte solicitante puede oponerse a las alegaciones. Todo en el proceso de recopilación de pruebas se puede debatir, enmendar, complementar o retirar. Se pueden presentar, informar, oponer y argumentar alegaciones con la participación de un juez o magistrado. Todos los aspectos del proceso se filtran a través de abogados/as, lo que crea barreras para la comunicación directa entre las partes.

En 2009, un equipo de trabajo de alto nivel jurídico informó que:

> Nuestro sistema de pruebas judiciales está deteriorado. Menos de la mitad de los encuestados considera que nuestro sistema de pruebas funciona bien y el 71 por ciento piensa que las pruebas se utilizan como una herramienta para forzar el acuerdo.[21]

Sin embargo, cuando se presenta una demanda, las partes caen fácilmente en el atolladero de las reglas que rigen la fase de pruebas. A causa de estas reglas y sus múltiples alegaciones, los/as abogados/as se sienten obligados a adentrarse en el costoso y a menudo improductivo mundo de las pruebas judiciales, independientemente de la probabilidad de lograr una solución. Es como si algunos/as abogados/as tuvieran miedo de no cumplir con su trabajo si no aprovechan todas las oportunidades de presentar requerimientos y alegaciones. La fase de pruebas a menudo se lleva a cabo simplemente porque hay pruebas disponibles; y el hecho de alegar, solo porque es posible presentar alegaciones.

Un libro reciente sobre las ventajas de la negociación temprana incluye un estupendo gráfico que enumera las razones por las que los/as abogados/as temen un acuerdo temprano y sugiere respuestas a esos temores. Uno de los temores que el autor John Lande identifica es que "se puede correr el riesgo de responder por negligencia si el asunto se resuelve sin la práctica de una prueba judicial completa". Y este temor coincide con mi experiencia: "Gran parte de la fase de pruebas tiene poco valor", escribe, "y el riesgo de mala praxis no aumenta si se obtiene el consentimiento informado del cliente para llegar a un acuerdo".[22]

La fase de pruebas debe consistir en aprender y compartir la información necesaria para resolver conflictos. En lugar de una "herramienta para forzar la solución" que se gestiona por la parte con mayores recursos, debería ser una herramienta que ayude a acordar una solución para todos. Esto es lo que sucede en la Negociación Estructurada.

Intercambio de información escrita

Cuando se necesitan documentos durante una Negociación Estructurada, los solicitamos, y si tenemos preguntas, las hacemos. ¿Por qué es tan simple? Primero, hemos creado una atmósfera de confianza. En segundo lugar, la información para resolver un caso es diferente de la información necesaria para probar un caso ante un juez o jurado. El tipo y la cantidad de información solicitada (y denegada) en un procedimiento tradicional simplemente no es necesaria si el objetivo es alcanzar un acuerdo justo y ejecutable.

Linda Dardarian y yo aprendimos por primera vez el valor de compartir información durante las primeras negociaciones estructuradas sobre cajeros automáticos accesibles con Bank of America, Wells Fargo y Citibank en la década de 1990. Para que las reuniones fueran lo más productivas posible, enviamos previamente a los bancos listados de preguntas para comprender mejor cómo funcionan los cajeros automáticos. La falta de un procedimiento para oponerse a nuestras consultas escritas facilitó la respuesta de los abogados de los bancos. Una información que habría costado obtener decenas de miles de dólares en una fase judicial de prueba, -si se hubiera logrado-, se intercambió de manera informal a través de cartas y llamadas telefónicas.

En la Negociación Estructurada, las partes no se preparan para probar los delitos ante un juez o un jurado. No buscan una evidencia probatoria o pierden el tiempo en pistas imposibles. El objetivo del abogado de los solicitantes es asegurarse de que todos los que se encuentran en la mesa de negociación dispongan de la información necesaria para resolver las reclamaciones. Al comienzo de cada caso, los/as abogados/as y los reclamantes deben considerar qué información es esencial para que la negociación sea productiva. Describo a continuación algunos ejemplos de negociaciones estructuradas que he gestionado:

- En una negociación con Walmart sobre el acceso a recetas médicas para clientes con discapacidad visual, necesitábamos saber qué información distribuyó Walmart a sus clientes en formato impreso estándar y cómo y dónde se produjeron esos documentos.

- Al negociar con la Sociedad Americana contra el Cáncer (American Cancer Society, ACS) sobre la información para el público que no puede leer texto impreso, necesitábamos una lista de folletos enviados por ACS a los consultorios médicos, nombres de proveedores de documentos impresos y actualizaciones planificadas para el sitio web de ACS.

- Una negociación estructurada con Bank of America manifestó una incompatibilidad entre los mecanismos de seguridad digital de la empresa y la tecnología de asistencia utilizada por los clientes invidentes. Necesitábamos información sobre el software de seguridad, el nivel de control del banco sobre su desarrollo y plazos realistas para realizar mejoras.

- En una negociación con Weight Watchers sobre las dificultades de accesibilidad a su información digital e impresa, necesitábamos comprender la plataforma tecnológica de sus herramientas digitales para la pérdida de peso, los tipos de documentos distribuidos en las reuniones de Weight Watchers y los medios a través de los cuales los clientes se inscribieron en el galardonado programa de pérdida de peso de la empresa.

En dos décadas de práctica en Negociación Estructurada, mi colega y yo casi siempre hemos recibido la información solicitada. Esto es debido a que solo pedimos lo que necesitamos y no buscamos información que no sea razonable, ni demasiado extensa o irrelevante.

No nos embarcamos en búsquedas de elementos intrascendentes esperando encontrar algo útil. Y nuestros socios negociadores no inventan excusas para no facilitar información relevante. Es importante transmitir que una solicitud de información es beneficiosa para todos en la negociación. Cuando presentamos nuestra solicitud a Weight Watchers, lo hicimos con el mismo lenguaje que habíamos utilizado muchas veces:

> Esta información está diseñada para ayudar a las partes a negociar sobre [problemas identificados]. Necesitamos lograr una comprensión compartida de los hechos, para poder encaminarnos hacia una solución beneficiosa para todos.

En la Negociación Estructurada, las partes trabajan en un ambiente de colaboración, no de conflicto. Sin un contexto judicial de reclamaciones, sin argumentos legales para alegar, y sin un árbitro para resolver las controversias, las partes resuelven las cosas. Como abogadas de los reclamantes, respondemos con franqueza a las solicitudes de nuestros socios, modelando la conducta y la actitud que esperamos de los demás. Cuando todos se comportan razonablemente, no se necesita el aparato judicial.

Si un socio negociador duda en proporcionar toda la información solicitada, nuestro enfoque es práctico. "Comencemos con lo que estás dispuesto a compartir", le digo. "Quizás no necesitemos más información". Y a menudo no la necesitamos. Pero si la solicitamos, al haber demostrado ser razonables, se suele facilitar la información adicional solicitada. En la rara ocasión en que no fue así, valoramos de forma práctica sobre si la información era esencial y decidimos avanzar la negociación sin ella. Si hubiéramos decidido lo contrario, habríamos sugerido un mediador para resolver el conflicto sobre el documento y poder continuar con nuestra negociación.

———

Para obtener información de esta manera es preciso un cambio fundamental en la forma de pensar, alejándonos de lo que sucede en un litigio. Como profesionales de la abogacía, estamos formados para pensar que siempre es mejor disponer del mayor número de datos. Y como a los/as abogados/as se nos enseña a creer que no podemos confiar en la sinceridad de la "otra" parte sobre lo importante, creemos que nosotros mismos debemos revisar cada fragmento de datos, haciendo nuestra propia evaluación de su valor. Este enfoque no es necesario cuando el objetivo es resolver un problema de manera colaborativa.

En una reciente negociación con una empresa de servicios financieros, uno de nuestros objetivos de negociación fue el nombramiento de un coordinador de accesibilidad digital. Esta función ayuda a garantizar el compromiso de una organización con la inclusión y la accesibilidad, de modo que en nuestro borrador de acuerdo incluimos este cargo. Como reflejo de la franqueza que había impregnado nuestra relación desde el principio, el abogado de la empresa al leer el borrador llamó para preguntar "¿Quién crees que debería ocupar el puesto?".

Si hubiéramos presentado una demanda, habríamos solicitado organigramas y descripciones de los puestos de trabajo con justificantes de experiencia. Habríamos gastado cantidades significativas de dinero destituyendo a muchas personas cuyos nombres aparecían en esos gráficos. Pero no hicimos nada de eso. Le dije a un abogado que la empresa debería decidir sobre la persona más adecuada para supervisar la accesibilidad e informarnos de su nombre y cargo. El departamento de selección de la empresa ayudaría a garantizar que la accesibilidad se convirtiera en uno de sus valores esenciales y no en algo impuesto desde el exterior. Si hubiéramos creído que la decisión de la empresa no serviría a los objetivos de nuestros clientes, habríamos discutido estas preocupaciones en un entorno de toma de decisiones compartida. Los organigramas que se hubieran tenido que presentar en un pleito no fueron necesarios para alcanzar el acuerdo. Tampoco fueron necesarias tomas de declaraciones y la empresa evitó su defensa judicial.

Reuniones de Negociación Estructurada

"Es el tipo de debate que nunca tendríamos en un litigio".
-El abogado de derechos civiles Brian East describe así su primera reunión de
Negociación Estructurada-

Un abogado externo de la empresa Fortune 1000 me dijo una vez, que antes de nuestra primera reunión cara a cara en Negociación Estructurada, él y su cliente esperaban "una reunión incómoda". Me confesó que "tenían mucho miedo de esa reunión". Reunirse con demandantes (aunque no utilizamos ese término) es algo que a las direcciones corporativas no les entusiasma. Las experiencias del pasado habían dejado un mal sabor de boca en sus clientes.

Unos años más tarde, el abogado de un socio negociador en una otra empresa canceló una reunión planificada en el último minuto. "¿Por qué?" preguntamos, reprimiendo nuestro malestar. El abogado explicó que el ejecutivo que debía reunirse con nuestros clientes se había sentido amenazado por el tono confrontativo de un grupo de demandantes en otro litigio. "Nuestras reuniones son diferentes", le aseguramos Linda Dardarian y yo. "Su cliente no se sentirá amenazado. Lo prometemos."

Las reuniones de Negociación Estructurada tienen un tono y una sensación diferentes a las de los procedimientos judiciales. Brian East, un abogado de derechos civiles de Texas, tiene una experiencia de 30 años en litigios. Observó esa diferencia durante el primer caso que gestionó con la negociación estructurada. Después de que un gran comercio de Texas aceptara la invitación de East para negociar, se organizó una reunión presencial con su clientela, equipo jurídico de empresa y personal corporativo. East estaba encantado con la reunión. "A menudo, los abogados se llevan bien cuando nos reunimos para negociar durante una demanda", dice, "pero esas reuniones nunca se perciben igual que la primera reunión de una Negociación Estructurada:"

En un contexto de confrontación, probablemente me habría centrado en destacar los aspectos legales. Pero no lo hice. No me preocupaba que mis clientes dijeran algo incorrecto y los abogados de la empresa no intentaran corregirles. Todos departieron de forma sincera.

En otra ocasión, East y su colega organizaron una reunión telefónica con un director jefe de operaciones. Llamaron al abogado del director en el último momento, pero éste permitió que la reunión continuara. La confianza mostrada por el abogado de su "oponente" confirmó que la Negociación Estructurada permite un tipo diferente de interacción. La llamada continuó con un sincero intercambio de información, los participantes aunaron esfuerzos para encontrar soluciones al problema en cuestión. "Es el tipo de debate que nunca tendríamos en un litigio", dijo East poco después de la reunión de 2015. "El abogado de la empresa nunca habría permitido que la primera reunión se llevara a cabo. Y el director, nunca habría respondido a nuestras preguntas. Todo fue muy sencillo".

En ausencia de pruebas judiciales, las reuniones de Negociación Estructurada cumplen varias funciones. Sustituyen las declaraciones y las inspecciones de reconocimiento y permiten resolver el caso. Las reuniones promueven el intercambio formal de propuestas escritas y ayudan a desarrollar las relaciones de confianza necesarias para llegar a un acuerdo sin necesidad de presentar una demanda. A continuación, muestro ejemplos de algunas de mis reuniones de Negociación Estructurada favoritas. Al final de este capítulo incluyo una lista de verificación que ayuda a garantizar que las reuniones de Negociación Estructurada no resulten amenazadoras y sean productivas.

Omitir declaraciones: una mesa redonda telefónica

En la Negociación Estructurada con American Express sobre extractos de cuentas en braille, los titulares de tarjetas Paul Parravano y Clarence Whaley nunca hicieron declaraciones. En lugar de sentarlos a la empresa a través de una mesa de negociación, conociendo la importancia de ser cautelosas a la hora de divulgar información,

Linda Dardarian y yo, los presentamos a través de llamadas telefónicas informales. Los participantes en esas llamadas vivían en cinco ciudades diferentes. La mesa redonda telefónica no solo fue práctica, sino que redujo significativamente los gastos legales y eliminó por completo los costes de viaje.

Durante dos años de negociaciones telefónicas, Parravano y Whaley explicaron porqué los documentos en braille eran importantes. Inicialmente, American Express pensó (como lo hacen muchas empresas) que si el personal leía la información en voz alta sería una buena alternativa a los formatos accesibles. Pero el braille era esencial para la autonomía financiera de estos dos hombres. Parravano explicó las cualidades distintivas y únicas del braille. Compartió su experiencia sobre "detener sus dedos" para explorar una palabra o frase en braille de una manera que para él no era posible con ningún otro formato.

Parravano y Whaley estaban felizmente casados. Sin embargo, utilizaron una sinceridad velada para explicar a American Express por qué no querían confiar en sus esposas videntes para leer sus documentos bancarios. Whaley tenía un agudo ingenio, y su capacidad para involucrar al equipo (en su mayoría masculino) de American Express era palpable a través del teléfono. Lo mismo ocurría con Parravano, que era responsable de las finanzas de su familia. Los negociadores de American Express escucharon con interés lo que explicó al respecto de que con su apretada agenda, revisar él mismo documentos bancarios en el autobús durante su viaje diario no era una conveniencia, era una necesidad.

Las reuniones telefónicas permitieron al equipo de American Express encontrarse con Parravano y Whaley como clientes, no como adversarios. Las conversaciones informales sobre el matrimonio, los desplazamientos y la privacidad financiera cambiaron el pensamiento de la empresa hacia una nueva manera de pensar que ninguna declaración o testimonio podría haber logrado. Después de meses de conversaciones, American Express emitió ejemplos de documentos en braille para que Whaley y Parravano los revisaran. Pronto estábamos redactando el acuerdo.

"Quitando hierro al proceso"

La Negociación Estructurada dio a las empresas crediticias del país la oportunidad de conocer a nuestros clientes en una atmósfera muy diferente a una sala judicial. La negociación tenía que ver con el fracaso de esas empresas en ofrecer informes de crédito gratuitos en formatos que las personas ciegas pudieran leer. Linda Dardarian y yo representamos al Consejo Americano de Ciegos (ACB), su filial de California, y tres clientes ciegos que necesitaban acceso autónomo a los informes. Seis abogados de las empresas de informes crediticios asistieron a la primera reunión en la oficina de Linda. Tres de nuestros clientes estaban en la habitación y dos estaban hablando por teléfono.

Los objetivos que teníamos fijados para la reunión eran ayudar a las empresas a comprender cómo las personas ciegas leen el contenido impreso y digital y compartir los frustrantes intentos de los solicitantes de obtener sus propios comprobantes. También era fundamental asegurarnos de que los representantes de las agencias de crédito consideraran a nuestros clientes como clientes, no como adversarios. Cuando comentamos previamente estos objetivos con nuestros clientes, todos comprendieron la importancia de un tono amigable en la conversación. Nuestros clientes no necesitaron asesoramiento sobre la importancia de mantener una actitud colaborativa durante las reuniones de Negociación Estructurada. Es posible que otros clientes sí lo necesiten.

Para la reclamante Lori Gray, la reunión fue memorable. Gray necesitaba su informe en formato audio. Además de ser ciega, Gray tiene baja sensibilidad táctil, lo que le dificulta a la hora de utilizar un ordenador o de leer braille. Antes de involucrarse en la Negociación Estructurada, cuando Gray había solicitado una versión audible de los extractos, la respuesta de las agencias de informes crediticios había sido negativa.

Como persona ciega en un mundo vidente, Lori Gray estaba familiarizada con esa respuesta. Si la conversación hubiera terminado ahí, podría haber mantenido su frustración en privado. Pero el agente de atención al cliente hizo algo más que rechazar la solicitud de Gray sobre un informe de crédito audible. "¿Tus padres no pueden leer eso?" preguntó el representante.

Lori Gray es una profesional luchadora e independiente, graduada por la Universidad de California, Berkeley. Cuando se le preguntó acerca de sus padres, tenía 43 años, tenía un empleo y vivía sola. Sus padres -por los que el agente de crédito preguntó- habían fallecido. Cuando Gray le dijo al representante que no tenía padres para ayudarla, el agente preguntó en voz alta "¿Y no tienes un vecino que te pueda ayudar con eso?"

Encontrar un vecino para leer información de crédito confidencial no era una opción. Gray quería disponer de acceso privado y me llamó para ver si la Negociación Estructurada podía lograrlo. Sabía que una reunión en la que Gray pudiera compartir su experiencia conversando sería mucho más eficaz que obligarle a asumir el papel de demandante en un proceso confrontativo.

Gray se mostró satisfecha con la reunión. "Cuando nos sentamos a la mesa de negociación y las personas ciegas comentaron sus experiencias, pensé en su potencial si conseguíamos humanizar este proceso, si lográbamos saltarnos los trámites legales". Cuando terminó la reunión, Gray se dio cuenta de que "poner nuestras historias sobre la mesa" realmente marcó la diferencia. Nos escucharon y nos entendieron, y nos situamos en el camino hacia algún lugar". Lucy Greco, otra demandante, se mostró de acuerdo: "Hablamos durante el almuerzo", dice Greco, "y pudieron comprobar que éramos personas divertidas y comprometidas, con vidas plenas".

Susan Mazrui asistió a la reunión con Greco y Gray ataviadas con sombreros diferentes. Mazrui que había perdido la visión cuando era adolescente, habló de su deseo de lograr una autonomía financiera. En calidad de representante de la ACB, transmitió las necesidades de los miembros de la organización. Y, debido a la flexibilidad de la negociación estructurada, Mazrui pudo demostrar su perspicacia comercial con las empresas que, caso de haber presentado una demanda, habrían tenido la consideración de demandados.

Mazrui es ejecutiva en una empresa de servicios públicos. Su empresa proporciona información para clientes que no pueden acceder a la impresión en variedad de formatos, incluyendo braille y audio. En la reunión, Mazrui compartió su experiencia sobre cómo las empresas del sector privado se comunican de forma eficaz con los clientes discapacitados. Si bien el asunto de la información accesible era nuevo para las agencias de crédito, Mazrui conocía muy bien sus complejidades. Ella manifestó cómo los proveedores protegen la privacidad, cómo evitan el fraude en una industria altamente regulada y cómo controlan los costes.

Los abogados de las agencias de crédito no necesitaron profundizar en los conocimientos de Mazrui. No tuvieron que tomarle declaración, ni solicitar acta de la secretaría judicial ni llevar a cabo interrogatorios. Ella pudo compartir su experiencia como persona ciega, defensora y ejecutiva corporativa, y los representantes de la empresa se mostraron receptivos. "Como líder empresarial y como defensora de las personas con discapacidad, he acudido a reuniones donde la gente dejó de escuchar a los demás o, lo que es peor, nunca escuchó", dice. "Ese no fue el caso de las agencias crediticias, realmente intentaron entender nuestras necesidades y problemas".

———

En la reunión, la reclamantes Lucy Greco mostró las dificultades que experimentó mientras navegaba por la web conjunta de las agencias crediticias que proporcionaban informes de crédito gratuitos. Greco es experta en accesibilidad web en la Universidad de California, en Berkeley, y depende en gran medida de los ordenadores para su trabajo. Ciega desde su infancia, Greco sabía que poder comprobar su informe crediticio online era parte esencial para ser responsable financiera. La abogada de TransUnion, Denise Norgle, recuerda que Greco ofreció "una declaración muy perspicaz", cuando comparó el sitio web de informes de crédito con una web bancaria totalmente accesible, propiedad de una empresa que anteriormente había participado en una Negociación Estructurada. "Contemplar un sitio web correctamente codificado y apreciar cómo funciona", dice Norgle, "logró más que cualquier cantidad de páginas con una descripción escrita".

Al practicar la Negociación Estructurada, he observado la transformación que se produce cuando los encargados de tomar decisiones corporativas se encuentran e interactúan con personas que de otro modo serían demandantes en un entorno de confrontación. Norgle no dejó de expresar la naturaleza multifacética de las experiencias de los solicitantes. "Nunca pensé en cómo las personas ciegas accedían a la información crediticia. ¿Por qué no hay mejor educación sobre discapacidades", -se preguntó-, para que las personas videntes comprendan estos problemas? "

Años después de la reunión de 2006, otro abogado corporativo me dijo que la reunión "quitó hierro al proceso" de Negociación Estructurada. Y la reunión dejó una impresión indeleble en Norgle y otros de una manera que un proceso de prueba judicial nunca habría podido. "La conciencia sobre la discapacidad ahora está en el ADN de nuestra empresa", -dice Norgle-, en parte porque recordamos haber interactuado con los clientes individuales". Recuerdo que Lori Gray no podía utilizar el braille y necesitaba el formato de audio; nunca la olvidaré, y a menudo he contado la historia de esa reunión a otros miembros de la empresa. Ellos tampoco la olvidarán nunca.

Reconocimientos "in situ" sin requerimientos

Imagine una visita de reconocimiento a las instalaciones de una de las partes sin peticiones formales, objeciones y batallas judiciales. El reconocimiento "in situ" en la Negociación Estructurada nació en las salas de fabricación de cajeros automáticos de AMT. Allí aprendimos la importancia de que las organizaciones se reúnan con clientes/as que han presentado reclamaciones legales en un espacio de colaboración, no de confrontación. Y aprendimos que las dificultades se reducen cuando los estrados o tribunas para declarar se reemplazan por mesas redondas o, mejor aún, por un laboratorio informático con una nueva tecnología.

———

Para cualquiera con curiosidad sobre el funcionamiento interno de la tecnología bancaria, visitar un laboratorio de cajeros automáticos es emocionante. La seguridad es digna de una película de James Bond: puertas con doble cerradura, guardias inmutables, huellas digitales. Una vez dentro, los visitantes son recibidos por el sonido de la tecnología que se está creando, en un lugar repleto de máquinas con su interior expuesto y visible. A partir de 1996, aproximadamente un año después de enviar las primeras cartas de Negociación Estructurada, Linda Dardarian y yo comenzamos a acompañar a los reclamantes a estos laboratorios de California. Más tarde, se llevaron a cabo reuniones de Negociación Estructurada en laboratorios de cajeros automáticos a lo largo de todo Estados Unidos.

Durante cada reunión de laboratorio, nos congregábamos alrededor de cajeros automáticos que estaban en varias etapas de desarrollo. Una "máquina" no era más que una maqueta de cartón. En otro laboratorio, la parte "parlante" del cajero automático era la penetrante voz grabada del empleado de banco convertido en locutor de radio que estaba a mi lado.

El movimiento por los derechos de los discapacitados ha tenido siempre la proclama "nada para nosotros sin nosotros", y ese principio resultó evidente durante esas reuniones, lo que es poco común en los litigios. Los/as usuarios/as con visión reducida y los desarrolladores/as de cajeros automáticos trabajaron codo con codo mientras el producto se estaba creando. Su "toma y daca" ayudó a desarrollar la tecnología. Linda y yo permanecimos en un segundo plano, recopilando comentarios y transmitiéndolos a los bancos. La comunicación entre los/as usuarios/as ciegos/as y los desarrolladores/as de cajeros automáticos no se filtraba mediante las reglas de las pruebas judiciales, centradas en el/la abogado/a, lo que habría obstaculizado, si no eliminado, el debate.

———

Steven Mendelsohn, un abogado ciego y experto en fiscalidad que impulsó la iniciativa, compartió sus observaciones con el equipo de desarrollo de Citibank. Los "ingenieros realmente entendieron lo que había que hacer", dijo Mendelsohn. "Los abogados a menudo dicen por qué no se puede hacer algo, pero los ingenieros de cajeros automáticos lo admitieron como un problema a resolver. Creo que experimentaron una vivencia visceral de tormenta de ideas".

El demandante Jerry Kuns se unió a la negociación de los cajeros con servicio de voz por amor a la tecnología y por la búsqueda de su autonomía. Ciego desde la infancia, Kuns estaba familiarizado con la tecnología de accesibilidad y tenía experiencia que podía ayudar al banco, y que se podría haber perdido en un proceso de confrontación. En la década de 1970, cuando los ordenadores eran del tamaño de una habitación, Kuns construyó una primera terminal de conversación. La idea de un cajero automático accesible, que hablara para que las personas ciegas pudieran usarlo sin ayuda, era un rompecabezas técnico que Kuns estaba ansioso por ayudar a resolver. Estas reuniones le ofrecieron la oportunidad de hacerlo. "La mejor manera de combatir el miedo que muchas personas videntes tienen sobre la ceguera", cree Kuns,

es a través de la comprensión y la comunicación. Por eso las reuniones de Negociación Estructurada celebradas en los laboratorios de estos cajeros automáticos eran tan importantes. Los desarrolladores/as de las máquinas y los empleados bancarios vieron a personas ciegas que experimentaban con prototipos.

La posibilidad de que surgiera un ambiente de confrontación se evaporó en esas reuniones. Como dice la solicitante Ann Byrne, que visitó un laboratorio de cajeros automáticos en Ohio, "Una vez que llegamos al laboratorio de desarrollo, no sentí que el banco se resistiera o compitiera con nosotros. Hubo cooperación e interés cuando probamos las máquinas y ofrecimos nuestra opinión".

Bill Raymond fue vicepresidente senior del Bank of America y responsable del presupuesto económico para el desarrollo del cajero automático durante nuestra negociación. Trabajar con los abogados ciegos fue "muy positivo", dice Raymond: "No hubo nada amenazante ni para los defensores ni para sus abogados". Raymond se convirtió en un defensor corporativo de la accesibilidad. Coincide en que no tener una demanda en los tribunales, "definitivamente" le hizo más fácil obtener los permisos necesarios dentro del banco. "Si hubiera resultado un proceso más amenazante", me dijo, "habría sido mucho más fácil para Bank of America decir que no". Es posible que esas visitas al laboratorio, que generaron dos décadas de una relación fructífera con una de las instituciones financieras más grandes del país, nunca hubieran ocurrido.

———

Los comentarios de la clientela con visión reducida durante las visitas al laboratorio de cajeros automáticos de la ATM condujeron a importantes desarrollos en la tecnología accesible de la industria financiera. Kuns sugirió que los componentes de la máquina fueran descritos oralmente tomando como modelo la esfera de un reloj; el teclado como punto central, la ranura de salida del dinero a las 4:00 en punto, la ranura para la tarjeta a la 1:00 en punto. El solicitante Roger Petersen usó su experiencia como psicólogo para elaborar los guiones del cajero automático. Y yo, me senté en la cocina de la solicitante Kathy Martínez mientras ella revisaba las versiones en español de los guiones de voz. La Negociación Estructurada ofreció a estos clientes y a otros un asiento en la mesa de negociación y una voz para resolver sus peticiones.

La comunicación directa se dio en ambos sentidos. El solicitante Don Brown participó en visitas a laboratorio en tres ciudades. "Nunca tuve la sensación de retroceder", dijo. "Nunca tuve un sentimiento de confrontación y realmente escuché y aprecié las preocupaciones del banco sobre la seguridad". El solicitante Ron Brooks estuvo de acuerdo. "Uno de los valores del proceso es que existe un aprendizaje en ambas partes, y eso ocasionó un mejor producto", dice. En un entorno tradicional de litigio hay poco espacio para que los demandantes escuchen la historia de un acusado en un ambiente sin confrontación.

Durante su primera experiencia en la Negociación Estructurada, la abogada de derechos por la discapacidad de Chicago, Amy Peterson, apreció la diferencia entre sus reuniones y las interacciones que se dan en litigios tradicionales a las que estaba acostumbrada. "Los bancos intentaban aprender de sus clientes ciegos, y nosotros también aprendimos de los bancos. En mi experiencia, esto es algo que rara vez ocurre en un litigio, donde la mayoría de las partes pelean por la información, no la comparten". Peterson reconoció que durante las dos negociaciones estructuradas sobre cajeros automáticos en las que participó supusieron una "experiencia mucho más placentera en comparación con cualquier litigio en el que haya trabajado".

———

El abogado de Citibank, Benjamin D. Velella, creía que las visitas de laboratorio de los/as solicitantes ayudaron a los empleados de su empresa, que "se vieron impulsados a crear algo diferente". El personal técnico del banco quería un programa que funcionara, quería que los usuarios dijeran qué era bueno y que se podía mejorar. El hecho de que tuvieran la oportunidad de trabajar con los usuarios fue magnífico. La experiencia del desarrollo fue muy útil, trabajando hacia un fin común". Los "usuarios" a los que se refiere Velella habrían sido demandantes si hubiéramos presentado una demanda después de recibir la llamada de Steven Mendelsohn. En ese entorno, es poco probable que se produzcan desavenencias.

Encuentro en una sala de cine

Las reuniones de Negociación Estructurada pueden celebrarse en cualquier lugar, como lo demuestran las visitas al laboratorio de cajeros automáticos. En 2011, se eligió una sala de cine del centro de San Francisco para celebrar una productiva reunión de Negociación Estructurada sobre tecnología de descripción de video con Cinemark, la tercera cadena de cines más grande del país.

La descripción del video proporciona información audible ("descripción") de los aspectos visuales claves del contenido del video. Los escenarios, las expresiones faciales, los disfraces y los escenarios de la acción se describen durante las pausas naturales del diálogo, lo que permite a una persona ciega comprender lo que se presenta visualmente en la pantalla. Un buen ejemplo es el Rey León. Sin una descripción para alguien que no puede ver, los primeros minutos de la película son música sin palabras. Con la descripción, el espectador ciego que utiliza un audífono escucha detalles representativos de lo que se desarrolla silenciosamente en la pantalla cuando una voz declara: "Cientos de animales se reúnen bajo Pride Rock, una plataforma elevada y llana que se eleva sobre el resto de la sabana".

La descripción es un elemento cada vez más importante en la medida en que el vídeo domina el panorama digital en las escuelas, el trabajo y los servicios gubernamentales. En el cine, la descripción ofrece a los cinéfilos ciegos la oportunidad de perderse en la historia, emocionarse en las escenas de acción y relacionarse emocionalmente en los momentos más sutiles. Y permite a alguien que no puede ver disfrutar de esas experiencias de forma autónoma mientras se encuentra junto al resto del público. Rio Popper, una estudiante de primaria que fue solicitante en la negociación de Cinemark, explicaba por qué la tecnología es importante así: "Ir a ver una película con la descripción del vídeo es mucho más divertido que hacer que mis padres o amigos me digan lo que está sucediendo en la pantalla".

Cuando llegó el momento de que Cinemark escogiera una marca de equipo como Rio Popper, que ofreciera una descripción a los asistentes al cine, todas las partes en la negociación querían garantizar que la nueva tecnología satisficiera las necesidades de los espectadores ciegos. Una reunión de Negociación Estructurada logró ese objetivo.

En agosto de 2011, muchos solicitantes, Linda Dardarian, y yo asistimos a una proyección privada en un auditorio de Cinemark con el abogado asesor de la empresa y el Consejero delegado, Michael Cavalier. Sin necesidad de citaciones de comparecencia ni polémicas, también asistió el proveedor de descripción de Cinemark. Era la primera vez que los representantes de Cinemark se reunían con muchos de los solicitantes.

La película fue Cars 2, una película animada llena de acción. Durante gran parte de la película, los vehículos que hablan, no dicen una palabra. El solicitante Richard Rueda asistió a la proyección y al debate post-créditos. "Estaba emocionado", dijo:

> En más de cuatro años no había visto una película de estreno como esa y fue genial. Los representantes de la empresa también estaban entusiasmados. Escucharon los comentarios y hubo muy pocas dudas sobre nuestras sugerencias. Diría que la gente de Cinemark fue abierta, auténtica, receptiva y con ganas de agradar.

"Es el tipo de película a la que nunca hubiera acudido sin disponer de una descripción", dijo Jeff Thom, presidente del Consejo de Ciegos de California (CCB), uno de los solicitantes de la organización. "La gente de Cinemark se sorprendió "al darse cuenta de lo agradecidos que estábamos todos". El consejero delegado de Cinemark, Michael Cavalier, estuvo de acuerdo.

La visualización de Cars 2 resultó ser "muy poderosa", dice Cavalier. Para él, como hombre de cine desde hace mucho tiempo, fue la confirmación de que para la empresa debía instalar el equipo: "Ver a adultos que no hubieran podido experimentar la magia del cine, y ver la emoción que experimentaban, me mostró que Cinemark estaba en el camino correcto hacia nuestros propósitos. Se sentía bien, y desde el punto de vista comercial, tenía sentido. Fue genial ver a los adultos ciegos sentirse tan positivos sobre de la película".

Camino pedregoso

No todas las reuniones de Negociación Estructurada tienen éxito. Pero que una mala reunión no es motivo para abandonar el proceso es algo que aprendimos, en un momento difícil ,en una importante sala de conferencias.

Deberíamos haber detectado que se estaban gestando problemas cuando aquél abogado de gran estatura, contratado por un banco que había firmado un documento de reglas básicas, insistió en permanecer de pie durante toda nuestra primera reunión. (Esta fue sin duda una táctica de intimidación, ya que Linda Dardarian y yo somos de baja estatura). El abogado mantuvo una actitud intimidante durante la presentación en la que explicaba porqué el banco no podría implementar las mejoras de accesibilidad que buscábamos. Cuando intenté responderle explicándole la experiencia de nuestros clientes, él bramó con enojo: "necesitas meterte el cerebro de nuevo en la cabeza" y determinó que nuestra reunión había terminado. Su desconcertado cliente del banco lo siguió mientras salía por la puerta de la sala de conferencias.

Sin embargo, al final, la Negociación Estructurada convenció incluso a ese abogado alterado para que firmara un acuerdo de accesibilidad web y cajeros automáticos con servicio de voz. El hecho de ser pacientes, optimistas y estar centrados en nuestros objetivos logró que superáramos ese difícil comienzo, desarrolláramos relaciones y avanzáramos en la negociación.

Nuestra primera reunión en Chicago después de enviar una carta de Negociación Estructurada al Banco Uno también tuvo un comienzo difícil. La palabra hostil es la que mejor describiría al abogado del banco. La solicitante Kelly Pierce recuerda que ella no estaba "centrada en las opciones posibles, sino en lo que no se podía hacer". Las primeras reuniones de negociación con los bancos de California también resultaron un desafío. Los bancos "se mostraban rígidos y empecinados en que no tendríamos acceso a los cajeros automáticos", dice el solicitante Roger Petersen, un activista habitual de la comunidad de discapacitados. El solicitante Don Brown vio que el banco "no era muy receptivo respecto a la idea de que los cajeros automáticos resultaran accesibles; fue realmente inflexible". Jan Garrett, uno de los abogados del Fondo Legal para la Educación sobre Derechos de los Discapacitados (DREDF) estuvo de acuerdo. "Los bancos echaban la culpa de las máquinas inaccesibles a los vendedores de cajeros automáticos", dice, "y tuvimos que emplear mucho tiempo explicando por qué era responsabilidad del banco proporcionar máquinas que pudieran ser utilizadas por nuestros clientes".

Como William Ury explica en Getting Past No: Negotiating in Difficult Situations (Negociando en situaciones difíciles), un buen negociador debe convertir a los adversarios en socios:

[A]niquila a tus adversarios convirtiéndolos en tus socios negociadores. Se necesitan dos para discutir, pero solo se necesita uno para comenzar a solucionar una situación complicada.

Eso no puede suceder si las partes abandonan el proceso de colaboración. De modo que, a pesar de la energía negativa inicial en las salas de conferencias en Chicago y California, nos mantuvimos tranquilos y no nos distanciamos. Una vez que a través de reuniones cambió la postura del abogado, el ambiente se distendió y comenzamos el proceso para alcanzar soluciones. En Chicago, Pierce y Byrne hablaron sobre su necesidad de disponer de cajeros automáticos con servicio de voz. Pierce había sido cliente de Bank One durante más de una década; y los abogados del banco escucharon atentamente mientras describía su frustración cuando se cerró una sucursal y no tuvo acceso a su propio dinero. Pierce y Byrne describieron la inutilidad de las etiquetas en braille de un modo que ningún informe legal podría lograr.

Al final de la reunión, Pierce "tenía la clara sensación de que el banco se veía a sí mismo como una institución para todo el mundo, incluidos sus clientes ciegos". Y como solicitante, apreció algo que un proceso legal tradicional no siempre ofrece: "Me sentí escuchado", dice.

En su artículo Reconciliation and the Role of Empathy (Reconciliación y el papel de la empatía), la mediadora, abogada y autora Dana Curtis señala que las partes pueden "lograr una mayor sensación de paz sobre su acuerdo si en el proceso de mediación han llegado a comprender la perspectiva de la otra parte y a creer que ellos, a su vez, han sido entendidos". Las reuniones de Negociación Estructurada, al igual que ocurre en una buena mediación, hacen que esto sea posible.

Lista de verificación para lograr una reunión de Negociación Estructura con éxito

¿Cómo se convierte una reunión de posibles adversarios en un foro para compartir información y construir relaciones? ¿Cómo se asegura el/la profesional de la abogacía de que las reuniones se desarrollan sin temor? Con una planificación cuidadosa, las reuniones de Negociación Estructurada se convierten en los ejes de un proceso colaborativo. Aquí están mis consejos para asegurar que tengan éxito.

Decidir si reunirse en persona, por teléfono o en línea.

No existen reglas sobre dónde celebrar reuniones de Negociación Estructurada o sobre si deberían ser presenciales o virtuales. Cuando las partes y los/as abogados/abogadas se encuentran en diferentes ciudades, las reuniones telefónicas resultan baratas. No he utilizado software web de conferencia porque, a menudo, es inaccesible para los participantes con discapacidades, pero el software de reunión virtual que todo el mundo puede usar, es una opción. En nuestra negociación con Weight Watchers, los demandantes y los abogados se encontraban en cuatro estados diferentes; y las reuniones en presenciales no eran rentables ni necesarias. Negociamos un histórico acuerdo de accesibilidad digital e impresa con el programa de adelgazamiento más importante del mundo sin conocer personalmente a ningún negociador de la empresa.

Sugerir una reunión virtual remarca la idea de que los/as solicitantes intentan ajustar los costes, lo cual siempre se agradece. Sin embargo, a menudo dejo las decisiones sobre el formato de la reunión a nuestros/as socios/as negociadores/as, preguntándoles si prefieren una reunión en persona. Esto ofrece a los posibles demandados un papel en la creación del proceso de resolución de las reclamaciones.

A veces se precisan reuniones presenciales. Las partes tienen que examinar un lugar o un producto, o una empresa quiere reunirse con un solicitante para evaluar una reclamación económica. Desde la comodidad de sus propios hogares, mi clientela ha proporcionado comentarios sobre la capacidad de usar los sitios web y las aplicaciones móviles. Pero revisar las señales de peatones accesibles y la tecnología de los cines exigió reuniones en persona en las calles de

San Francisco y en una sala de cine. La Negociación Estructurada permite cualquier formato de reunión que las partes necesiten.

Definir el propósito de la reunión.

Sin reglas judiciales, fases de pruebas o reuniones por mandato judicial, el abogado debe decidir el propósito y los objetivos de cada reunión. Algunas reuniones sustituyen a las declaraciones. Otras, son similares a las sesiones de negociación tradicionales en las que se intercambian propuestas y se abordan cuestiones espinosas. Y todas las reuniones de Negociación Estructurada tienen un objetivo relacionado con el proceso de resolución del conflicto en sí mismo: construir relaciones. Cuando se trabaja fuera del sistema judicial, la relación franca entre profesionales de la abogacía y clientela es crítica; desarrollarla es una opción implícita en cada interrelación.

Decidir la participación de los solicitantes

El acuerdo sobre el propósito de una reunión determina a sus participantes. Algunas de las reuniones de Negociación Estructurad más productivas destacan las habilidades y el compromiso de los/as profesionales de la abogacía de los/as solicitantes. Estas reuniones empoderan a la clientela y les otorgan voz para resolver los problemas que les condujeron al sistema legal. Cuando las partes negociadoras interactúan con los/as solicitantes, se puede quebrar esa resistencia a pagar lo necesario para resolver el caso. Y las reuniones presenciales ayudan al/a la profesional de la abogacía a evaluar los riesgos de negociaciones infructuosas.

Pero, en ocasiones, es mejor limitar la presencia al equipo jurídico. Al comienzo del proceso, los equipos jurídicos negociadores deben sentirse cómodos entre ellos y esto puede resultar más fácil cuando la clientela no está presente. Cuando las reuniones se centran en la redacción de documentos legales, pocos solicitantes están interesados en participar (por supuesto, las reglas éticas que rigen los acuerdos de liquidación se aplican en la Negociación Estructurada).

En los raros casos en los que preocupa que un/a cliente/a pueda obstaculizar el proceso de Negociación Estructurada, yo sugeriría celebrar la primera reunión sin la presencia de clientela. Pero a menudo dejo las decisiones sobre la participación del cliente al propio cliente. En casos relacionados con asuntos tecnológicos, algunos/as solicitantes son expertos/as en tecnología; otros/as son usuarios/as finales sin experiencia técnica. Los primeros/as, con frecuencia, pueden querer participar; mientras que a estos/as últimos/as puede que les guste simplemente conocer el resultado de las reuniones cuando estas terminen.

Determinar quién representará a las partes

Los equipos jurídicos de todas las partes deben reflexionar concienzudamente sobre la persona cuya participación haga que la negociación avance. Un/a responsable financiero puede ayudar a las partes a comprender cómo estructurar los acuerdos económicos y el impacto en los presupuestos anuales de las medidas cautelares que pueda imponer un juez. La portavocía del departamento de formación puede proporcionar información valiosa acerca de si mejorar la formación del personal es un resultado deseado. Y un/a proveedor/a externo/a puede aportar información muy útil; a través de llamadas telefónicas en lugar de citaciones, terceras partes pueden ser atraídas fácilmente a la mesa de Negociación Estructurada. Si bien cada parte puede decidir a quién llevar a una reunión, en una atmósfera de colaboración, las sugerencias de todo el mundo son en general apreciadas y tomadas en cuenta.

Redactar una agenda y estar dispuesto a cambiarla.

Una agenda preparada por cualquiera de las partes es útil para lograr una reunión productiva, pero no debe ser inamovible. Siempre envío una agenda en forma de borrador, de modo que mis colegas comprenden que su contenido es una decisión conjunta.

Intercambiar documentos.

Considere qué documentos harán que la reunión sea más constructiva y organice la manera de intercambiarlos previamente a que ésta se celebre. El documento de reglas básicas protegerá la confidencialidad de dichos materiales, pero si fuera preciso un acuerdo de confidencialidad adicional, se puede elaborar.

Forme a los clientes en colaboración.

Antes de cada reunión a la que asiste mi clientela, comentamos los objetivos de la misma. Independientemente del caso, siempre hay un mismo mensaje: "Estamos tratando de construir una relación con todas y cada una de las personas de la mesa de negociación", digo. "En esta reunión no se trata de tener razón o no, señalar con el dedo o establecer un culpable". Por el contrario, buscamos construir una relación que impulse a las partes negociadoras a querer resolver las reclamaciones pendientes sin acudir a los tribunales. Cuando mi clientela no asiste, me recuerdo a mí misma este mensaje.

Dejar que los/as profesionales de la abogacía pasen a un segundo plano.

Cuando los/as clientes están presentes, los equipos jurídicos deben pasar a un segundo plano en la medida de lo posible. El solicitante Brian Charlson explica cómo esta estrategia funcionó durante la negociación sobre accesibilidad digital de las Grandes Ligas de Baseball. "Usted y Linda Dardarian actuaron como facilitadoras" dice Charlson:

> Una vez que nos pusieron en contacto con las Grandes Ligas de Baseball, sentí que respetaban mi experiencia como usuario y mi conocimiento técnico. Fuimos valiosos con ese doble perfil, y desde la primera conversación, la empresa se centró en averiguar "cómo podemos hacer esto" en lugar de "cómo podemos evitar hacer esto".

Cuando los equipos jurídicos dan un paso atrás, la clientela se involucra más. "Nuestras reuniones con San Francisco tuvieron un ambiente donde se percibía el ánimo de "¿qué podemos hacer para resolver esto?" dice la exdirectora de LightHouse, Anita Aaron, sobre la Negociación Estructurada relacionada con la seguridad para peatones. A Aaron le gustaba "estar en la mesa" en esas reuniones y sentía que la Negociación Estructurada era algo "más que abogados en una habitación". Según Aaron, todos en la negociación sintieron que "probablemente desearían continuar relacionándose cuando terminaran las reuniones".

El abogado jurista de Boston, Dan Manning, representó al Centro de Vida Independiente de Boston (BCIL) en fructíferas Negociaciones Estructuradas con varios grandes hospitales de Boston. En un caso, organizó una reunión solo con clientela, para que los médicos del hospital pudieran escuchar directamente las historias de los/as solicitantes. Manning pensó que los médicos serían más receptivos a las historias sobre falta de accesibilidad de equipamiento para usuarios de sillas de ruedas, el trato de inferioridad que recibían y la falta de respeto hacia pacientes con discapacidad si los equipos jurídicos no estaban presentes. Aconsejó a los participantes de BCIL que compartieran sus experiencias sin enfado ni culpa.

"¿Alguna vez habrías hecho eso en una demanda?" Le pregunté a Manning. "Por supuesto que no", dijo. "Pero esa reunión ayudó a establecer el estilo de toda la negociación. Fue una verdadera epifanía para esos médicos escuchar a sus pacientes en el marco de una reunión de negociación estructurada".

Estoy a favor del enfoque de Manning. Especialmente en casos sobre tecnologías en evolución, los equipos jurídicos pueden reducir la creatividad, y desviar el enfoque de la innovación a resultados limitados por el deseo de evitar el riesgo. En la Negociación Estructurada, los equipos jurídicos deben pensar de manera innovadora sobre el papel que desempeñamos. Necesitamos contenernos cuando nos situamos en el centro del escenario en detrimento de las voces de nuestra clientela.

Una reunión de Negociación Estructurada no es una declaración.

Aunque no he tomado ni defendido una declaración desde hace más de 20 años, las recuerdo bien. Cuando mis clientes/as debían declarar, pasábamos horas preparándoles. "Su historia es un rompecabezas", diría. "No suelte una sola pieza a menos que el/la abogado/a que toma su declaración lo solicite específicamente. Compartir información no es de nuestro interés". Entraría en la sala de declaraciones temiendo que mi cliente/a dijese algo incorrecto. Los clientes/as siempre quieren contar su historia en un estilo de conversación, pero con demasiada frecuencia es importante que no lo hagan.

Todo aquello fue estresante tanto para mis clientes como para mí. Damian Pickering ha sido demandante, en un procedimiento judicial y solicitante, en una Negociación Estructurada. "Pasar por una declaración puede ser bastante intimidatorio", dice, "y no a todos les va bien ese entorno". La Negociación Estructurada es muy diferente". Pickering hace una buena pregunta: "¿Por qué es preciso que tu persona sea socavada y atacada solo porque estás tratando de hacer valer tus derechos? Puede ser muy agotador".

La inclinación natural de la clientela a contar toda la historia puede resultar una estrategia incorrecta en un litigio. Pero en la Negociación Estructurada hay espacio para la historia. Mucho antes de que Linda Dardarian y yo desarrolláramos la Negociación Estructurada como una forma de practicar el Derecho, un amigo abogado comentó: "Una declaración es el camino al infierno de una conversación". La Negociación Estructurada se basa en conversaciones. Una reunión durante la negociación con Charles Schwab resulta un buen ejemplo.

La inversora ciega Kit Lau asistió a la reunión con su ordenador portátil equipado con software de conversación y un dispositivo que convierte el contenido de la pantalla en braille. Se instalaron una pantalla y altavoces para que los demás en la sala (para todos los demás menos Lau) pudieran seguirla. Lau redujo la velocidad de su software de conversación para que pudiéramos entenderlo, y todos aprendimos unos de otros. Para muchos de los desarrolladores web presentes en la sala, fue la primera vez que vieron su trabajo en manos de un usuario web ciego.

Los miembros del equipo de Schwab, que probablemente no hubieran estado presentes si Lau hubiera prestado declaración en un juzgado, mostraron un interés auténtico en la forma en cómo Lau navegó por la web. Como cliente que desde hacía mucho tiempo acudía a la web casi a diario, respondió con franqueza a sus preguntas. La conversación no estaba impregnada de la tensión de una sala de declaraciones porque Kit Lau no era una declarante; era una clienta fiel con problemas reales que necesitaban soluciones, y Charles Schwab era una empresa que deseaba satisfacer las necesidades de sus clienta.

Mantener una actitud de colaboración.

Una actitud de colaboración hace posible reuniones productivas. El ingrediente ineludible para que una reunión resulte fructífera es tener mentalidad de Negociación Estructurada (ver capítulo 16). Los equipos jurídicos y clientela deben practicar la paciencia, no hacer suposiciones y confiar en que las reclamaciones se resolverán en un proceso alternativo. Para lograr resultados sin fases de pruebas, procedimientos procesales o decisiones dictadas por terceros, se debe confiar y ser confiable. Todos alrededor de la mesa deben acercarse a cada reunión con el deseo de encontrar un terreno común de negociación y con el compromiso de resolver los conflictos sin confrontaciones.

CAPÍTULO 8

El papel de la pericial en la Negociación Estructurada

"En los litigios, la parte que me contrata lo hace para ganar. En Negociación Estructurada, me contratan para encontrar una solución que satisfaga a todos".

—Dr. Gregg Vanderheiden, experto en tecnología-

El sistema judicial está quebrantado y resulta difícil contratar peritos/as. La oposición formal a la peritación, conocida como *desafío Daubert*, consume muchos recursos. Los cursos de formación jurídica continua enseñan a la abogacía a atacar la pericial de la parte oponente en base a la ciencia, la integridad, la cualificación y el rigor. Cada vez con más frecuencia ganar la batalla de las periciales es la clave para ganar un juicio. Tomiyo Stoner, abogada de la parte demandante de California, me expresó hace poco su creciente frustración con la profesión. «Contrato excelentes profesionales", dice ella. "Pero la otra parte no los escucha porque son propuestos por mí".

Yo me comprometí a encontrar una forma diferente de incorporar la peritación en la resolución de conflictos hace dos décadas. En la década de 1990, fui la principal abogada de usuarios/as en silla de ruedas que demandaban a Shell y Chevron. Los casos se centraban en la falta de estaciones de servicio accesibles para sillas de ruedas. En un presagio sobre la Negociación Estructurada, las partes resolvieron los casos antes de presentar demandas y de buscar conjuntamente la ratificación judicial de los acuerdos.

Los casos de Shell y Chevron comenzaron con una carta en lugar de una demanda y omitimos la fase judicial de pruebas. Pero el asunto de las periciales se trató de manera tradicional. Nosotras teníamos la nuestra y los gigantes del petróleo tenían la suya. Nuestro perito en ambos casos, Jim Terry, de Evan Terry Associates, era muy hábil y conocedor de la nueva Ley sobre Estadounidenses con Discapacidades (ADA). Sus credenciales eran impecables y el Departamento de Justicia de los Estados Unidos lo contrataba a menudo para implantar la aplicación de medidas de la ADA. Pero en la preparación del litigio, Shell y Chevron no podían confiar en su experiencia. Las empresas necesitaban contratar a sus profesionales expertos en ADA. Los costes de peritaje en ambos casos fueron enormemente elevados ya que los/as arquitectos/as de ambas partes pasaron varios años discutiendo sobre las obligaciones de accesibilidad de las dos empresas y buscando soluciones. Si bien el resultado final de los casos fue importante (el acuerdo de Shell mejoró el acceso a 3.840 estaciones en casi 1.800 ciudades de EE. UU.)[26], me convencí de que debía haber una forma más productiva y rentable de aportar pericia en la resolución de conflictos.

En la Negociación Estructurada la hay. El método implica una peritación sin enfrentamientos, gastos innecesarios, tomas de declaraciones o declaraciones juradas. Reconoce la experiencia no sólo de los/as peritos/as tradicionales sino también de la clientela, asesorías y personal proveedor. La forma en que se gestiona el peritación es una razón clave por la cual la Negociación Estructurada resulta una forma rentable de resolver demandas.

Peritación Tradicional

Los/as peritos/as con más experiencia, en sus distintos campos, han contribuido a Negociaciones Estructuradas de éxito. Y no porque el/la profesional de la abogacía ganara una alegación o convenciera al tribunal de la cualificación de la persona experta. El personal técnico compartió conocimiento al sentirse en un ambiente de confianza. Sabían que podían ayudar a las partes a alcanzar un objetivo común.

La experiencia colaborativa se instaló en la Negociación Estructurada cuando preparamos nuestras primeras cartas a los bancos de California en representación de Steven Mendelsohn y de otros/as colegas. En ese momento en ninguna parte del mundo existían cajeros automáticos que una persona ciega pudiera utilizar. Aún así, escribimos con convicción: "actualmente existe tecnología disponible para hacer que los cajeros automáticos puedan ser utilizados de forma autónoma por personas ciegas". Hicimos esta declaración apoyándonos en una sola persona cuya experiencia y conocimientos prácticos le convirtieron en un miembro indispensable de la iniciativa de los cajeros automáticos con voz.

El Dr. Gregg Vanderheiden aportó años de conocimiento en tecnología de asistencia para el desarrollo de cajeros automáticos con voz. "Tienes que hablar con Gregg Vanderheiden", nos dijo Steven Mendelsohn cuando comenzamos a buscar una persona experta. "Él sabe más que nadie sobre tecnología para personas con discapacidad". A todos los que preguntamos nos dieron el mismo consejo: "tienes que llamar a Gregg". En aquel momento no nos dimos cuenta de que este profesor universitario nos ayudaría a forjar una nueva forma de trabajar con profesionales técnicos, que se convertiría en un rasgo esencial de la Negociación Estructurada para resolver demandas legales complejas.

En 1994, el Dr. Vanderheiden fue director del Trace Research& Development Center de la Universidad de Wisconsin Madison y profesor en dos Departamentos de la facultad. Los orígenes del centro se remontan a 1971, cuando Vanderheiden se unió a un grupo de estudiantes universitarios para construir un sistema de comunicación electrónica para una estudiante de una escuela pública local con parálisis cerebral. El sistema permitió a la alumna participar más activamente en su trabajo escolar y con sus compañeros/as de clase. El Dr. Vanderheiden dedicó su esfuerzo a hacer que la tecnología pudiera ayudar a las personas con discapacidad.

Mientras nos preparábamos para escribir lo que fueron las primeras cartas de presentación de Negociación Estructurada, el Trace

Center se vio inmerso en varios proyectos que potencialmente se podrían aplicar en los cajeros automáticos accesibles que nuestros/as clientes buscaban. Vanderheiden conocía detalles de hardware y software que hacían la tecnología accesible a todas las personas. Unos años antes de conocerle, Gregg Vanderheiden ya había construido quioscos interactivos accesibles en el Estado de Minnesota con servicio de voz, precisamente lo que necesitábamos que hicieran los cajeros automáticos.

Cuando el Dr. Vanderheiden se reunió con nuestro equipo legal, trajo una maqueta de cartón de un cajero automático, confiando en que se pudieran construir dispositivos accesibles. Nuestras cartas al Bank of America, Wells Fargo y Citibank estaban repletas de análisis legales, amenazas entre líneas y un equipo impresionante de profesionales de la abogacía. Y estaban impregnadas de la confianza de Gregg Vanderheiden.

Más tarde, después de que los bancos acordaran trabajar con nuestro equipo, Gregg Vanderheiden se unió a nuestra clientela en las visitas a los laboratorios de fabricación de cajeros automáticos por todo el país. También mantuvo conversaciones con equipos de desarrollo de tecnología bancaria. Linda Dardarian y yo no siempre estábamos presentes en esas convocatorias. Pero no temíamos lo que nuestro equipo experto pudiera decir, sabíamos que la información, especialmente sobre tecnología, fluye más libremente cuando la abogacía no está presente.

Compartir la información de peritos/as es costoso económicamente pero al no presentar una demanda los bancos no tuvieron que tomar declaración al Dr. Vanderheiden para conocer su opinión y no gastaron tiempo y dinero buscando formas de desprestigiarle. Y mi colega y yo no pasamos horas preparando la declaración o redactando su testimonio formal.[27]

————

Además de ser un experto en Negociación Estructurada, Gregg Vanderheiden también ha trabajado como perito en los tribunales. La diferencia que experimenta es simple: "En un litigio, la parte que me contrata lo hace para ganar", dice "En la Negociación Estructurada, me contratan para encontrar una solución que satisfaga a todas las partes".

Beneficios de accesibilidad web: resultado de la experiencia compartida

A fines de la década de 1990, la abogacía comenzó a hablar sobre los obstáculos que le suponía seguir el impresionante ritmo del crecimiento de Internet. Siendo pionera, nuestra clientela con visión reducida disponía de software y hardware que le permitía utilizar ordenadores. Pero la tecnología de accesibilidad no funciona a menos que los sitios web estén diseñados para ser accesibles. "Accesibilidad" significa que el contenido digital, las características y la funcionalidad están disponibles para quien la utiliza, también para quien no puede ver una pantalla, escuchar contenido audible o usar el ratón.[28] Como apuntan las expertas en usabilidad Sarah Horton y Whitney Quesenbery: "cuando disponemos de una web accesible para todo el mundo las personas con diversas habilidades y contextos pueden utilizarla de manera satisfactoria y placentera".[29]

Mientras que la Negociación Estructurada se desarrollaba en los laboratorios de cajeros automáticos de todo el país, quienes defendían a las personas con discapacidad, expertos/as en tecnología, líderes empresariales y personal académico decidían cómo garantizar "una web para todo el mundo". Tim Berners-Lee, inventor de la World Wide Web en 1989, sabía que la respuesta era clave para conseguirlo. En abril de 1997, se estableció la Iniciativa de Accesibilidad Web (WAI). Su objetivo era "promover y lograr la funcionalidad web para personas con discapacidad". La convicción de Berners-Lee en el potencial de la web para eliminar barreras se refleja en las manifestaciones que hizo en la presentación de la WAI: "el poder de la web reside en su universalidad. El acceso de todo el mundo, independientemente de su discapacidad, es un aspecto esencial". Con la ayuda de personal experto/a (incluida nuestra clientela), ese argumento ha sido el núcleo de las dos docenas de acuerdos alcanzados mediante la Negociación Estructurada.

———

En los primeros casos, necesitábamos una persona experta para convencer a los bancos de que comprometerse con garantizar la accesibilidad digital no sólo era lo correcto sino que era factible. Necesitábamos a esa persona para conseguir que las empresas empezaran a trabajar en accesibilidad y no simplemente hablar con ellas. "Tengo a la persona perfecta para ti", dijo Gregg Vanderheiden cuando le pedí que me recomendara a alguien. Y así fue.

En el año 2000, la consultora Shawn Lawton Henry ayudó a las empresas a mejorar la accesibilidad de productos y servicios, especialmente de software y sitios web. Aunque no era ciega, Shawn Henry tenía experiencia técnica y personal con dicha discapacidad. Su pasión por la accesibilidad era contagiosa. Nuestro acuerdo con Bank of America implicaba que la institución financiera contratara a una persona experta que fuera de nuestra aprobación, y le sugerimos a Henry. El banco aceptó nuestra recomendación y Shawn Henry se convirtió en la primera "consultora reconocida mutuamente" en Negociación Estructurada. Este encargo se convirtió en la base fundamental del trabajo de accesibilidad digital en Negociación Estructurada.

Shawn Henry ayudó al equipo de desarrollo de Bank of America a comprender los estándares de accesibilidad y la forma en que las personas con discapacidad navegaban por la web. Años más tarde corroboró que al no demandar al banco, habíamos convertido a un potencial adversario en un socio: "fue una relación muy constructiva" -dijo ella- "el personal del banco estaba abierto al aprendizaje y entusiasmado por integrar la accesibilidad en sus planes de desarrollo".

Shawn Henry también participó en otros casos, reuniéndose con profesionales de la abogacía, asesoría, gerencia y equipos tecnológicos por todo el país. En Carolina del Norte se reunió con el equipo web de First Union sin que hubiera profesionales de la abogacía presentes. No había periciales contrarias, nadie llevaba la etiqueta de "experto en litigios" o "testigo de la defensa". La Negociación Estructurada permitió a Shawn Henry actuar como una experta cualificada que resultó útil para todo el mundo.

Lo mismo sucedió en Chicago. Según la demandante Kelly Pierce, "la evaluación de Shawn Henry de los problemas de accesibilidad convenció al banco de que tenía un problema con una solución claramente definible. Su nivel de profesionalidad y orientación proporcionó al banco confianza para comprometerse con la accesibilidad web". Aunque la perita que nosotras recomendamos se reunía con nuestros/as clientes y con "la otra parte", Linda Dardarian y yo no volamos a Chicago. Shawn Henry ofreció al equipo desarrollador web de los bancos las herramientas -y la pasión- para que el contenido web estuviese disponible para la totalidad de usuarios/as. No requirieron de profesionales de la abogacía.

Equipo pericial en casos del sector público

El enfoque de Negociación Estructurada sobre la pericia funciona bien en casos en los que la Administración interviene. La Dra. Billie Louise (Beezy) Bentzen y Janet Barlow son reconocidas internacionalmente en el ámbito de las Señales Accesibles para Peatones (SAP), que fue el caso de nuestra negociación con la Ciudad y el Condado de San Francisco. Ellas han estudiado y escrito sobre dispositivos peatonales en todo el mundo, trabajaron como expertas en la materia para agencias federales y ayudaron con las instalaciones de SAP en todo el país. En el modelo "una parte contra otra" propio de los litigios, habríamos contratado a Bentzen y Barlow como "nuestras" peritas y San Francisco habría gastado dinero en otros informes periciales. Se habrían escrito informes, tomado declaraciones y formulado alegaciones.

En cambio, Barlow y Bentzen ofrecieron su pericia a todo el mundo. Se reunieron presencialmente con el personal de la ciudad y ofrecieron su total disponibilidad para atender telefónicamente a todas las partes. Al igual que lo habíamos hecho con el sector privado, Linda Dardarian y yo dimos permiso a la parte negociadora de San

Francisco para contactar directamente con Bentzen y Barlow. Sabíamos que no necesitábamos de profesionales de la abogacía para esa relación.

Mientras negociamos las obligaciones de SAP en San Francisco, había dos organismos nacionales analizando los mismos detalles pero ninguno había establecido las normas. En un caso en litigio, se le puede pedir a un tribunal que suspenda el mismo hasta que realmente existan normas adoptadas o que desestime el caso por falta de objeto. Pero la Negociación Estructurada es diferente. Barlow y Bentzen se involucraron tanto en los aspectos normativos como en nuestra negociación. Esto aseguró un novedoso acuerdo que incluía una definición de SAP con nueve pautas, especificaciones técnicas detalladas y una herramienta de datos de última generación para priorizar la instalación de nuevas señales. Con Bentzen y Barlow como peritas de todas las partes, nuestro acuerdo mantuvo el ritmo e incluso superó los estándares de desarrollo de las normativas nacionales30.

Los detalles de nuestro acuerdo fueron producto de horas de conversación entre el equipo pericial, personal negociador de la ciudad y, como se indica más adelante en este capítulo, nuestra clientela. Bentzen conocía la importancia tanto de los detalles como de la colaboración. "Trabajar en equipo es fundamental cuando se trata de SAP porque es un problema de seguridad", dice ella:

> Nuestro nivel de detalle en San Francisco realmente marcó la diferencia en la mejora de las instalaciones. Involucrar a las personas ciegas tal como lo hicimos al elaborar los detalles es la excepción. Lo que se desarrolló en San Francisco es una contribución increíble al esfuerzo nacional para lograr pasos de peatones más seguros.

El Dr. Bentzen aprecia el papel que le permitió la Negociación Estructurada. "El proceso brinda la oportunidad de utilizar peritaciones para encontrar soluciones y no solo para repartir culpas", dice. Durante la negociación de las SAP, Bentzen sintió que "existía un interés real en encontrar un espacio común y una inclinación a escuchar, que marcaban la diferencia". Tom Lakritz, uno de los abogados de la ciudad, también valoró el papel de las periciales: "Los servicios del equipo pericial son caros pero son aún más caros cuando compiten con otros equipos", reconoce. "Evitamos todo eso en la negociación de las SAP".

———

Bentzen y Barlow, Vanderheiden y Henry, fueron bien acogidos en la negociación actuando como un único equipo. A veces, Linda Dardarian y yo les retribuíamos y luego solicitábamos el reembolso según los honorarios permitidos. Otras veces, recomendábamos que la otra parte de Negociación Estructurada contratase la pericial directamente. En todo caso, sin dos periciales diferentes y sin desacuerdos, los costes resultaban una fracción de lo que hubiera sido en un litigio. Y lo más importante era buscar la solución en lugar de arruinar la pericial de la otra parte. El ambiente lleno de conflictos que se crea en los tribunales en torno a periciales no existía.

Intervención de consultorías y empresas proveedoras

A menudo, las partes negociadoras necesitan personal experto cualificado para ayudarles a encontrar o implementar una solución. Así mismo, quien presta un servicio es clave para lograr el resultado deseado. En la Negociación Estructurada no ocultamos información. No esperamos a disponer de un acuerdo para proponer personal experto que pueda ayudar a resolver las demandas de nuestros/as clientes.

En las cartas de presentación que enviamos a los despachos farmacéuticos de recetas incluimos nombres de posibles empresas proveedoras que podían suministrar sistemas de recetas accesibles. Cuando escribimos a American Express sobre extractos de tarjetas de crédito, identificamos empresas proveedoras que proporcionaban braille. Después de nuestros tres primeros acuerdos sobre cajeros automáticos con servicio de voz, nuestras cartas a otras instituciones financieras incluyeron información sobre fabricantes de cajeros automáticos que venden equipos accesibles.

También realizamos recomendaciones de empresas proveedoras y de consultoría una vez que se inicia una negociación. Es conveniente recomendar a tres si es posible. Sin importar lo grande que sean, si son públicas o privadas, con fines de lucro o sin fines de lucro, las organizaciones deben sentir que controlan sus procesos comerciales. Es más probable que las organizaciones escuchen a una consultoría después de entrevistar a varias y escoger la mejor opción. Por lo general, las partes seleccionan una de las consultorías que recomendamos. Si prefieren a otra, hacemos una evaluación de buena fe de esa aceptándola si es adecuada. En caso contrario, le pedimos a la entidad que seleccione otra y explicamos con datos (evitando una posición de confrontación) el motivo de ello.

Siempre he podido llegar a un acuerdo con las partes negociadoras sobre las consultorías y empresas proveedoras apropiadas. Éstas pueden ser contratadas antes o después de que se formalice un acuerdo. Ya sea durante las negociaciones o en la etapa de verificación, aportar pericia a través de consultorías y empresas proveedoras mutuamente reconocidas fomenta la consecución de los objetivos de la clientela y fortalece el marco colaborativo de la Negociación Estructurada.

Partes que integran el equipo de expertos

Antes de comenzar a practicar la Negociación Estructurada perdí el único caso de derechos sobre discapacidad que llevé ante un jurado. Uno de los dos demandantes era un consultor profesional de ADA y un usuario en silla de ruedas. Había tenido una experiencia personal en la que se le había negado el acceso a una instalación pública de esparcimiento debido a la existencia de barreras de accesibilidad. Había sufrido la vivencia de la exclusión y tenía capacitación profesional para describir técnicamente los obstáculos y ofrecer soluciones. Intentando que los costes fueran asequibles para mi organización sin ánimo de lucro, decidí que el propio demandante debería ser el perito.

Fue un gran error. El jurado no confió en un perito que había presentado la demanda. La Negociación Estructurada es diferente. Las partes resuelven problemas entre sí, en lugar de hacerlo a través de un tercero, lo que permite papeles más relajados. Las partes solicitantes, personas físicas o representantes de una organización, pueden compartir su experiencia incluso cuando describen experiencias personales subyacentes a demandas legales.

En temas de derechos sobre discapacidad esto es realmente importante, ya que las personas con discapacidad resultan ser a menudo las mejores expertas en ofrecer soluciones para eliminar las barreras sociales y tecnológicas. La activista de Chicago Kelly Pierce resume su papel durante las negociaciones sobre cajeros automáticos con servicio de voz, secundando las experiencias de gran número de demandantes, "No era sólo una persona con discapacidad en un laboratorio de cajeros con servicio de voz", dice, "Y no era sólo un cliente de un banco con una petición. Era alguien con experiencia de quien el banco estaba ansioso por aprender".

Amy Peterson y Barry Taylor, profesionales de la abogacía de la organización sin ánimo de lucro Equip for Equality de Chicago, presentan demandas judiciales sobre derechos de discapacidad. Durante su primera Negociación Estructurada, se impresionaron con el papel que desempeñaban sus clientes/as: "Las personas con discapacidad pudieron compartir su experiencia y ese conocimiento se convirtió en parte del trabajo preliminar que condujo a la resolución de las demandas", dice Peterson. "En lugar de hablar sobre la discriminación que sentían, que es lo que suele hacer nuestra clientela, se convirtieron en parte de la solución".

Mis clientes/as valoran poder compartir su experiencia. Durante la negociación con la ciudad y el condado de San Francisco sobre seguridad de los peatones, Anita Aaron no solo fue directora de la organización solicitante San Francisco LightHouse for the Blind, también estaba llevando a cabo un máster en administración pública, escribiendo su tesis sobre señales peatonales accesibles. Y Eugene Lozano, Jr., voluntario principal del Consejo de Ciegos de California en la negociación, había pasado más de 25 años prestando servicios en comités locales, estatales y nacionales sobre seguridad peatonal. Ese servicio público aumentó su conocimiento técnico sobre SAP, lo que resultó de un valor inestimable durante la negociación.

Lozano utilizaba un bastón para invidentes para su movilidad y no podía ver el texto "Pase/No pase" en una señal estándar. Cuando era un adolescente, Lozano fue atropellado por un automóvil lo que fomentó su predilección personal por las SAP. "Con una señal accesible", dice, "sé cuándo puedo cruzar. Y si me desvío un poco del rumbo, puedo escuchar el tono del localizador en el otro extremo de la intersección. Me siento más seguro y más autónomo». Lozano se alegró de formar parte del equipo de personal experto durante la negociación donde su experiencia personal sobre cruces peligrosos complementó su conocimiento técnico. Tanto él como Aaron formaron parte del equipo profesional mientras elaboramos los detalles del primer programa SAP de la ciudad.

¿Qué pasa si una negociación se desmorona?

Bastantes profesionales de la abogacía pueden dudar en "compartir" en los equipos periciales en un proceso de resolución de conflictos fuera de las reglas de un juicio. "¿Qué pasa si la negociación se desmorona?", se preguntan, "¿Cómo voy a demandar/defender mi caso si he "regalado" todas mis herramientas incluida la pericia en la que me apoyo?" En 20 años de práctica de Negociación Estructurada, ningún caso se ha derrumbado lo suficiente como para traer nuevas periciales. Aún así, ante la costumbre del "qué pasaría si", profesionales de la abogacía pueden necesitar un mecanismo de protección antes de compartir sus periciales.

Linda Dardarian y yo desarrollamos uno en el único caso en el que tuvimos que presentar una demanda después de enviar una carta de presentación de Negociación Estructurada. El abogado de JetBlue

Airways rechazó nuestra oferta de negociar sobre la inaccesibilidad de su sitio web y de los quioscos interactivos de las líneas aéreas. Una ley, aplicable sólo a las aerolíneas, dictaminaba todas las cuestiones del caso y no pudimos persuadir ni modificar la negativa de JetBlue a negociar. Aunque presentamos la demanda, no dejamos de tratar de negociar una solución.

JetBlue cambió de profesionales de la abogacía y el nuevo equipo acordó tratar de resolver el caso. Finalmente, no pudimos llegar a un acuerdo pero durante muchos meses progresamos considerablemente en la mesa de negociaciones.

Tan pronto como Linda Dardarian y yo nos percatamos de la obligación de acudir al juzgado, contratamos al mejor equipo pericial de la industria. Una vez que volvimos a la mesa de negociaciones, queríamos que JetBlue se beneficiara de las habilidades y el conocimiento de ese equipo. Pero nos encontrábamos en medio de un litigio sin saber si la negociación tendría éxito. Necesitábamos proteger nuestro derecho a utilizar ese equipo si la negociación se desmoronaba. Para cumplir con ese objetivo, las partes redactamos un "Acuerdo de blindaje de equipos periciales" antes de permitir que JetBlue contratase al nuestro.

> En caso de que en cualquier momento, las negociaciones de acuerdo de las partes lleguen a un punto muerto, bien durante la tramitación de las auditorías de accesibilidad o después de completarlas, las partes demandantes tendrán derecho a volver a contratar al [equipo pericial 1] y al [equipo pericial 2] a fin de que lleve a cabo sus periciales en accesibilidad web y problemas de accesibilidad de quioscos interactivos En este sentido, JetBlue renuncia expresamente a plantear cualquier conflicto de intereses, expreso o implícito, que pueda surgir si los [equipo pericial 1] y [equipo pericial 2], durante el período en que son contratados, se comunican libremente con las partes demandantes al respecto de cualquier asunto relevante para la accesibilidad de la web de JetBlue y los quioscos interactivos para personas con discapacidad visual, incluyendo información confidencial que

[el equipo pericial 1] y [equipo pericial 2] obtuvieran durante su contrato por JetBlue.

Necesitábamos este lenguaje porque estábamos negociando durante el litigio. En más de 60 casos de Negociación Estructurada fuera de los tribunales nunca le he pedido a otra parte negociadora este tipo de claúsula. Nunca he sentido que la necesitara y no me gustaba hacer referencia a la posibilidad de llegar a un punto muerto. Aún así, quien pudiera estar preocupado en "qué pasaría si", podría utilizar una cláusula similar al usado en el caso JetBlue durante una Negociación Estructurada. Si un mecanismo de protección hace que sea más fácil compartir experiencia sin enfrentamientos, declaraciones juradas, testimonios extenuantes y costes excesivos, la Negociación Estructurada podría incluir un documento de blindaje de equipos periciales.

Avanzando en las negociaciones

CAPÍTULO 9

Superar obstáculos durante la negociación

"Miedo a tomar decisiones, miedo a crear una situación más peligrosa, incluso miedo a que a otras personas ciegas no les guste la solución. La Negociación Estructurada nos permitió superar las reticencias de la Administración local a tratar con nuestro colectivo".

—Jeff Thom, solicitante de Negociación Estructurada

Una Negociación Estructurada se puede atascar. Aunque las partes hayan firmado el documento de reglas básicas y hayan comenzado a compartir hechos y equipos periciales, pueden tener perspectivas radicalmente diferentes sobre cómo resolver las demandas. Puede llegar un momento en que el ritmo del progreso parezca lento y clientela y profesionales de la abogacía se sientan desanimados con el proceso.

Ese sentimiento de frustración contagió nuestra primera Negociación Estructurada y casi frustra el desarrollo de un nuevo sistema de resolución de conflictos. En un momento difícil durante nuestras primeras negociaciones sobre cajeros automáticos con voz, nuestro compromiso de evitar pleitos flaqueó. Un abogado de la oficina de Linda Dardarian escribió esta nota al equipo: "la forma más productiva de prepararnos para futuras negociaciones, si se dan, es preparar e interponer una demanda y aportar pruebas lo antes posible. No creo que el banco nos tome en serio hasta entonces ". El resto del equipo no estaba de acuerdo. El bloqueo de la negociación finalmente desapareció y la Negociación Estructurada siguió avanzando.

En los momentos de frustración es bueno recordar porqué se eligió la Negociación Estructurada como método para resolver el conflicto y repasar la lista de verificación del capítulo 4 con la clientela para recordar a todos el proceso inicial de toma de decisiones. Puede resultar tentador pensar que al presentar un asunto ante el tribunal se resolverá más rápidamente. ¿Pero, será así? Los procedimientos judiciales están plagados de retrasos y bloqueos y la resolución final puede llevar años. La frustración por los retrasos en la Negociación Estructurada se puede disipar realizando una valoración realista de lo que pudiese haber sucedido si se hubiera presentado una demanda. Se debe hacer una estimación realista del tiempo, el dinero y la pérdida de control que implica abandonar este proceso alternativo.

Pero no es suficiente con revisar las razones de elegir la Negociación Estructurada o especular sobre lo que podría suceder si se hubiera llevado el caso a los tribunales. Se necesitan estrategias para deshacer los bloqueos y avanzar en la negociación. Este capítulo ofrece dos enfoques que han sido útiles en una cantidad de casos para ello:

- Desmontar prejuicios equivocados

- Dar pasos hacia objetivos mayores

Estas estrategias han permitido avanzar en negociaciones independientemente de la naturaleza del bloqueo o de la intransigencia de las partes negociadoras. Cada opción exige que clientela y profesionales de la abogacía practiquen el arte de la colaboración: escuchar detenidamente; no llegar a conclusiones; evitar reacciones hostiles cuando el análisis de otra parte negociadora parezca infundado.

Es importante tener en cuenta estas técnicas siempre que haya parones en el proceso o utilizarlas de manera proactiva antes de que el progreso se frene. Cada interacción en la Negociación Estructurada, ya sea para recopilar información, buscar soluciones o redactar el acuerdo, ofrece la oportunidad de elegir estrategias que conduzcan a un acuerdo que resuelva el asunto. En un caso ante los tribunales, las partes generalmente recopilan información al principio y las negociaciones para resolver el asunto se dan más tarde (31). Pero en la Negociación Estructurada no hay una línea clara entre uno u otro aspecto de la resolución del caso. Aunque haya un momento en que se intercambien propuestas y comience la discusión formal sobre los términos del acuerdo -ver capítulo 12- es importante valorar cada interacción como parte de la negociación. Las herramientas que aquí se presentan ayudarán a asegurar que esas interacciones favorezcan el avance del proceso.

Desmantelar suposiciones que impiden avanzar

Cada vez que haya una situación de bloqueo conviene revisar si todas las partes que están negociando tienen el mismo punto de vista respecto de los hechos. Sin juzgar, es preciso confirmar cómo las otras ven el caso y detectar si existen suposiciones infundadas. Las primeras reuniones de Negociación Estructurada deben verificar que todas las partes reconocen tanto el problema que llevó a las demandantes a un proceso judicial como a identificar los impedimentos razonables que puedan existir para entregar la indemnización solicitada.

El plástico endeble no protege la privacidad financiera

A principios del siglo XXI, los mayores comerciantes del país comenzaron a lanzar nuevos terminales de punto de venta (TPV) diseñados para capturar firmas en una pantalla plana. Los dispositivos incluían un teclado virtual visualizado en las nuevas pantallas, un teclado que las personas con visión reducida no podían ver. Al no poder introducir su PIN en la pantalla, la privacidad y la seguridad se veían comprometidas en cada transacción.

En nombre del American Council of the Blind (ACB), su filial de California y la American Foundation for the Blind (AFB), Linda Dardarian y yo iniciamos Negociaciones Estructuradas con una docena de comercios, incluidos CVS, Target, Best Buy y Walmart sobre los nuevos dispositivos. Cada empresa firmó un documento de reglas básicas de Negociación Estructurada pero, de inmediato, encontramos un obstáculo en muchas de las negociaciones. Alguna de las partes negociadoras creía que ya tenía una solución. Nuestra primera tarea fue convencerla de que abandonase esa idea.

La respuesta de las empresas ante los dispositivos de pantalla plana no accesibles que inundaron el comercio a principios del nuevo siglo resultó ser una endeble lámina de plástico que costaba menos de 25 céntimos. Grabada en relieve con un contorno resaltando un teclado numérico fue diseñada para colocarla sobre la pantalla plana del dispositivo encima del teclado virtual que las personas con visión reducida no podían ver. Supuestamente, al presionar una tecla delineada en la lámina de plástico se activaría la tecla correspondiente en el teclado virtual. Al igual que toda la tecnología diseñada sin contar con sus posibles usuarios/as, no funcionó.

A veces, la película de plástico se desplazaba y el número en relieve no se correspondía con el número en el teclado virtual. Otras veces, sólo con colocar el plástico en el dispositivo se activaban aleatoriamente teclas. La supuesta solución provocaba fallos constantemente, algo que demostramos no con informes legales sino mostrando a las empresas lo que sucedía al utilizarlo.

Margie Donovan fue una de las voluntarias solicitantes. "Tuvimos que demostrarles que no funcionaba", manifestó, "No se lo contamos, se lo enseñamos":

Nos pidieron que intentáramos hacer que funcionara. Lo intentamos de la mejor manera posible y la empresa constató la ineficacia. El personal de la empresa tuvo paciencia y finalmente comprendió que la lámina de plástico simplemente no funcionaba. Fue una reunión extremadamente fructífera. Sabíamos que no funcionaba pero fue mucho más valioso mostrarlo. Aprendimos a no decir nada y demostrar con hechos.

Leslie Thom se ofreció como voluntaria en una reunión con una empresa diferente que inicialmente estaba muy motivada con la endeble lámina de plástico. En una reunión diferente a una declaración formal, Thom sintió que quienes representaban a la empresa "le escuchaban" cuando ella expresaba su frustración con la lámina de plástico. "Me resultó estresante porque pensé que era mi culpa. Me preguntaba: ¿Por qué no lo consigo? De pronto, después de ver cómo me esforzaba, el gerente de la empresa lo comprendió" (32).

En lugar de simplemente decir a la empresa que estaba equivocada o pedirle a un tribunal que se lo dijera, tomamos en serio la confianza que ellos tenían en las láminas de plástico. Antes de cada reunión, Linda y yo nos recordábamos y recordábamos a la clientela las herramientas de colaboración necesarias para evitar ideas preconcebidas sobre una supuesta solución:

- Recordar que las partes pueden estar sentadas en cualquier lugar de la mesa de negociación. Profesionales de la abogacía no sólo deben hablar con sus colegas. El personal empleado de comercios que llevó a cabo las transacciones de TPV con nuestra clientela se convirtió en nuestro aliado tácito: no quería tener clientela frustrada y podía ver que ésta lo estaba

- Escuchar atentamente. Asumir que las palabras de quienes representan a la empresa son sinceras, sin posturas estudiadas

- Mostrar siempre es mejor que contar. Explicar, con calma, siempre es mejor que discutir.

Reunión tras reunión, la empresa constató el fracaso del plástico endeble. La Negociación Estructurada creó un ambiente en el que las partes no tenían que justificar sus decisiones para comprar plásticos inservibles. El proceso desmanteló las suposiciones previas y la empresa pudo centrarse en buscar soluciones reales que ofrecieran la introducción del PIN de forma privada y autónoma para todo el mundo.

Una vez que se rechazó el plástico, hubo reuniones informales de seguimiento en comercios, bufetes y salas de convenciones. Nos reunimos alrededor de un dispositivo TPV instalado en una sala de descanso, sin ventanas, en una tienda de Kentucky Dollar General, repleta de artículos de saldo. Evaluamos máquinas CVS en tiendas de California y Massachusetts y en un edificio de oficinas ubicado en un centro comercial del Norte de California.

La atención se centró en la resolución de problemas porque los comercios no se vieron obligados a defender el *status quo*. En una demanda, cada empresa podría haber argumentado que no estaba obligada por ley a realizar cambios en los puntos de venta, o que ninguna Administración había adoptado normativa técnica alguna. Tal vez hubiera insistido en que el suministro de las cubiertas de plástico cumplía con su obligación legal y nos hubiera obligado a contratar periciales para refutar esa idea. O tal vez habríamos escrito informes sobre la postura de la organización. Pero no hubo oportunidad para oponerse legalmente al cambio. La Negociación Estructurada no fomenta defensas procesales o argumentos técnicos. En cambio, fomenta la participación de todas las partes en la búsqueda de soluciones, no en la batalla.

Bob Hachey, un abogado de Massachusetts, se sintió seguro en la reunión sobre TPV a la que asistió: "Estaba encantado de visitar la sede corporativa de Staples y dar mi opinión sobre lo que iban a hacer. Fue muy divertido y la gente de la empresa estaba realmente interesada". Pam Hill-Metz, que perdió la visión siendo adulta, participó en una reunión de TPV en el Sur de California: "Me gustaba comprar antes de ser ciega y me gusta comprar ahora que soy ciega", dijo a quienes representaban a la empresa que comprendieron el mensaje. "Pensaron que siempre nos acompaña alguien que ve", dice Hill-Metz, "y fueron mucho más receptivos/as una vez que se dieron cuenta de que no era así".

"Nos divertimos en la reunión sobre TPV", dice Vita Zavoli, un profesor de tecnología y participante voluntario en una negociación con Rite Aid. "Compramos artículos pequeños para poder probar los dispositivos y luego nos encontramos con representantes que vinieron de fuera de la ciudad. Se mostraron con una gran disposición a escuchar nuestras opiniones y nos hablaron directamente, no sólo lo hicieron con profesionales de la abogacía, lo que dice mucho de estas personas. Es muy común que el personal empleado de las tiendas hable con la persona que ve y me acompaña, suponiendo que esa persona es mi cuidadora o asistente. De alguna manera, la gente asume que te están cuidando.

Una a una, las sesiones para dar opiniones convencieron a representantes de comercios de que la clientela necesitaba teclas reales que pudiera sentir. Con el compromiso inicial de Walmart (ver capítulo 3) y el impulso de una nueva ley en California promovida por la Federación Nacional de Personas con Visión Reducida, las principales empresas vendedoras de TPV comenzaron a ofrecer soluciones y crear un mercado para nuevos dispositivos. Después de reunirse con clientela con visión reducida, cada comerciante seleccionó la solución que mejor se adaptaba a sus necesidades, y Linda y yo comenzamos a redactar acuerdos. Es posible que esto nunca hubiera sucedido si no hubiéramos descartado las suposiciones de las comercializadoras acerca de la ineficaz cubierta de plástico.

Las etiquetas Braille no hacen que un cajero automático sea accesible

Un trozo de plástico también tuvo un papel relevante en nuestras primeras negociaciones sobre cajeros automáticos con voz. Poco después de la aprobación de la Ley sobre Estadounidenses con Discapacidad (ADA), el sector bancario y proveedores/as de cajeros automáticos determinaron, sin contar con la comunidad de visión reducida, que las etiquetas de plástico en braille pegadas a los cajeros automáticos los transformarían en dispositivos que estas personas podrían usar. El plástico en relieve tenía un número 900 gratuito, identificaba las partes de la máquina e intentaba proporcionar instrucciones limitadas. Pero las etiquetas braille no podían ayudar a las personas con visión reducida a utilizar una máquina interactiva. Para Lillian Scaife, una defensora ciega y lectora de braille del sur de California, los bancos "pusieron braille en las máquinas pero no te decían qué hacer cuando cambiaban las pantallas. Básicamente, el braille era inútil".

¿Hasta qué punto era inútil? A mediados de la década de 1990, muchos cajeros automáticos en Berkeley, California, mostraban el mensaje de un cliente frustrado: "No confíes en el Braille" decía el mensaje estampado como protesta pública del doctor Joshua Miele, inventor y activista de Bay Area que se quedó ciego en la infancia. Miele era estudiante de doctorado en la Universidad de California Berkeley cuando se puso en marcha la iniciativa sobre banca accesible. Su disgusto por la decisión de los bancos de poner inútiles etiquetas braille en cajeros automáticos le llevó a realizar un sello de goma y estampar de forma furtiva su mensaje rojo brillante en el centro de las pantallas de los cajeros automáticos. Nuestras conversaciones con varios bancos sobre los cajeros automáticos con voz comenzaron formalmente justo después de que las instituciones se convencieran, al igual que Miele, de que las etiquetas braille no eran efectivas.

Averiguar cómo mejorar las pegatinas en braille de los bancos me enseñó una importante lección sobre cómo resolver problemas sin un litigio. La primera tarea es asegurarse de que las partes negociadoras entiendan los problemas que afronta la clientela. En las Negociaciones Estructuradas de cajeros automáticos con voz eso significaba convencer al sector bancario de porqué las supuestas soluciones braille no eran soluciones en absoluto. Así que hicimos que este sector observara cómo nuestra clientela intentaba utilizar un cajero automático con etiquetas braille y sin función de voz.

"En el momento en que el personal del banco me vio lidiar con un cajero automático sentí que querían trabajar conjuntamente", dice Kathy Martínez, una de las primeras solicitantes de cajeros automáticos accesibles. "Personalizar la situación realmente marcó la diferencia. La gente se volvió más amable y suavizó su postura intentando encontrar una solución". Y en Massachusetts, el talante de la negociación cambió en cuanto el sector bancario vio al demandante Kim Charlson intentar usar un cajero automático no accesible. Charlson era un líder mundial en el ámbito de la discapacidad visual que, como Martínez, viajaba con frecuencia al extranjero. Una vez que el sector bancario desechó las ideas preconcebidas sobre las etiquetas en braille, se comprometió a encontrar una solución que permitiera a Charlson acceder a su propio dinero.

La magia de una tarjeta bancaria

Los cajeros automáticos con voz solicitados en nuestros primeros acuerdos funcionaron bien. Sin embargo, en negociaciones posteriores, algunos bancos aportaron otras ideas sobre cómo hacer accesibles los cajeros automáticos. Aunque al principio dudamos de su valor, la Negociación Estructurada nos proporcionó las herramientas para valorar seriamente esas alternativas. No las descartamos de entrada como podríamos haber hecho en un litigio. En cambio, instamos a nuestra clientela a que probara de buena fe las soluciones propuestas. La tarjeta de cajero automático de $40 es un ejemplo.

En lugar de construir un cajero automático con voz interactivo, una de las partes en la negociación propuso una sugerencia novedosa. Propuso dar a las personas con visión reducida una tarjeta única que, cuando se insertara en un cajero automático, hiciera que la máquina dispensara $40. El banco creó un prototipo de la tarjeta y una máquina especialmente programada para que fueran probadas en un laboratorio. La reunión se organizó fácilmente, no hubo necesidad de petición de pruebas ni intervención judicial.

La tarjeta funcionó pero ¿fue una solución? Para nuestra clientela con visión reducida las limitaciones eran obvias: ¿Qué sucede si una persona desea retirar más (o menos) de $40 o revisar el saldo de una cuenta?; ¿Qué pasa si no tenía la tarjeta especial? Como la mayoría de las "soluciones" unilaterales, la tarjeta mágica de $40 no era una excepción.

En un contexto de confrontación, hubiéramos rechazado la tarjeta en un escueto correo electrónico o en una tediosa sesión informativa. Quizás, alguien hubiera mediado yendo de un lado para otro explicando los fallos de la tarjeta y defendiendo su valor. Quizás, habrían aportado informes periciales. "Su solución no satisface las necesidades de nuestra clientela", habríamos escrito (o hablado) con un tono de indignación, desarrollando argumentos para convencer a alguien neutral de que teníamos razón. En cambio, los/as solicitantes y el sector bancario mantuvieron una conversación abierta que puso de manifiesto los problemas prácticos. Como los problemas se evidenciaron en la atmósfera relajada de la Negociación Estructurada, no hubo actitudes defensivas ya que abandonamos las suposiciones previas sobre la efectividad de la tarjeta. El banco abandonó esa opción.

Otra institución consideró instalar un teléfono al lado de cada cajero automático. Cuando una persona levantaba el receptor, se conectaba instantáneamente con el personal formado para atenderle. En cuanto nuestro cliente vio a una persona tratar de hacer una transacción utilizando el teléfono, se rechazó la idea. No fue necesaria una sesión informativa legal para convencer a nadie de que el sistema no funcionaba.

La Negociación Estructurada proporciona tecnología viable porque las empresas escuchan a su clientela, que no está "etiquetada" como demandante y se encuentran en un ambiente relajado y de confianza. "Se discutieron todas las posibles soluciones pero no nos sentíamos con las limitaciones de un esquema de convicciones", dice la abogada de Chicago Kelly Pierce, hablando sobre visitas a laboratorios de cajeros automáticos: "Todas las partes estaban abiertas a ideas y sugerencias".

Pequeños pasos conducen a grandes resultados

Durante una negociación, puede descubrir que su colega en el proceso no está en condiciones de llegar tan lejos como lo desea su clientela. Ésta no es una razón para abandonar la Negociación Estructurada y dirigirse a los tribunales. A menudo es posible evitar obstáculos en la negociación dando pasos graduales hacia un objetivo más amplio. La Negociación Estructurada permite a las partes probar soluciones antes de comprometerse con su completa implementación. Los pequeños pasos pueden reducir el miedo y dar tiempo para que la parte demandada se sienta cómoda con el cambio. Los pasos graduales no retrasan el proceso; simplemente reconocen que no todo puede suceder a la vez. Aquí hay dos ejemplos del gran papel que los pequeños pasos han jugado a la hora de eliminar obstáculos durante la Negociación Estructurada.

Harry Potter promueve una negociación

Fue idea de Helen Popper. "¿Crees que Cinemark instalará un equipo de descripción para que Rio pueda asistir al estreno de medianoche de Harry Potter y las Reliquias de la Muerte, Parte I?"

Helen y su hija pequeña Rio fueron solicitantes en nuestra negociación con Cinemark. Había pasado un tiempo desde que escribimos nuestra carta de presentación pero no habíamos avanzado mucho. La empresa no había instalado tecnología de descripción de vídeo en ningún cine y habían pasado dos años desde que las partes se reunieron para ver Cars 2 (ver capítulo 7). Aún así, cumpliendo con el sólido principio de negociación de que "nunca, por lo general, está de más preguntar", lo hicimos. Unas semanas después obtuvimos nuestra respuesta. Cinemark acordó instalar su primer equipo de descripción en el auditorio Popper's Redwood City, California. Rio acudió al estreno de Harry Potter.

La noche fue un éxito rotundo. "Fue genial", escribió Rio en un correo electrónico al día siguiente. "Había mucha gente silbando y aplaudiendo. La gente que trabajaba fue muy agradable, los auriculares funcionaban, la descripción fue fantástica: ni contaba demasiado ni muy poco, y también fue una gran película". Linda y yo compartimos las experiencias positivas de Poppers con el equipo negociador de Cinemark creyendo que expresar aprecio por este paso motivaría a Cinemark a seguir avanzando. Finalmente, la empresa lo hizo, colocando equipos de descripción en todos los cines de Estados Unidos.

Cinco intersecciones en un camino hacia cientos de ellas

Los pequeños pasos son eficaces para sortear obstáculos en el sector público, tal como aprendimos al negociar con la Ciudad y el Condado de San Francisco. En ese caso aprendimos el valor de los pequeños pasos para afrontar el miedo, una emoción que puede manifestarse en todas las fases del proceso de negociación. El miedo puede surgir pronto, como sucedió cuando el Banco *One* se preocupó por las agresiones contra personas con visión reducida si se instalaban cajeros automáticos con voz (ver capítulo 6). Durante la redacción del acuerdo, a menudo los temores aparecen en el lenguaje utilizado en el contrato para explicar lo desconocido (ver capítulo 12). En la negociación de San Francisco, el temor era la seguridad.

El equipo de ingeniería de tráfico de la ciudad temía que las señales audibles confundieran a peatones con visión reducida. Cuando solicitantes y representantes de la ciudad se conocieron a través del proceso de colaboración esta preocupación se desvaneció. El miedo se evaporó aún más después de que las partes dieran el paso de instalar señales peatonales accesibles, con características audibles y táctiles, en cinco intersecciones de la ciudad.

Por recomendación nuestra, la ciudad contrató a Linda Myers, una consultora local, para que realizara un pequeño estudio piloto de dos empresas de señales accesibles para peatones (SAP). Meses antes de comenzar a intercambiar borradores de acuerdos, Myers observó y registró sistemáticamente las experiencias de peatones con visión reducida que dependían de los dispositivos para transitar por cinco intersecciones. "Lo que realmente marcó la diferencia en el éxito de este proyecto fue que el equipo de ingeniería de tráfico que instaló las SAP estuvo presente", dice Myers. El punto de vista pericial de Beezy Bentzen y Janet Barlow coincidió: "El equipo de ingeniería de prototipos de tráfico quería participar en la solución y, realmente, lo hizo en San Francisco".

¿Se les hubiera escuchado si hubiéramos presentado una demanda judicial?

La Negociación Estructurada permitió al equipo de ingeniería de tráfico experimentar la información de cruces peatonales accesibles como un problema a resolver en lugar de una reclamación contra la que luchar. Y proporcionar un paso hacia esa solución, como lo hicimos con la prueba piloto de SAP, que ofreció una herramienta útil para desbloquear una negociación que estaba estancada. Después de ese pequeño paso, el equipo de ingeniería y el resto de partes de la mesa de negociación llegaron a un acuerdo para conseguir las mejores señales para San Francisco. El avance gradual impulsó la negociación hacia adelante y resolvimos los detalles del acuerdo. "De alguna manera superamos el miedo", dice Jeff Thom, presidente del

Consejo de Ciegos de California (CCB). "Miedo a tomar decisiones, miedo a crear una situación más peligrosa, incluso, miedo a que a otras personas con visión reducida no les gustara la solución. La Negociación Estructurada nos permitió superar la reticencia de la ciudad a tratar con nuestro colectivo".

––––––

Mi experiencia enseña que las personas, independientemente del sector al que representen, no solo el de ingeniería de tráfico, quieren participar en la solución. Quienes desarrollaron la tecnología del Banco respondieron positivamente cuando se les retó a construir cajeros automáticos con voz. Los equipos web estuvieron ansiosos por adoptar prácticas de codificación accesibles cuando se les dio la oportunidad y posibilidad de reunirse con usuarios/as con discapacidad. Y cuando se les pidió crear una aplicación móvil que pudieran usar, el equipo desarrollador estuvo a la altura de las circunstancias. La Negociación Estructurada hace posible pequeños pasos dando tiempo a las personas y organizaciones a superar los obstáculos para llevar a cabo el cambio.

CAPÍTULO 10

Protegiendo el escenario de la negociación

"Este es un caso en el que la abogacía puede ser sanadora en lugar de guerrera. Este es el tipo de caso en el que deberían trabajar conjuntamente".

—Juez Alex Kozinski

La Negociación Estructurada tiene lugar en mesas de negociación y mediante contactos telefónicos. Se han logrado importantes objetivos en trastiendas de comercios, laboratorios de cajeros automáticos que contaban con la máxima seguridad, en la oscuridad de cines y en esquinas de calles. Hoy, los correos electrónicos suponen cerca del 50 por ciento de mis comunicaciones de negociación. Estas localizaciones y el marco legal constituyen el espacio de la Negociación Estructurada. Para que una negociación avance, este espacio debe ser alimentado y protegido de interferencias externas.

Para proteger el ambiente de la Negociación Estructurada, la abogacía debe prestar atención a los acontecimientos legales, políticos y del Derecho dentro de sus campos. Y a veces, deben intervenir e intentar influir en esos acontecimientos. Este capítulo describe cómo el ámbito de la negociación fue protegido por un informe *Amicus*, por objeciones a los acuerdos de demandas colectivas, por la participación en actividades legislativas y por la comunicación con la abogacía. El objetivo de estas u otras estrategias de protección de ese espacio es el mismo en todas las áreas de la práctica legal: conceder a las partes el tiempo que necesiten para resolver demandas en un clima legal receptivo, sin conflictos, normas judiciales o costosos desacuerdos.

Por supuesto, prestar atención a los acontecimientos relevantes es una estrategia no limitada a la Negociación Estructurada. Es "una gran idea, esencial para la formación de cualquier persona", dice la abogada de derechos civiles Amy Robertson. "Cuando se trata no solo de defender a la clientela sino de adelantarse a la ley, se debe hacer". Amy y su compañero Tim Fox, fundadores del Centro de Educación y Cumplimiento de los Derechos Civiles en Denver, Colorado, "siguen la evolución de otros casos, citan y aprenden de los ellos, y tratan de limitar el daño de los casos insatisfactorios".

La necesidad de observar y, posiblemente, de ejercer influencia, se intensifica en el ámbito de la Negociación Estructurada.

Aunque el proceso se desarrolla fuera de los tribunales, no ocurre lo mismo con los problemas que se abordan. Las reclamaciones gestionadas por medio de la Negociación Estructurada se llevan a cabo en un complejo escenario compuesto por quienes dictan normativas, profesionales de la abogacía y juristas e integrantes de la judicatura. Tener un caso en los tribunales puede ayudar, aunque no siempre, a proteger a las partes de la interferencia externa. Sin una demanda, las partes están obligadas a tomar un papel más activo en la protección de su espacio.

Prestar atención a los casos de otras personas

Hace diez años, el abogado de derechos civiles Daniel Goldstein, abogado asesor de la Federación Nacional de Ciegos, creó la Asociación de la Abogacía por los Derechos de Personas con Discapacidad (DRBA) como una comunidad de profesionales de la abogacía que promoviera los derechos de personas con discapacidad. Goldstein y miembros de la DRBA litigan y ganan casos sobre asuntos que mi clientela, mis colegas y yo resolvemos sin presentar una demanda. Un enfoque que empleo en muchas de mis negociaciones es considerar que junto a particulares reclamantes, el Departamento de Justicia de los Estados Unidos juega un papel relevante en la ampliación de los derechos de acceso al contenido digital. Incluyo órdenes judiciales y acuerdos provenientes de estos procedimientos en mis cartas de presentación de Negociación Estructurada. Ello fortalece las peticiones de mi clientela y alienta a las partes negociadoras a elegir el camino de la colaboración destacando los riesgos de la alternativa.

Hablar con profesionales de la abogacía especialistas en la materia, participar en asociaciones profesionales y en las redes sociales me ayuda a estar al día en la defensa legal relacionada con las demandas de mi clientela incluso antes de que se presenten ante el tribunal. A principios de la década de 2000, Linda Dardarian y yo escribimos una carta de presentación a un banco regional del Sur sobre su falta de servicios bancarios accesibles en el momento en que supimos que otro colega se estaba preparando para demandar al banco por el mismo tema. Contactamos con Tom Earle y después con los responsables del Proyecto de Ley de Discapacidad de Filadelfia y les invitamos a él y a sus clientes/as a participar en la iniciativa de Negociación Estructurada. Agradecieron la oportunidad y acordaron no presentar su caso ante el tribunal.

Algo similar sucedió mientras nos preparábamos para escribir a las Grandes Ligas de Baseball (MLB) sobre las dificultades de accesibilidad a su sitio web. El aficionado a los Dodgers, Rick Boggs, ya había contactado con un bufete para presentar una demanda contra MLB sobre accesibilidad digital cuando le llamé para hablar sobre Negociación Estructurada. Ciego desde la infancia, Boggs estaba frustrado por la falta de accesibilidad y su caso era trascendental. Boggs aceptó generosamente no presentar su demanda para permitir que nuestro proceso alternativo de resolución de conflictos tuviera éxito.

La supervisión protege el espacio de la negociación

El espacio de la Negociación Estructurada se vio amenazado por primera vez durante los primeros casos de cajeros automáticos con voz. Después de nuestros acuerdos con Bank of America, Wells Fargo y Citibank, el colectivo de la abogacía de todo el país exigía cajeros automáticos que se pudieran utilizar por todo el mundo y recurrieron a la Negociación Estructurada para lograrlo, extendiendo esta práctica. Para proteger esos nuevos casos, Linda Dardarian y yo actuamos en representación de los colectivos implicados supervisando los acuerdos propuestos que amenazaban la nueva tecnología. Desde Dallas (Texas) hasta Pittsburgh (Pensilvania) trabajamos con colegas para proteger los cajeros automáticos con voz de desarrollos adversos. Mereció la pena vigilar los litigios que tenían que ver con nuestra clientela y partes negociadoras.

Cambio de ruta de la Negociación Estructurada hacia un tribunal de Texas

En abril de 2000, Linda Dardarian y yo enviamos una carta de presentación de Negociación Estructurada a la empresa 7-Eleven sobre la existencia de cajeros automáticos no accesibles en más de 7.000 de sus comercios. Escribimos en nombre del Consejo de Ciegos de California (CCB) y de particulares con visión reducida, clientela habitual de 7-Eleven. La negociación se encontraba en sus inicios cuando comenzamos a aprender sobre la protección del espacio de negociación.

Meses después de enviar nuestra carta, descubrimos que un bufete de Florida había presentado una demanda colectiva de ADA en Texas contra 7-Eleven. La demanda supuestamente se refería a todas las barreras de accesibilidad experimentadas por la clientela con discapacidad en todas las tiendas 7-Eleven de Estados Unidos. Cuando nos enteramos del caso, un tribunal de distrito federal de Dallas ya había presentado y aprobado un acuerdo preliminar de conciliación encontrándose pendiente de aprobación final.

7-Eleven poseía la red de cajeros automáticos no ubicados en bancos más grande del país, sin embargo, el acuerdo propuesto no solicitaba ni un solo cajero automático con voz. Si el juez otorgaba la aprobación final, nadie en los Estados Unidos podría presentar una demanda legal contra la empresa por cajeros automáticos accesibles durante el plazo propuesto de siete años. Toda la clientela con visión reducida de 7-Eleven quedaría insatisfecha.

Una clienta fue Lillian Scaife, principal solicitante en nuestro incipiente proceso de Negociación Estructurada. El cajero automático más próximo a la casa de Scaife en el Sur de California se encontraba dentro de su tienda 7-Eleven más cercana. Ella podía caminar fácilmente acompañada por su perro guía y, a menudo, bajaba del autobús directamente frente a la tienda. Scaife conocía al dueño y le consideraba un amigo. Pero no le gustaba pedir ayuda —o verse obligada a compartir información financiera confidencial— cada vez que necesitaba sacar dinero en efectivo del cajero automático de la esquina.

Cuando Scaife nos llamó, se había jubilado recientemente tras una carrera de 20 años en la industria aeroespacial. Ciega desde su nacimiento, era una profesional del sector tecnológico, madre soltera y activista del CCB. Cuando se jubiló, su nombramiento en un consejo gubernamental implicó que viajara frecuentemente por todo el Estado. La combinación de sus intereses profesionales y personales convirtió a Scaife en una solicitante ideal de esa Negociación Estructurada diseñada para beneficiar a la clientela de 7-Eleven de todo el país, siempre teniendo en cuenta que el caso ADA nacional pendiente no anulara nuestros esfuerzos.

A pesar de que la Negociación Estructurada evita el juzgado, lo que otras personas estaban haciendo en un tribunal de Texas amenazó las pretensiones de Scaife. En octubre de 2001, Linda y yo presentamos objeciones al acuerdo propuesto en nombre de los solicitantes de 7-Eleven y del American Council of the Blind (ACB). Nuestro informe explicaba cómo la aprobación del decreto de consentimiento arruinaría los esfuerzos de Negociación Estructurada referente a los cajeros automáticos con voz. En diciembre de 2001 viajé a Dallas para argumentar en contra del acuerdo propuesto.

Cinco meses después, el juez Harold Barefoot Sanders, Jr., negó la acción colectiva y rechazó el acuerdo. Al día siguiente, emitimos un comunicado de prensa que anunciaba el "rechazo del juez federal sobre el injusto acuerdo ADA sobre 7-Eleven". Pero nuestra necesidad de proteger el espacio de negociación para Scaife y otros solicitantes de 7-Eleven no había terminado. El equipo de profesionales de la abogacía de Florida y 7-Eleven intentaron volver a redactar el acuerdo pensando que el juez aceptaría. Presentamos documentos legales de seguimiento y en mayo de 2002 el juez Sanders emitió otra orden: "dicho sin rodeos, el decreto de consentimiento está muerto".

Anulada la demanda, ya con nuestro espacio protegido, la Negociación Estructurada sobre cajeros automáticos en las tiendas 7-Eleven comenzó a progresar. Los acuerdos que finalmente negociamos fueron los primeros en el país en los que un comercio ajeno al sector bancario acordó hacer accesible los cajeros automáticos. 33 A pesar del difícil comienzo, nuestra clientela, Linda y yo, finalmente, establecimos una relación positiva con el equipo asesor de 7-Eleven. La empresa llegó a confiar en la Negociación Estructurada y firmó un segundo acuerdo sobre otro asunto en el año 2007. Nuestra estrategia de protección del espacio de trabajo funcionó.

Protección de cajeros automáticos con voz en Pensilvania

Salvaguardar el espacio de negociación de los cajeros automáticos con voz también nos condujo a un tribunal de Pensilvania. Allí argumentamos en contra de un acuerdo de demanda colectiva propuesto sobre una alternativa de cajeros automáticos con voz. En lugar de solicitar máquinas accesibles, el acuerdo pidió que un banco regional ofreciera teléfonos móviles a la clientela con visión reducida. Al llegar a un cajero automático, se suponía que la persona usuaria debía llamar al banco por teléfono y alguien en el otro extremo de la línea debía ayudarle con la transacción.

Cuando se anunció el acuerdo de Pensilvania, Wells Fargo, Citibank y Bank of America ya habían instalado cajeros automáticos con voz que las personas con visión reducida podían utilizar de forma autónoma. Estábamos a punto de anunciar los primeros cajeros automáticos con voz en Chicago mientras se estaban llevando a cabo negociaciones estructuradas sobre cajeros automáticos en Massachusetts, Carolina del Norte, y con nuevas instituciones financieras en California. Los planes para dejar los cajeros automáticos sin voz y repartir teléfonos móviles amenazaron estas negociaciones y las que estaban por venir.

La activista de Chicago Kelly Pierce pidió el teléfono móvil, lo probó en varios lugares e informó sobre sus experiencias. Nos basamos en sus conclusiones a la hora de presentar las objeciones en representación de la ACB, seis personas afiliadas a la ACB y 15 defensoras individuales. El acuerdo fue rechazado. Más tarde, el banco anunció que había interrumpido su programa de telefonía móvil y que instalaría cajeros automáticos accesibles donde tuviera presencia. Fue otro esfuerzo sobre protección del espacio que tuvo éxito.

Un informe amicus protege el espacio negociador

Harry Potter y Cars con audiodescripción contribuyeron al éxito en la negociación con la cadena de cine Cinemark. Pero es posible que el caso nunca hubiera progresado si Linda y yo no hubiéramos suspendido las negociaciones en curso para presentar un informe *amicus* ante la Corte Federal de Apelaciones del Noveno Circuito. Fue una estrategia de protección del espacio que comenzó en Arizona y terminó en un tribunal de justicia federal del centro de San Francisco.

Un año antes de enviar nuestra carta de presentación a Cinemark, los miembros de la comunidad de personas con discapacidad de Arizona presentaron una demanda contra la cadena de cine Harkins por no instalar equipos de subtítulos y descripciones en sus cines de Arizona. Mientras tratábamos de convencer a Cinemark para que participara en una Negociación Estructurada, el juez de la corte federal en el caso Harkins sentenció que la Ley de Estadounidenses con Discapacidad no necesitaba esa tecnología. El bufete de los solicitantes de Arizona comenzaron a planificar su apelación.

Arizona y California se encontraban en el Noveno Circuito. Una victoria ante el tribunal de apelación para quienes eran solicitantes de Arizona fortalecería nuestra posición legal; un fracaso eliminaría potencialmente las demandas federales sobre tecnología de accesibilidad en cines. Con nuestra dedicación en la Negociación Estructurada comprometida y contando con el consentimiento de nuestra clientela, Linda y yo acordamos pausar la negociación y escribir y coordinar el informe *amicus* para la apelación de Harkins.

En diciembre de 2008, presentamos el informe en nombre de nuestra clientela particular de Cinemark y de cinco organizaciones de derechos de personas con discapacidad. Gracias al tenaz esfuerzo de Rick Boggs, que había apoyado nuestra negociación con las Grandes Ligas de Baseball, nuestra lista de *amicus* incluía un miembro inesperado. Además de ser un aficionado al béisbol, Boggs trabajó con Screen Actor's Guild (SAG) para incrementar las ofertas de empleo de intérpretes con discapacidad y promover los derechos de uso de medios de comunicación de las personas con discapacidad. La descripción fue un componente crucial de esa labor y Boggs gestionó la firma de nuestro informe por SAG.

La palabra "negociación" evoca reuniones y llamadas telefónicas entre partes negociadoras, elaborando estrategias sobre pasos a seguir, identificando problemas, compartiendo información y trabajando para llegar a un acuerdo. Sin embargo, en los dos años posteriores a nuestra carta de presentación a Cinemark, llevamos a cabo muy pocos de esos objetivos. En cambio, protegimos el espacio de negociación de Cinemark trabajando en el caso Harkins. Reforzamos el marco legal que haría posible un resultado positivo en nuestra Negociación Estructurada.

En enero de 2010 un tribunal formado por tres personas escuchó la apelación de Harkins en una sala atestada de público en San Francisco. Confirmando nuestra opinión de que el caso de Arizona era crucial para nuestra negociación en California, el bufete de Cinemark se encontraba allí, junto con Rio y Helen Popper, Linda y yo. Michael Cavalier, negociador de Cinemark, años después me dijo que recibió una llamada de ese bufete poco después de la vista por la que se le decía "conocieron a Río y me dijeron que debería sentarme y hablar con ustedes".

Durante el alegato, se posibilitaron subtítulos y la interpretación por lenguaje de signos para los miembros sordos de la audiencia, impresionando al tribunal. El juez Kozinski manifestó al bufete de Harkins: "este es un caso en el que profesionales de la abogacía pueden en lugar de incitar a la lucha. Este es el tipo de caso en el que que deberían trabajar conjuntamente".34 Era exactamente el objetivo que perseguíamos en la Negociación Estructurada con Cinemark.

El 30 de abril de 2010, el tribunal resolvió a favor de los subtítulos de ADA y la descripción de audio en las salas de cine. El caso de Arizona se encarriló y nuestro espacio legal en la negociación de Cinemark quedó protegido.

La normativa tiene impacto en las negociaciones

Las iniciativas legislativas pueden ayudar u obstaculizar las negociaciones. En el campo del derecho de las personas con discapacidad, proteger el espacio de la Negociación Estructurada siempre implica controlar y participar en la actividad reguladora. Las señales peatonales accesibles, el acceso web, los terminales de punto de venta, las recetas con voz, los cajeros automáticos con voz, el equipamiento médico accesible y el equipo de audiodescripción de video han sido objeto de legislación mientras desempeñábamos la Negociación Estructurada sobre estos temas.

Nuestra primera experiencia con la protección del espacio y las regulaciones gubernamentales nos obligaron a controlar las posibles normativas federales de cajeros automáticos con voz. La sombra de las especificaciones de los cajeros automáticos con voz estaba presente en el centro de todos los debates, excepto en los primeros que mantuvimos con las instituciones financieras. Una agencia federal publicó por primera vez un comunicado sobre un anteproyecto de ley para regular los cajeros automáticos con voz en noviembre de 1999; el mismo mes en el que nuestro socio negociador Citibank instaló el primero de esos aparatos. La solicitante de Negociación Estructurada Kelly Pierce describió su función y el papel de la Negociación Estructurada en la actividad reguladora pendiente:

"recopilé historias personales de cientos de personas con visión reducida en todo Estados Unidos que describían la necesidad de acceder a los cajeros automáticos. Las presenté ante el departamento que trabajaba en el proyecto normativo y los cajeros automáticos se convirtieron en uno de los cinco temas más comentados en el proceso normativo. Esos comentarios convirtieron el tema de los cajeros automáticos en una de las preocupaciones más importantes dentro de la comunidad de personas con discapacidad. Nuestro objetivo era mejorar la normativa propuesta para hacerla coincidir con los excelentes acuerdos logrados en la Negociación Estructurada y beneficiar a todas las comunidades de Estados Unidos."

Las exigencias sobre los cajeros automáticos con voz solicitadas entraron en vigor 12 años después de que nuestro primer acuerdo pusiera los cajeros automáticos con voz en las calles. La normativa reflejó la colaboración entre los laboratorios de fabricación durante nuestras reuniones y el trabajo realizado por profesionales de la abogacía en casos presentados ante los tribunales. Habíamos protegido nuestro espacio y habíamos ejercido influencia en la normativa federal.

———

La normativa federal sobre señales accesibles para peatones estaba pendiente cuando enviamos una carta de presentación a San Francisco sobre las señales de sus calles. Seguía pendiente cuando anunciamos el acuerdo cuatro años después. La normativa erigió también en nuestra negociación con Cinemark; ello nos llevó a Linda Dardarian y a mí a responder a una propuesta normativa sobre la tecnología reclamando lo que pedíamos en nuestros debates. Y en 2010, después de negociar más de 15 acuerdos de accesibilidad web a través de la Negociación Estructurada, coordinamos la respuesta de la comunidad de personas con discapacidad sobre la normativa de éstas para acceder a Internet. Desde ese momento muchas reclamaciones sobre acceso digital se han resuelto a través de la Negociación Estructurada y otras siguen pendientes. Al involucrarnos con la normativa de accesibilidad web, protegimos la Negociación Estructurada en el pasado, presente y futuro.

Dar la bienvenida a profesionales de la abogacía

Las respuestas a una carta de presentación de Negociación Estructurada pueden ser sorprendentes. "No necesitamos una Negociación Estructurada", nos escribió una vez una empresa. "Ya estamos trabajando con representantes de la comunidad de personas con discapacidad". En otro caso, nos dijeron que su junta asesora podría gestionar los problemas indicados en nuestra carta. Estas potenciales partes negociadoras afirmaban que profesionales de la abogacía con un interés compartido en nuestros objetivos estaban amenazando nuestro espacio.

Siguiendo los principios de evaluación de respuestas a las cartas de presentación (ver capítulo 6), no renunciamos a la Negociación Estructurada por estos motivos. En cambio, recordamos a posibles partes demandadas que nosotras representábamos a personas y organizaciones con demandas legales. A pesar de que la Negociación Estructurada evita los juzgados, esas reclamaciones eran serias y se debían resolver en un proceso estructurado. Si bien las contribuciones informales de la comunidad son útiles, no sustituyen un proceso de resolución de conflictos.

En un caso contactamos con quien supuestamente iba a colaborador sólo para saber si tenía realmente relación con quien era el destinatario de nuestra carta de presentación. En otro, invitamos a la otra parte a traer un miembro de la junta asesora a la mesa de negociación. A pesar de que estaba en el "otro lado de la mesa", el miembro de la junta y la franqueza de nuestra invitación, contribuyeron a lograr una negociación fluida.

En otra ocasión, una empresa nos dijo que la Negociación Estructurada era innecesaria porque trabajaban con una organización sin fines de lucro afrontando los mismos problemas planteados en nuestra carta. Llamamos a la organización sin fines de lucro sólo para confirmar si compartía las mismas preocupaciones que nuestra clientela. Agregamos la organización a nuestro equipo de solicitantes, fortaleciendo nuestro caso. En cada ocasión, nuestra disposición a elaborar estrategias con quienes defienden a la comunidad, invitándoles, si procedía, a la mesa de negociación, protegió nuestro espacio y allanó el camino para lograr una resolución provechosa para nuestra clientela.

———

Los grupos de defensa de Canadá nos dieron una primera lección sobre la importancia de prestar atención a activistas que trabajan en temas implicados en nuestras negociaciones. En 1991, cuatro años antes de nuestras primeras cartas de Negociación Estructurada, Chris y Marie Stark, invidentes canadienses, presentaron una demanda ante la Comisión Canadiense de Derechos Humanos contra el Royal Bank de Canadá. Querían cajeros automáticos que pudieran ser utilizados de manera autónoma por una persona con visión reducida. La demanda se dilató durante muchos años en el procedimiento administrativo canadiense. Más tarde, en octubre de 1997, en medio de nuestras primeras conversaciones con los bancos estadounidenses, la paciencia de los Starks dio buenos resultados. Ese mes, el Royal Bank of Canada anunció la instalación de un "cajero automático con voz" en Ottawa (Ontario). Fue el primer cajero automático con voz del mundo.

Royal Bank of Canada instaló 11 cajeros automáticos más a finales de la década de 1990. Las máquinas fueron fabricadas por NCR, un proveedor que proporcionaba cajeros automáticos a bancos estadounidenses. La tecnología de voz de esas máquinas procedía de T-Base Communications, una pequeña empresa canadiense propiedad de Sharlyn Ayotte, una mujer ciega y defensora de pequeñas empresas propiedad de personas con discapacidad. Su socio comercial, Len Fowler, realizó las modificaciones necesarias para crear el primer cajero automático accesible del mundo.

Si Royal Bank of Canada podía instalar cajeros automáticos utilizables de forma autónoma, los bancos estadounidenses también podrían hacerlo; así que nos propusimos aprender todo lo posible sobre la actividad canadiense. Linda y yo invitamos a Fowler a reunirse con nosotras en California y compartir lo que conocía sobre el desarrollo de cajeros automáticos con voz. Scott Grimes, de la oficina de

Dardarian, habló con los Stark y recopiló toda la información sobre los nuevos dispositivos. Un miembro de nuestro equipo jurídico visitó una de las máquinas en un viaje a Canadá y hablamos por teléfono con el bufete del banco canadiense.

Y fiel al espíritu colaborativo de la Negociación Estructurada, compartimos todo lo que aprendimos con las partes negociadoras. No había ninguna razón para ocultar pruebas que pudieran presentarse ante los tribunales. El entusiasmo de Fowler y el trabajo de T-Base fomentaron nuestras negociaciones. El trabajo en Canadá fue una pieza del camino que nos condujo a la línea de meta. Reconocer que nuestro espacio se amplió a Canadá nos ayudó a llegar antes.

Gestionando lo inesperado

CAPÍTULO 11

Añadir reclamaciones y solicitante

Añadir reclamaciones, solicitantes y nuevas compensaciones

"La sensación táctil de leer braille es tan sutil que incluso una callosidad puede interferir en la lectura".

—Sue Ammeter, solicitante de Negociación Estructurada—

A pesar de tener el mejor plan, las circunstancias pueden cambiar durante una negociación. Pueden surgir reclamaciones o intervinientes que no se incluyeron ni en la carta de presentación ni en el documento de reglas básicas. Los hechos cambian y requieren una compensación adicional más allá de lo solicitado originalmente. La Negociación Estructurada puede gestionar estos acontecimientos sin perder tiempo o dinero. Y si una Negociación Estructurada no puede afrontar el cambio, acudir a los tribunales no es la única opción, siempre es posible una nueva negociación.

Nuevas solicitudes durante una negociación

He tenido dos oportunidades de presentar solicitudes de accesibilidad web en Negociaciones Estructuradas sobre otros temas. Una se desarrolló sin problemas, la otra fue más complicada. A ambas empresas, el proceso de Negociación Estructurada les permitió evitar el gasto y los inconvenientes de una demanda judicial para tratar nuevas solicitudes.

La mesa de negociación se extiende a la accesibilidad web

En mayo de 1999, cuando terminábamos nuestros primeros acuerdos de Negociación Estructurada sobre cajeros automáticos con voz, el World Wide Web Consortium (W3C) publicó los primeros estándares internacionales sobre accesibilidad web. Los estándares, conocidos como las Pautas de Accesibilidad al Contenido Web (WCAG) 1.0, establecieron prácticas de codificación que garantizaban la igualdad en la web. Años después de escribir nuestras cartas de presentación al Bank of America, Wells Fargo y Citibank nos preguntábamos: "¿Podríamos añadir este nuevo asunto sobre accesibilidad web a las negociaciones que ya estaban en marcha?"

Era demasiado tarde para incorporarlo a las negociaciones de Wells Fargo y Citibank, esos acuerdos estaban casi finalizados y el comunicado de prensa de Wells Fargo ya estaba programado. Pero Linda Dardarian y yo nos sentimos seguras al dirigirnos al Bank of America para incluir los nuevos estándares web en nuestro proyecto de acuerdo todavía en ciernes.

En ese momento, menos del 4 por ciento de los hogares de EE. UU. utilizaban la banca online. Sin embargo, nuestra clientela nos hizo ver que los sitios web bancarios eran la próxima barrera de accesibilidad. A finales de la década de 1980, antes de Internet, el solicitante Roger Petersen utilizó un dispositivo electrónico para obtener acceso remoto a su cuenta del Bank of America. Trabajando con una terminal braille conectada a un módem, Petersen envió mensajes escritos a través de líneas telefónicas y el banco devolvió información que su dispositivo convirtió al braille. Ese servicio pionero se extendió al sitio web y la plataforma online del banco. Sin acceso a esa tecnología en desarrollo, Petersen y otras personas hubieran sido incapaces de controlar sus finanzas de manera autónoma.

Si hubiéramos estado en un procedimiento judicial, introducir una nueva solicitud probablemente habría implicado presentar alegaciones y afrontar nuevos conflictos con un resultado incierto. Pero la Negociación Estructurada es diferente. Sin reglas de procedimiento que estimulan los desacuerdos entre las partes, el proceso fomenta la colaboración. Cuando los cambios tecnológicos pusieron de relieve la accesibilidad web, simplemente hablamos con Bank of America para introducir un nuevo asunto en nuestras conversaciones.

Habían pasado tres años desde que habíamos enviado nuestra carta de presentación, pero quienes negociaban en nombre de Bank of America no se opusieron. Le dimos muchas vueltas al lenguaje del contrato, pero nunca se argumentó en contra de la accesibilidad web. Nuestro acuerdo de marzo de 2000 con Bank of America fue el primer acuerdo legal en los Estados Unidos en el que una empresa estableció que su presencia en la web fuera disponible para todo el mundo y el primero en hacer referencia a los estándares WCAG 1.0. Dentro de nuestro comunicado de prensa sobre cajeros automáticos con voz incluimos una declaración indicando que Bank of America "también tomará medidas para garantizar que su sitio web y sus servicios de banca online sean accesibles para las personas con visión reducida cuyos ordenadores domésticos utilizan lectores de pantalla para reproducir por audio el texto de los mismos".

La flexibilidad de la Negociación Estructurada nos permitió añadir una solicitud de acceso digital en nuestra relación. Fue el primer paso en un camino que nos llevaría a acuerdos de accesibilidad web con las Grandes Ligas de Baseball, CVS, E*Trade y una gran cantidad de empresas más.

Una segunda Negociación Estructurada para nuevas solicitudes

La cadena de supermercados Safeway consiguió atraer a clientela a su servicio online Safeway.com de pedidos de alimentación online y entrega a domicilio con el slogan: "Realice el pedido antes de las 8:30 a.m. y estará en su puerta a tiempo para la cena". Era una comodidad para la clientela que presentaba ventajas adicionales para las personas con visión reducida que, a menudo, afrontaban dificultades durante el transporte y obstáculos para comprar en la tienda.

Si bien Safeway proporcionaba asistencia en las compras a la clientela con discapacidad que lo solicitaba -su personal acercaba artículos de estantes altos para personas en sillas de ruedas o localizaba productos y leía etiquetas para personas con visión reducida- la ayuda a menudo se retrasaba y la calidad de la asistencia resultaba variable. Un sitio web de entrega de alimentación evitaba los problemas en la tienda pero sólo si era accesible.

En 2005, Safeway conocedora de que las personas con visión reducida no podían usar sus servicios online, en lugar de eliminar las barreras de accesibilidad desarrolló un sitio web diferente basado en texto y lo denominó: "Sitio de Acceso". Era más sencillo navegar por la web si disponía de tecnología de asistencia de Safeway pero carecía de información nutricional, ofertas mensuales y avisos de ventas semanales que estaban disponibles en el sitio web que el resto utilizaba. Era un sitio diferente y no era equivalente.

Ya había oído hablar de esa falta de información a mediados de la década de 2000. Era el tipo de problema adecuado para la Negociación Estructurada. Ya estábamos negociando con Safeway sobre la accesibilidad de sus terminales de pago y sabíamos por nuestra experiencia con el Bank of America que en la Negociación Estructurada podríamos añadir nuevas reclamaciones en cualquier momento. Sin embargo, cuando, de manera informal, le mencionamos las barreras del sitio web al bufete de Safeway, nos dijo que nuestro tiempo había terminado.

Añadir un nuevo tema a nuestras discusiones retrasaría la resolución, insistió. Agregar un nuevo tema podría incluso inutilizar la negociación en la que nos encontrábamos. Si bien no era lo que deseábamos, decidimos finalizar la negociación sobre terminales de pago antes de plantear formalmente la cuestión del acceso online a los servicios de entrega de alimentación de Safeway.

Cuando la negociación de terminales de venta acabó con un acuerdo a nivel nacional en 2006, le pedimos a Safeway que participara en una nueva Negociación Estructurada sobre su sitio web. Pero la empresa insistió en que no era necesaria una negociación. Su equipo jurídico nos aseguró que Safeway estaba a punto de lanzar un nuevo sitio web que sería accesible para todo el mundo. Para demostrar su buena fe, Safeway acordó contratar la consultoría sobre accesibilidad que nuestra clientela recomendara para desarrollar ese sitio web. Mantuvimos llamadas telefónicas periódicas con la empresa e intercambiamos correos electrónicos pero la mayor parte del tiempo, esperamos. Al no haber progreso, repensamos nuestro enfoque.

La estrategia de ofrecer libertad a la empresa para actualizar su sitio web fuera del proceso de Negociación Estructurada no había funcionado. Pero, ¿era necesario llevar a los tribunales a una empresa que ya había demostrado su disposición a la resolución alternativa de conflictos? Decidimos hacer un esfuerzo final para trabajar con Safeway en el proceso de colaboración en el que habíamos confiado. Para reforzar nuestro último intento, trabajamos con nuestra clientela de la organización identificando a ocho compradores/as de Safeway en disposición de actuar como solicitantes en un nuevo intento de Negociación Estructurada.

Una de estas personas era Becky Griffith, una cocinera de comida casera que se quedó ciega poco después de cumplir los veinte. Aunque las personas videntes se puedan sorprender al escuchar que las personas con visión reducida cocinan, Griffith, que murió poco después de que finalizara la negociación, sabía que la visión no era una habilidad necesaria en la cocina. Y aunque prefería acudir al supermercado, Griffith necesitaba disponer del sitio web de Safeway para estudiar la información nutricional, los tamaños de raciones y costes antes de imprimir la lista de la compra para mostrarla al personal de la tienda. "Quienes vienen a la tienda suelen ser hombres jóvenes", me dijo. "Realmente saben de fideos deshidratados instantáneos y alimentos procesados pero no mucho más. Me ahorro mucho tiempo si acudo con una lista específica".

Griffith se unió a otros siete solicitantes en una nueva carta de presentación que Linda Dardarian y yo enviamos a Safeway. A pesar de los rechazos anteriores, Safeway contrató los servicios de un bufete para el caso y elaboramos nuestro segundo documento de reglas básicas con el distribuidor alimentario. Aunque hubiera sido más eficaz añadir las solicitudes de accesibilidad web en la negociación sobre terminales de venta con Safeway no fue una opción que la empresa quiso considerar. Hoy me alegra haber tenido una mente abierta sobre las estrategias, plantear una segunda Negociación Estructurada demostró su eficacia en la resolución de demandas sobre accesibilidad digital para nuestra clientela.

Incorporación de solicitantes

Cuando finalmente se inició la negociación web de Safeway, tuvimos que introducir a otra persona solicitante al grupo de ocho identificado en el documento de reglas básicas. Mientras redactábamos el acuerdo, escuché que otra clienta no podía utilizar cupones en el sitio web de solo texto de Safeway. Estaba ansiosa por unirse a la Negociación Estructurada.

Gracias a la flexibilidad característica del proceso, telefoneé y sugerí al equipo de profesionales de la abogacía de Safeway que añadiéramos una nueva solicitante a nuestras conversaciones. Safeway aceptó de inmediato, sabiendo que ampliar el grupo solicitante evitaba la posibilidad de recibir una demanda por separado. No fueron necesarias acciones legales: introducir una nueva solicitante implicaba solamente algunas llamadas telefónicas y correos electrónicos. Terminamos de redactar el acuerdo poco después en representación de nueve compradores/as de Safeway, incluyendo al nuevo miembro del grupo. El acuerdo requería que el servicio de entrega de alimentos online de Safeway funcionara para todo el mundo. Y pedía que el sitio web de solo texto, diferenciador e injusto, desapareciera. Unos meses después, era realidad.

Reducir expectativas, añadir solicitantes

A veces mi evaluación inicial de un buen equipo de solicitantes es incorrecta. En nuestra Negociación Estructurada con Cinemark aprendimos a estar pendientes tanto de las solicitudes como del grupo de solicitantes. Llevar a cabo esa negociación nos obligó a añadir demandantes y a reducir la compensación solicitada.

Helen Popper y su hija Rio fueron la base del equipo de solicitantes sobre la audiodescripción inicial. Aunque Río aún no tenía seis años cuando hablamos por primera vez, Helen Popper, escritora y profesora universitaria, sabía que su hija pronto querría acudir a ver películas con sus amistades. Popper prefirió no presentar una demanda y se emocionó cuando Linda Dardarian y yo acordamos representarles a ella y a Rio en una Negociación Estructurada para llevar la audiodescripción al cine de su localidad, propiedad de Cinemark.

En febrero de 2007, Linda y yo escribimos al bufete de Cinemark en representación de los Poppers y del Consejo de Invidentes de California (CCB). Con personas relevantes y una organización estatal de lucha por los derechos de las personas con discapacidad confiamos en que Cinemark aceptaría nuestra invitación para negociar.

Nos equivocamos. A pesar de presentar una carta bien fundamentada y de nuestro importante grupo de demandantes, la cadena de cine se negó a comprometerse. Aunque podríamos haber presentado una demanda, no nos precipitamos en acudir a los tribunales. Por el contrario, Linda y yo programamos los próximos pasos a seguir con nuestra clientela. La pregunta que nos hicimos no fue "¿cómo podemos obligar a la empresa a instalar equipos de audio-descripción?", nuestra estrategia fue provocar negociaciones: "¿cómo podemos llevar a Cinemark a la mesa de negociación?"

En una carta de seguimiento, abordamos cada una de las razones que Cinemark expresaba para negarse a negociar. Analizamos la ley como lo habríamos hecho en un informe legal y reiteramos los beneficios de nuestra alternativa a los tribunales. Luego hicimos algo que puede parecer sorprendente: redujimos las pretensiones de nuestro caso. Nuestra correspondencia inicial pedía negociaciones sobre cada cine de Cinemark en California. Nuestra carta de seguimiento sugirió que "redujéramos el alcance de nuestra Negociación Estructurada propuesta inicialmente a 30 cines concretos de California".

En un contexto de confrontación, una reducción en las pretensiones puede verse como una cesión o una renuncia demasiado grande. Nuestra experiencia es diferente. Sabíamos que, si podíamos llevar a la empresa a la mesa de negociación, probablemente podríamos ampliar más adelante nuestro propósito. Si nuestro objetivo hubiera sido construir el caso más grande que se pueda imaginar, el litigio habría sido nuestro camino. En cambio, nuestro objetivo era lograr que Cinemark probara la tecnología que nuestra clientela necesitaba. Si esa tecnología funcionaba solamente en un cine, su propósito sería funcionar e instalarse en todas partes. No necesitábamos gerentes de la empresa para que contrajeran un compromiso en ese momento. Solo necesitábamos que aceptaran negociar.

Con más o menos dificultades, finalmente eso sucedió. La Negociación Estructurada de Cinemark fue un éxito y la gerencia de la empresa se convirtió en una defensora interna de la accesibilidad. Pero el progreso fue lento y Cinemark se retrasó deliberadamente en la firma del documento de reglas básicas incluso después de reducir el propósito del caso. Por estas razones, el caso Cinemark requirió un esfuerzo especial de Negociación Estructurada en el que Linda Dardarian y yo también nos preparamos, por si acaso, para acudir al tribunal.

Al redactar los documentos judiciales que esperábamos no necesitar presentar, mantuvimos nuestra perspectiva en una reducida lista de cines de California. Pensamos que, en caso de conflicto, ampliaríamos el posible grupo de solicitantes para incluir cinco patrocinadores adicionales de Cinemark. Richard Rueda, especialista en rehabilitación, que trabajaba con jóvenes con visión reducida amantes del cine, fue uno de ellos. Rueda era un apasionado de las películas audiodescritas. Cuando era estudiante universitario en Los Ángeles, en la década de 1990, solía viajar en autobús más de una hora para acudir al auditorio regional que disponía del equipamiento necesario. "Estaba dispuesto a hacer ese largo viaje", dice, "porque la experiencia de ver películas era mucho mejor". Sabíamos que Rueda y el resto serían solicitantes convincentes si nos viéramos obligadas a presentar una demanda.

No tuvimos que hacerlo. Nuestro compromiso con la Negociación Estructurada fue un éxito al proteger nuestro territorio a través de la participación de *amicus* en el litigio contra otra cadena de cines (ver capítulo 10). En ese momento, las personas que habrían sido demandantes si hubiéramos acudido al tribunal, se unieron a los Poppers y al CCB como solicitantes. Y nuestra estrategia de llevar a Cinemark a la negociación incluso si eso significaba reducir las pretensiones solicitadas, también funcionó. Después de la firma del acuerdo, Cinemark emitió un comunicado de prensa:

> "Cinemark Holdings, Inc. (NYSE: CNK), una de las cadenas de cine más grandes del mundo, anunció hoy que ofrece una opción de audiodescripción para personas ciegas o con discapacidad visual en todos sus cines de estreno…"

El abogado de Cinemark, Michael Cavalier, mantuvo el compromiso de su empresa con la tecnología accesible durante todo el periodo de control. Rio Popper, ahora adolescente, tiene un cine Cinemark al que puede asistir de forma autónoma, al igual que quienes disfrutan del cine en todo el país.

Solicitar una indemnización adicional después de comenzar una negociación

A mitad de una Negociación Estructurada con la Sociedad Americana contra el Cáncer (ACS) recordé que un proceso eficaz de resolución de conflictos se debe adaptar a los nuevos hechos. Como representante principal del Consejo Americano de Invidentes (ACB) en la negociación, la superviviente al cáncer Sue Ammeter habló contundentemente sobre su necesidad de disponer de un sistema braille. Pero durante la negociación, Ammeter desarrolló una neuropatía periférica (entumecimiento y hormigueo en los dedos) como resultado de la quimioterapia. Descrito por la ACS como un "efecto secundario incapacitante del tratamiento contra el cáncer", para quien lee en braille puede ser devastador.

"El braille es una sensación tan sutil", explica Ammeter, "Incluso una callosidad puede interferir en la lectura. Me resultó muy traumático cuando ya no podía leer braille". De la noche a la mañana, el principal método de lectura de Ammeter desapareció. En lugar de leer información sobre el cáncer en braille ahora necesitaba recursos en formato de audio.

Compartimos esta situación con representantes de ACS. Además de las disposiciones sobre accesibilidad web, el acuerdo requería que la información sobre el cáncer se generara en audio, braille, letra grande y formatos electrónicos. Con la ayuda de Ammeter, negociamos cómo hacer que los archivos de audio fueran utilizables para el público lector con visión reducida. No necesitamos intérprete de braille ni contratar una pericial como podría haber sido necesario en caso de acudir a los tribunales. No nos vimos obligadas a iniciar procedimientos legales para introducir el formato de audio como reclamación. La flexibilidad del método mantuvo fluida la negociación a medida que cambiaban las necesidades de Sue Ammeter.

El comunicado de prensa conjunto de 2011 reflejó la atmósfera colaborativa establecida durante la negociación. No habíamos criticado públicamente a ACS antes de la negociación y nos alegramos de no haberlo hecho. "Nos complace también posibilitar que nuestro contenido sea fácilmente accesible para las personas con discapacidad visual", dijo el servicio de portavocía de la Sociedad contra el Cáncer, "a través de nuestra colaboración con el Consejo Estadounidense de Invidentes".

———

Pueden suceder acontecimientos inesperados en cualquier momento en todos los campos del Derecho. La Negociación Estructurada puede adaptarse a ellos. La abogacía que gestiona el proceso de negociación debe recordar que pueden utilizar esa flexibilidad, no tiene miedo de hablar con franqueza a las partes negociadoras sobre las circunstancias cambiantes. Debe responder cuidadosamente a las solicitudes para incluir otras personas, peticiones o indemnizaciones durante las negociaciones. La Negociación Estructurada funciona mejor cuando las partes piensan creativamente sobre cómo resolver un problema y cuando redoblan su compromiso de permanecer en la mesa de negociación en los casos en que las circunstancias cambian.

SEXTA ETAPA

Redactando el Acuerdo

CAPÍTULO 12

Estrategias de redacción

"En pocas palabras, el momento en el que haces algo, a menudo, es tan importante como lo que has hecho".

—Eric Galton, Ripples from Pece Lake: *Ensayos para Mediación y Pacificación*

El objetivo de cada Negociación Estructurada es lograr un acuerdo por escrito. Pero incluso después de compartir información de manera colaborativa aprender con peritos/as profesionales y encontrar soluciones, escribir un lenguaje de acuerdo puede resultar desalentador. Este capítulo comienza con una descripción general de los elementos de los acuerdos alcanzados en la Negociación Estructurada y después ofrecer estrategias para garantizar la colaboración durante su redacción, incluyendo:

- cuándo y cómo comenzar el proceso de redacción
- cómo redactar en un lenguaje que reconozca y disipe el miedo
- la importancia de los pequeños compromisos en el camino hacia el acuerdo final
- cuándo negociar un acuerdo previo que requiera negociaciones futuras

Estas estrategias han contribuido al éxito de la Negociación Estructurada en docenas de casos.

Alcance y elementos de un acuerdo

Los acuerdos que resuelven reclamaciones en la Negociación Estructurada son similares a los alcanzados tras la presentación de demandas ante los tribunales (35). Se identifican las partes, se establece la duración del acuerdo y el lenguaje cuidadosamente elaborado describe las obligaciones y la renuncia a tribunales. Se especifican los mecanismos de pago de daños y/u honorarios de profesionales de la abogacía y se llega a un consenso sobre su publicidad. Los acuerdos generalmente incluyen un lenguaje estándar contractual que aborda terceros beneficiarios, sucesores/as y cesionarios/as así como la no admisión de responsabilidad. Un acuerdo bien escrito también establecerá mecanismos de control y resolución de conflictos para garantizar que las disposiciones se implementen según lo previsto (ver capítulo 15). Si fueran necesarias más aprobaciones con Administraciones públicas -lo que a menudo ocurre- se especificará el cronograma previsto.

Todos los asuntos tienen importancia

Las obligaciones de tipo judicial contenidas en el acuerdo variarán según la naturaleza de las reclamaciones, pero en todos los casos el lenguaje debe garantizar que los cambios negociados persistan en el tiempo. En reclamaciones sobre accesibilidad digital, los acuerdos en la Negociación Estructurada han incluido obligaciones diseñadas para incorporar la accesibilidad en la cultura de la organización. "Necesitamos hacer que la accesibilidad permanezca", les digo a menudo a las partes negociadoras. "Necesitamos incorporar la accesibilidad en el ADN de la organización".

Las disposiciones que establecen que para una fecha concreta las aplicaciones móviles y los sitios web cumplan con los estándares internacionales de accesibilidad son cruciales, pero no son suficientes. Los acuerdos de accesibilidad con organizaciones tan diversas como Anthem, Inc., Bank of America, Denny's, E * Trade y Weight Watchers también exigen formación, pruebas de usabilidad, contratación de consultorías, nombramiento de personal de coordinación de accesibilidad, adopción de políticas y publicación de información.

Al principio de mi carrera distinguí entre cuestiones "secundarias" (como la adopción de políticas) por un lado, y cuestiones "reales" o "primarias" (como los estándares web), por otro. La instalación de cajeros automáticos con voz era un problema real; formar al personal sobre cómo funciona un cajero automático con voz era secundario. Ofrecer recetas con voz era primordial; notificar a la clientela sobre su disponibilidad, no tan importante. Ya no creo en la diferenciación. Ahora sé que todos los problemas importan.

Los llamados problemas secundarios pueden marcar la diferencia entre un acuerdo que modifica la cultura corporativa y uno que proporciona sólo una compensación temporal. En la etapa de redacción, con frecuencia, les recuerdo a las partes negociadoras que quienes integran la mesa de negociación tienen el interés compartido de asegurar que el acuerdo funcione según lo previsto. Ese interés compartido permite a la abogacía pensar de manera colaborativa y creativa sobre un lenguaje que consolide las principales obligaciones.

Las relaciones positivas desarrolladas en la Negociación Estructurada pueden hacer que incluso las obligaciones inusuales sean aceptables. Una de estas disposiciones se incluyó en un acuerdo de 2001 con Bank of America. El acuerdo se basó en el compromiso anterior del banco y fue el primer acuerdo de Estados Unidos en solicitar un despliegue nacional de cajeros automáticos con voz. La mayoría de las personas con visión reducida aún no habían experimentado con un cajero automático que pudieran utilizar y el despliegue era un problema "secundario" (pero importante) que servía a los intereses de todas las partes(36). Bank of America fijó en el acuerdo:

"proporcionar hasta tres (3) ubicaciones temporales de cajeros automáticos con voz en 2002 y 2003 determinando las expectativas de asistencia a eventos y su disponibilidad de ubicación. Ejemplos de eventos para los que se espera asistencia como la convención anual del Consejo Americano de Personas con

Visión Reducida y la Conferencia Anual de Tecnología y Personas con Discapacidad de la Universidad Estatal de California, Northridge (CSUN). Bank of America lo notificará a las partes solicitantes al menos con sesenta (60) días de antelación a la aparición programada del cajero automático temporal con voz en dicho evento."

El banco entregó un cajero automático con voz a la conferencia CSUN en 2002 y 2003. Solo un grupo reducido sabíamos que fue posible gracias al acuerdo de Negociación Estructurada.

Posibilidad de una amplia compensación

Sin reglas judiciales y confrontaciones sobre legitimación, un acuerdo de Negociación Estructurada puede proporcionar compensación más allá de las necesidades individuales de las partes solicitantes. Esto se hizo evidente en nuestros primeros acuerdos sobre cajeros con voz que precisaban instalar nuevas máquinas en las que los bancos ofrecieran cajeros con ese servicio independientemente del lugar en que las partes solicitantes vivieran o tuvieran sus cuentas. La iniciativa sobre recetas con voz de Walgreens se aplicó a más de 7.000 comercios en los Estados Unidos, aunque no se llevara a cabo ninguna demanda colectiva. Walmart actualizó su tecnología en más de 4.000 comercios, igualmente sin demanda colectiva.

Cuando dos profesionales con visión reducida no pudieron convencer a su seguro sanitario de que reformara su sitio web y proporcionara información en braille, Linda Dardarian y yo enviamos una carta de presentación a WellPoint (el mayor agente de empresas de Blue Cross / Blue Shield del país). Tras convertirse en Anthem, Inc., WellPoint, aceptó nuestra invitación. Después de negociar un documento de reglas básicas, de compartir información y realizar un trabajo de soporte por parte de la empresa y su asesoría, finalizamos el acuerdo de negociación en el 2014. Con una medida que afectó a sus operaciones en todo Estados Unidos, Anthem, Inc., amplió su sistema para proporcionar versiones en braille, letras grandes, versiones electrónicas y de audio de la información del plan sanitario y sus sitios web y aplicaciones móviles se actualizaron para cumplir con los estándares internacionales de accesibilidad. La Negociación Estructurada hizo posible que la experiencia de dos miembros de Anthem Blue Cross of California sirviera como catalizadora de esta extensa iniciativa.

La compensación también fue parte del acuerdo de American Express en el 2005. La empresa de tarjetas de crédito accedió a ofrecer estados de cuenta mensuales en braille y en letra grande a quienes fueran titulares de tarjetas de Estados Unidos que necesitaran esos formatos. Al igual que con Anthem, Inc. obtuvimos esa petición a nivel nacional sin necesidad de conflictos legales de demandas colectivas y sin gastar tiempo y dinero en identificar, entrevistar o hacer declarar a titulares de tarjetas del país. Nadie contrató informes periciales para discutir sobre la necesidad de disponer de braille o la facilidad de proporcionarlo. Nadie perdió tiempo ni dinero investigando el número de personas que leían braille en Estados Unidos.

Paul Parravano y Clarence Whaley, solicitantes de American Express, no podían leer nada impreso. En un litigio tradicional, podrían haberles negado legitimidad para desafiar a la empresa por su incumplimiento en facilitar letras grandes. Pero la Negociación Estructurada hizo que American Express no presentara demanda judicial a pesar de contar con los medios para ello. Cuando llegó el momento de la redacción, American Express no estaba situada en una mentalidad confrontativa. Con ayuda de quien le proveía de braille ofreciendo letras grandes, la empresa dispuso en nuestro acuerdo producir ese formato.

El alcance de nuestro acuerdo con el Centro Médico de la Universidad de California en San Francisco (UCSF) también pone de manifiesto el poder de la Negociación Estructurada a la hora de proporcionar una amplia compensación. La carta de presentación a UCSF fue escrita en nombre de una persona que utilizaba silla de ruedas. Se puso en contacto conmigo después de que este hospital de primer nivel no pudiera ofrecerle una habitación con baño accesible. Gracias a esa reclamación motivada por una barrera de accesibilidad, Linda Dardarian y yo negociamos un acuerdo que mejoró las políticas, los programas, la formación y los planes arquitectónicos de toda la instalación. "Si hubiéramos presentado una demanda", dice Dardarian, "la hubiéramos presentado solamente sobre el baño que esa persona no podía utilizar".

No se debe subestimar el potencial de la Negociación Estructurada para aportar soluciones creativas a los problemas subyacentes a las demandas legales. Antes de intercambiar los borradores, profesionales de la abogacía y clientela de cada lado de la mesa de negociación deben discutir los detalles del acuerdo que esperan negociar. El cajero automático con voz presentado en la conferencia tecnológica es una invitación a no tener miedo a pensar de manera creativa.

Comenzando: ¿Hoja de Condiciones o Borrador de Acuerdo?

Sin presentar un caso ante los tribunales no existe obligación de reuniones o sesiones de mediación para impulsar el proceso de redacción del borrador. Las partes deben determinar cuándo superar la conversación y comenzar a articular el acuerdo. No existe un momento perfecto para comenzar a hacerlo. Si se empieza demasiado pronto, las partes se pueden atascar en la búsqueda de terminología para encontrar un terreno común. Si se espera demasiado, el ritmo de los cambios que se precisen puede decrecer. El mediador Eric Galton manifiesta:

> "El tiempo es uno de los aspectos más importantes de una mediación o una pacificación con éxito. "Tiempo" significa cuándo hacer algo en el proceso. El tiempo rara vez se debate y casi nunca se instruye sobre él. . .[E]n pocas palabras, cuándo haces algo es a menudo tan importante como lo qué haces[37]"

El mensaje de Galton, escrito para profesionales de la mediación, también funciona para participantes de Negociación Estructurada.

El mejor consejo para decidir cuándo y cómo comenzar a redactar el borrador en Negociación Estructurada es: ser excelente oyente.

Mida la capacidad de la otra parte negociadora para asumir sus obligaciones. Evalúe si la redacción acelerará o no el proceso o causará rechazo en la otra parte que pueda sentir que el ritmo es demasiado rápido. Y cuando crea que es hora de comenzar a redactar, pregunte a la otra parte. En el 2015, envié una nota al despacho de una empresa con la que habíamos trabajado durante aproximadamente 18 meses:

> "Según los planes actuales de la empresa y el trabajo en curso, creemos que es hora de redactar el acuerdo. Disponer de un borrador de acuerdo debería ayudarnos a centrarnos en los asuntos pendientes y a encontrar el lenguaje apropiado para expresar el compromiso de la empresa. Confirme que cree que éste es el momento correcto."

Recibí respuesta de confirmación por correo electrónico; el proceso de redacción comenzó enseguida.

––––––

Hay dos formas de comenzar la fase de redacción de la Negociación Estructurada. Una consiste en preparar una lista de elementos que se incluirán en el acuerdo escrito, a menudo denominado *hoja de condiciones*. La otra, es que la representación de quienes demandan prepare un primer borrador del acuerdo. Cualquiera de las estrategias, o una combinación de ambas, es efectiva.

Una hoja de condiciones ofrece a las partes una visión general de los problemas que se incluirán en el acuerdo, de esta manera no se obliga a las partes a involucrarse en un lenguaje específico y no se asusta a las partes negociadoras con detalles para los que aún no están preparadas. Las hojas de condiciones tienen sentido cuando todas las partes se han comprometido sustancialmente con el objetivo principal de la negociación aunque queden por discutir, sin embargo, detalles importantes.

En las Negociaciones Estructuradas con Denny's y con la cadena de supermercados Raley en las que ambas habían invertido tiempo y dinero en resolver los problemas principales de los casos, Raley estaba trabajando para reemplazar la tecnología de pago no accesible y Denny's se había comprometido a actualizar su sitio web, sus aplicaciones móviles y su programa de correo electrónico con la clientela. Sin embargo, habíamos hablado muy poco de estas cuestiones así que, en el 2014, envié hojas de condiciones a ambas empresas. Los documentos identificaron problemas de formación, mantenimiento y comunicación que finalmente formarían parte de los acuerdos. Pero no mostré detalles de estos asuntos a ninguna de las empresas. Las listas ayudaron a la asesoría de la empresa a prepararse para el borrador del acuerdo y a identificar al personal cuyo aporte sería necesario para finalizar el acuerdo.

Las hojas de condiciones también sirven para plantear los problemas financieros en la mesa de negociación en el momento adecuado para ser considerados dentro del ciclo presupuestario. El momento de hacer una propuesta económica es complicado; en casos de reclamaciones económicas judiciales, por lo general, no es recomendable especificar una propuesta exacta en concepto de daños en la hoja de condiciones. Una declaración genérica como "pago a la parte solicitante" es más apropiada. En los casos sometidos a normas *fee-shifting*, se debe incluir una referencia a los honorarios de profesionales de la abogacía pero la solicitud del importe de tales honorarios debe esperar hasta que las partes estén más cerca de la resolución final del caso (ver capítulo 13).

Mientras que una hoja de condiciones ofrece una visión general de los asuntos del contrato, un borrador de acuerdo inicia el debate sobre el acuerdo. Si me preocupa que una parte negociadora no entienda el nivel de detalle que mi clientela necesita en un acuerdo, le envío un borrador. Cuando sospecho que llevará meses trabajar para conseguir las aprobaciones necesarias, comienzo pronto el proceso de redacción.

La representación letrada no necesita estar segura de todos los aspectos del acuerdo antes de redactar algunas partes del mismo. A menudo envío un borrador que es parte del acuerdo, parte de la hoja de condiciones. Cuando no quiero abrumar a las otras partes negociadoras con demasiados detalles pero necesito comenzar a hablar sobre ellos, envío un borrador del acuerdo pero dejo algunas secciones solamente con el título. Las secciones en blanco sirven como puntos que se deban abordar. Esto me permite llamar la atención sobre los problemas que se deben resolver sin dar un paso adelante demasiado pronto. En una negociación del 2015 con una empresa de información financiera, olvidé esta lección.

Escribí un borrador detallado del lenguaje del acuerdo sobre la obligación de la empresa de hacer accesible el contenido web y las aplicaciones móviles, temas que discutimos en profundidad durante el curso de la negociación. Pero el borrador del acuerdo también incluía una obligación exigiendo que los estándares de usabilidad y accesibilidad se aplicaran a los correos electrónicos habituales que la empresa enviaba a la clientela. Había hablado sobre el problema del correo electrónico con mis clientes/as pero aún no lo había planteado al bufete de la empresa. Al revisar el borrador, quienes tomaban las decisiones corporativas se disgustaron al descubrir un problema que aún no se había puesto en la mesa de negociación. Apacigüé los ánimos con una disculpa, sabiendo que debería haber planteado previamente la cuestión de la accesibilidad del correo electrónico; el borrador debería haberlo incluido. Redactar una propuesta detallada fue prematuro.

En un primer borrador, rara vez especifico plazos, "No quiero establecer un marco de tiempo para subsanar la web", dije a innumerables colegas cuando comenzamos a negociar el acuerdo. "Tiene sentido que la empresa proponga un calendario realista que podamos discutir". No importa lo grande que sea una institución, existen presupuestos, personal y una jerarquía de prioridades que influyen en la rapidez con la que se puede dar un cambio. Insistir en plazos arbitrarios no sirve al objetivo final del contenido web, que funcionará para quien lo utilice.

Introducir la accesibilidad en los procesos de la organización lleva tiempo e implica a los diferentes departamentos de una organización: personal desarrollador, diseñador, dirección de producto, equipos de garantía de calidad, dirección de proyectos, personal formador así como proveedor de contenido, equipo comercial y ejecutivo. Invitar a quienes poseen sitios web a proponer un borrador de calendario garantiza el apoyo de las personas que participan en estos diversos roles; no debilita las reclamaciones de mi clientela.

Los comentarios al margen de un borrador preliminar de acuerdo son una forma no confrontativa de plantear cuestiones que no se han desarrollado. Al negociar una disposición de resolución de conflictos, mi comentario puede ser tan simple como: "Por favor, háganos saber las opiniones de su clientela sobre el arbitraje vinculante". Si sé que el acuerdo debe incluir formación del personal pero no quiero que la otra parte negociadora sienta que estoy organizando procesos internos, podría incluir una sección en blanco titulada "Formación", con un comentario como: "Por favor, indiquemos los planes de la empresa sobre formación del personal de atención a la clientela". Este tipo de comentarios fomenta el espíritu colaborativo. Incluso cuando quien redacta el borrador tiene la idea de cómo se debe formular el lenguaje contractual, en las primeras etapas de la redacción es aconsejable obtener primero la opinión de las partes negociadoras.

El lenguaje conquista el miedo

El miedo es incontrolable en las negociaciones. La abogacía está formada para temer lo peor y preocuparse por "qué pasaría si". El recelo sobre la implicación de palabras y frases, comas y puntos y comas, impregna la profesión. Trabajar en un proceso colaborativo de resolución de conflictos no elimina el miedo. Pero la Negociación Estructurada ofrece herramientas para abordarlo. Prestar atención al miedo es importante cuando se evalúa la respuesta a la carta de presentación (ver capítulo 6) y cuando se trabaja a través de obstáculos que impiden el progreso de la negociación (ver capítulo 9). De la misma manera, durante la etapa de redacción del acuerdo, la abogacía debe reconocer el miedo y utilizar estrategias de redacción para superarlo.

Al examinar 20 años de práctica en la Negociación Estructurada fuera de los tribunales, me sorprendió darme cuenta de la frecuencia con la que el miedo había sido un factor en mis negociaciones. Los bancos temían que los cajeros automáticos con voz pudieran causar robos a la clientela con visión reducida. Los equipos de ingeniería de tráfico temían que las señales audibles pudieran causar accidentes. Algunas de las principales cadenas de farmacias inicialmente se negaron a ofrecer recetas con voz porque temían que la información en audio pudiera ser inexacta o engañar a la clientela con visión reducida. Todas las empresas y organizaciones gubernamentales temen retrasos de empresas proveedoras externas y costes excesivos.

Afortunadamente, un tipo de miedo identificado por el profesor John Lande en *Lawyering with Planned Early Negotiation* (38) no está presente en la Negociación Estructurada: el miedo a la negociación misma. Lande identifica ocho elementos de la "Prisión del miedo" que evitan que profesionales de la abogacía quieran negociar en primer lugar y proporciona las llaves de la puerta de la prisión analizando "formas de lidiar con el miedo". Cuando se redacta el acuerdo en una Negociación Estructurada ya se ha firmado el documento de reglas básicas, se ha llevado a cabo una conversación colaborativa e intercambiado información y las partes se sienten cómodas con la idea de que las reclamaciones se resolverán en la negociación.

Sin embargo, incluso sin el miedo a la negociación en sí, los miedos específicos, como los identificados anteriormente, estarán presentes. Cada ámbito legal se presenta con su propio conjunto de temores pero el principio de la Negociación Estructurada es el mismo: comprender los temores de las partes negociadoras. Crear un lenguaje que los aborde incluso cuando se crea que esos temores son infundados.

Los acuerdos de Negociación Estructurada a menudo incluyen lo que yo denomino "lenguaje de reducción del miedo". Pienso en estas disposiciones como dispositivos de seguridad porque proporcionan un nivel de comodidad que permite avanzar en un entorno incierto. El esfuerzo que supone incluir este lenguaje es poco o nada. En mi experiencia, rara vez se aplican las disposiciones del acuerdo diseñadas para proteger contra el miedo. Si se aplican, las relaciones construidas en la Negociación Estructurada permiten a las partes superar cualquier dificultad que surja. Los dispositivos de seguridad no permiten que las partes negociadoras se separen; simplemente posponen a una fecha futura unas discusiones que tal vez nunca tengan lugar.

El lenguaje de reducción del miedo permite a las partes evitar conversaciones difíciles sobre asuntos especulativos sin debilitar el acuerdo. Es un lenguaje que ha allanado el camino para finalizar muchos acuerdos en la Negociación Estructurada.

Temores tecnológicos

En las primeras negociaciones de cajeros automáticos con voz, las partes pasaron tres años visitando laboratorios de desarrollo y discutiendo las características y funciones de las máquinas que acababan de ser accesibles. Sin embargo, incluso después de un acuerdo sobre el funcionamiento de los primeros cajeros automáticos con voz del país, la transición de las visitas al laboratorio a los acuerdos escritos no siempre fue fácil. Una de las principales razones fue el miedo. Miedo a lo que sucedería cuando se instalaran los nuevos dispositivos, miedo a posibles infracciones de seguridad y miedo a posibles problemas de entrega por parte de la empresa proveedora.

Desde la perspectiva de los bancos, estos temores estaban justificados. Nuestras negociaciones se centraron en introducir nueva tecnología en un entorno altamente sensible y multimillonario que afectó a millones de personas e involucró seguridad en la información financiera y grandes cantidades de efectivo. El acuerdo que negociamos con Wells Fargo en 1999 reflejó estas incógnitas: "Las partes reconocen que la tecnología necesaria para proporcionar los cajeros automáticos con voz mejorados no ha sido probada o verificada en una aplicación comercial en los Estados Unidos".

Abordar los temores llevó tiempo y durante las primeras negociaciones de cajeros automáticos con voz el retraso pudo ser insoportable. Pero las partes solicitantes y los tres bancos mantuvieron el rumbo. Entre julio de 1999 y marzo de 2000 finalizamos los tres primeros acuerdos. Estaban plagados de un estilo de lenguaje que contenía la frase "qué pasará si" para abordar los temores, lo que ofrecía a los bancos la confianza para avanzar en las nuevas tecnologías.

El acuerdo de cajeros automáticos de Wells Fargo permitió la modificación de los términos del mismo y la posible terminación de todo el programa de accesibilidad debido a la "naturaleza comercialmente no verificada" de la nueva tecnología. Un acuerdo de Bank of America autorizó la modificación en caso de que la instalación de nuevos dispositivos tuviera un "efecto adverso sustancial en el rendimiento individual de un número considerable de cajeros automáticos o en el rendimiento general o la seguridad de las operaciones de cajeros automáticos de Bank of America". Los acuerdos incluían cláusulas de salvaguarda por si un banco prefiriese una "tecnología alternativa" que proporcionara "acceso autónomo a los servicios bancarios". De igual manera, el hecho de tener problemas de seguridad inesperados y el posible fallo de empresas proveedoras de tecnología en la entrega, tal y como se esperaba, ofrecía otras salidas.

Fue mi primera experiencia en el lenguaje de negociación que proporcionaría comodidad a las partes negociadoras sin debilitar los logros obtenidos con tanto esfuerzo. Los bancos nunca tuvieron que recurrir al lenguaje. La tecnología funcionó. Nunca tuvimos que modificar un acuerdo. Pero si no hubiéramos aceptado el lenguaje de reducción del miedo, es posible que los acuerdos nunca se hubieran firmado.

Miedo a la demanda excesiva

En nuestra Negociación Estructurada con las empresas crediticias del país perseguíamos dos objetivos: informes accesibles online y formatos alternativos para informes en papel. Los formatos alternativos deseados (llamados así porque ofrecen alternativas a las personas que no pueden leer la impresión estándar) fueron braille, letra grande y audio (39). Experian, TransUnion y Equifax eran partes negociadoras con buena predisposición, por lo que nos sorprendimos cuando se negaron a ofrecer informes de crédito en letra grande. Debido a que la Negociación Estructurada permite una conversación honesta nos enteramos rápidamente de que las empresas temían que demasiadas personas solicitaran esta versión alternativa.

Una vez que comprendimos su miedo, pudimos abordarlo. El acuerdo final incluyó una complicada fórmula que define "alto volumen de solicitudes" y "volumen de solicitudes extraordinario". Estas disposiciones desencadenaban diferentes obligaciones si demasiadas personas solicitaban informes en letra grande. El lenguaje era irrefutable pero las empresas nunca tuvieron que usarlo. Los informes de crédito accesibles, incluidos los de letra grande, se implementaron sin problemas.

Estoy agradecida por el hecho de que las partes pudieran negociar una respuesta a los temores de las agencias de crédito. En un caso tradicional, es posible que nos hubiéramos visto obligadas a presentar el problema ante un tribunal que no hubiera comprendido ni las necesidades de las empresas ni la importancia de los formatos alternativos para personas con dificultades para leer formatos impresos estándar. La comunicación directa fomentada por la Negociación Estructurada fue de gran utilidad para las partes. Una redacción cuidadosa superó el miedo a lo desconocido.

Miedo a la intromisión

El miedo a la intromisión de la parte solicitante es un obstáculo frecuente. A pesar de garantizar que la clientela no desea dirigir las operaciones de las partes negociadoras, el temor a menudo sigue siendo real y debe abordarse. Cuando Safeway acordó que nos proporcionaría borradores con material de formación y aceptaría comentarios aportados por profesionales de la abogacía incluimos cláusulas para calmar los temores a la intromisión: "Los detalles del material de formación quedarán a discreción de Safeway".

La misma estrategia funcionó con CVS y Staples. En negociaciones separadas cada empresa acordó que la tecnología de pago que adquiriría en el futuro dispondría de ciertas características. Cada acuerdo también especificaba que correspondería a las empresas decidir sobre "el tipo y la naturaleza de los dispositivos TPV de próxima generación" siempre que incluyeran esas características. Y ese poder de decisión ayudó a calmar los temores en el acuerdo con las agencias crediticias del país. Aunque los informes en braille gratuitos debían estar disponibles en una fecha determinada, cada empresa podía "elegir, a su discreción, escalonar el despliegue de su programa en braille por región geográfica del país, siempre que dicho despliegue escalonado finalizara antes del 31 de diciembre de 2008". El lenguaje satisfizo las necesidades de las partes negociadoras para controlar los procesos comerciales sin disminuir los objetivos sobre informes en braille para una fecha determinada.

Miedo a las demandas de imitación

La mayoría de los acuerdos que he alcanzado en Negociación Estructurada incluyen disposiciones de tipo cautelar que benefician a un colectivo. Cualquier amante de béisbol con visión reducida que pague tarifas de suscripción tiene acceso a los reproductores accesibles de audio y vídeo de las Grandes Ligas de Baseball. Cualquier persona con visión reducida puede utilizar los cajeros automáticos con voz de Wells Fargo y solicitar recetas con voz de Caremark o Humana. Las mejoras en el sitio web realizadas por Trade,Bank of America y Denny's benefician a toda la clientela con conexión a internet. Pero los acuerdos con estas empresas no fueron acuerdos de demanda colectiva. Los pagos no se distribuyeron a grupos de miembros no identificados y las únicas personas u organizaciones que renunciaron a reclamaciones fueron las partes demandantes de los casos (tal como se comentó después, la Negociación Estructurada también puede dar como resultado beneficios a quienes no son solicitantes y quienes renuncian a presentar reclamaciones colectivas admitidas a trámite judicial).

No proceder como una demanda colectiva e implementar una medida cautelar para el colectivo ahorra a las partes cientos de miles de dólares en honorarios de profesionales de la abogacía y costes que de otro modo se gastarían en reunir declaraciones juradas de los miembros del colectivo; presentar, informar y argumentar alegaciones; asegurar periciales; y notificar al colectivo. Aun así, la ausencia de demanda puede causar nerviosismo durante la redacción del acuerdo, tal como a menudo ocurre al principio del proceso. Los consejos ofrecidos en el Capítulo 6 para convencer a las partes demandadas de firmar el documento de reglas básicas también son útiles cuando surge el temor a demandas de terceras partes durante la redacción del acuerdo. En esta última etapa del proceso, las partes pueden mantener la confianza creada durante la negociación, como lo hicimos al redactar nuestro acuerdo con American Express.

———

Nuestras conversaciones con American Express fueron positivas ya que las partes elaboraron un lenguaje de acuerdo. Se habían intercambiado varios borradores y la Negociación Estructurada había ahorrado a la empresa decenas de miles de dólares en fases de pruebas, periciales y otros costes relacionados con la demanda. Paul Parravano y Clarence Whaley, solicitantes, habían establecido conexiones positivas con representantes de la empresa. Pero hacia el final de la fase de redacción, cuando American Express comenzó a distanciarse, el eje de la Negociación Estructurada fue reconsiderado. ¿Por qué? Sin demanda colectiva específica y compensación colectiva de demandas, quienes representaban a la empresa temían negociar una amplia compensación que beneficiara a toda la clientela. La empresa comenzó a cuestionar la firma de nuestro acuerdo que había sido cuidadosamente elaborado.

Si bien una demanda de una única persona desconocida con visión reducida, insatisfecha con los detalles de nuestro acuerdo, no era más que una posibilidad teórica, tenía gran importancia en la mente corporativa. Linda Dardarian y yo habíamos escuchado antes ese argumento. Le recordamos a American Express, tal como habíamos recordado a otras partes negociadoras el coste que supone una acción colectiva, incluso cuando las partes pasan rápidamente al acuerdo. Les dijimos que podíamos presentar una demanda y presentar el acuerdo negociado a un tribunal mediante una acción colectiva pero que dudábamos que el tiempo y los gastos ocasionados merecieran la pena. Y describimos cómo la Negociación Estructurada tiene el resultado práctico de prevenir futuras reclamaciones. Habíamos negociado 17 acuerdos para entonces, todos sin acción colectiva o aprobación judicial. Ninguna de las partes negociadoras había sido demandada. Enviamos información de contacto a American Express de bufetes que habían negociado esos acuerdos. Finalmente, se calmaron los temores de la empresa sobre futuros juicios de otras partes.

La preocupación por demandas de otras partes también puede abordarse en una cláusula de "colaboración" como esta:

> "Colaboración — La parte comunicadora se compromete a que durante la vigencia del acuerdo colaborará con [Nombre de la empresa] en sus esfuerzos por defender el acuerdo o el anexo confidencial ante cualquier recurso judicial o alegato de nulidad.
>
> La colaboración requerida en esta cláusula se proporcionará de inmediato."

———

La Negociación Estructurada ofrece otras perspectivas frente al temor a las demandas de imitación. La primera es que las partes pueden resolver las reclamaciones de personas concretas que no fueron solicitantes, pero que se vieron afectadas por la conducta implícita en la negociación. En un caso, Linda Dardarian y yo negociamos un beneficio para 24 personas que no eran solicitantes pero que se habían puesto en contacto con nosotras sobre el tema de la negociación. Cada persona firmó un comunicado. Y en un acuerdo histórico de Negociación Estructurada que Linda y sus colegas de Disability Rights Advocates (DRA) negociaron con el consorcio de atención sanitaria Kaiser Permanente, 25 testigos individuales, además de las tres personas solicitantes y una organización recibieron contraprestaciones a cambio de firmar un comunicado.(40)

La segunda perspectiva es que las partes pueden ir más allá para calmar los temores de futuras demandas mediante la presentación ante los tribunales de acuerdos alcanzados en la Negociación Estructurada. En 2008, la cadena Sutter Health anunció que había "dado un gran paso legal para mejorar aún más el acceso a la atención médica de pacientes con discapacidad de movilidad, visual, auditiva y del habla que buscaban asistencia en las instalaciones de Sutter". El comunicado de prensa de la empresa de atención médica señaló que la iniciativa había surgido "después de trabajar en colaboración" con la oficina de Linda Dardarian y DRA en "diálogos estructurados voluntarios". (41)

Según Dardarian, "este amplio acuerdo, establecido bajo un Decreto de consentimiento aprobado por el tribunal, fue el resultado del trabajo conjunto de las partes para garantizar que todos los hospitales, clínicas y consultorios afiliados a Sutter brindaran atención médica de óptima calidad a pacientes con discapacidad. El acuerdo requirió que Sutter eliminara las barreras arquitectónicas, revisara sus políticas y procedimientos y comprara e instalara equipos médicos accesibles. Sutter también acordó crear un fondo de 1.056.000 dólares para que los cuatro demandantes y 84 testigos que habían proporcionado información sobre sus experiencias pudieran divulgarlas".

El caso fue gestionado y resuelto en una Negociación Estructurada y las partes acordaron que quienes habían sido solicitantes presentaran una demanda colectiva junto con el acuerdo después de completar la negociación. Dardarian explica: "lo hicimos para asegurar la aprobación judicial del acuerdo como justo, adecuado y razonable para el colectivo -ya que renunció a reclamaciones de miembros del colectivo no identificados- y también para proteger a Sutter de futuras demandas sobre estas mismas reclamaciones durante los diez años en los que el acuerdo permaneciera vigente".

Un procedimiento similar se utilizó en un caso de Negociación Estructurada con la ciudad de Denver, Colorado. En 2016, el abogado que representaba a la ciudad y partes solicitantes -Colorado Cross Disability Coalition y el Civil Rights Education and Enforcement Center- anunciaron un acuerdo multimillonario que requería la instalación de rampas. El acuerdo fue presentado ante el tribunal para su aprobación después de ser negociado sin demanda legal; los documentos presentados explicaron que se había alcanzado mediante una Negociación Estructurada.(42)

El acuerdo con Sutter y el caso de la rampa de acceso de Denver demuestran que presentar una demanda judicial posterior al acuerdo es una opción en la Negociación Estructurada si las partes desean la renuncia de reclamaciones de un colectivo. Pero en la mayoría de los casos, la presentación demandas judiciales probablemente se considerará innecesaria y costosa.

Temor a que la ley cambie

Las partes negociadoras con frecuencia expresan temor a que la ley, los reglamentos o la normativa en vigor cambien durante la vigencia de un acuerdo. Este es un miedo fácil de abordar en la redacción. Nuestro acuerdo sobre señales accesibles para peatones (SAP) con San Francisco es un ejemplo:

> "Si una de las partes de este acuerdo considera que hay un cambio en cualquier ley o regulación aplicable relacionada con las SAP que requiera la modificación de este acuerdo deberá notificarlo a la otra parte por escrito. La notificación incluirá una propuesta específica para la modificación del acuerdo según lo requiera el cambio de ley o regulación. Dentro de los diez (10) días hábiles posteriores a la recepción de la notificación de la enmienda propuesta, la otra parte deberá proporcionar una respuesta por escrito. Si las partes están de acuerdo con respecto a la modificación propuesta, la modificación se facilitará lo antes posible a la Junta de SFMTA para su consideración con una solicitud de aprobación. Si las partes no pueden llegar a un acuerdo con respecto a la enmienda propuesta dentro de los sesenta (60) días naturales a partir de la fecha de la primera notificación, la enmienda propuesta se someterá a la Resolución de Disputas, según se establece en la Sección VII.B siguiente."

Como estábamos negociando con una entidad pública, la disposición requería la aprobación de cualquier modificación por parte del órgano correspondiente. En los casos de negociación con el sector privado, el desacuerdo sobre las modificaciones se tramita directamente mediante la Resolución de Disputas.

Cuando resolvimos reclamaciones en una Negociación Estructurada con Target sobre terminales de punto de venta (TPV), nuestro acuerdo permitió a la empresa "modificar o suspender obligaciones contractuales" si "concluía razonablemente y de buena fe" que sus obligaciones estaban:

> "prohibidas, restringidas o eran inviables conforme a la legislación o normativa federal, estatal o local o por cualquier modificación o cambio en los Estándares de Seguridad PED de la industria de tarjetas de pago u otros estándares similares."

Nunca se recurrió a esa disposición.

En los casos de accesibilidad digital, las partes negociadoras a menudo solicitan un lenguaje que permita modificaciones si entran en vigor nuevas regulaciones o se da un cambio en las pautas de accesibilidad durante la vigencia del acuerdo. La ADA cubre sitios web y el Departamento de Justicia utiliza los mismos estándares de accesibilidad en sus medidas de aplicación que las partes privadas usan en la Negociación Estructurada y los litigios. Los reglamentos federales que regulan la accesibilidad de los sitios web estuvieron pendientes durante más de cinco años. La demora aumenta innecesariamente el temor a una modificación del entorno legal y a menudo es preciso modificar las disposiciones legales que afectan a los acuerdos de acceso digital.

Esta acción gubernamental pendiente también permaneció en segundo plano en muchas de nuestras negociaciones sobre cajeros automáticos con voz. Excepto en los primeros casos, se habló de que muchas regulaciones federales podrían incluir la necesidad de cajeros automáticos accesibles diferentes a los que se había llegado a un acuerdo por parte de nuestros equipos. Negociamos las cláusulas de modificación con muchos bancos, pero nunca tuvimos que utilizarlo.

Las regulaciones cambiaron 12 años después de que se instaló nuestro primer cajero automático con voz.

Miedo a un incumplimiento

Aunque la Negociación Estructurada evita el juzgado, las salas de declaración y las batallas periciales, sus acuerdos son documentos legales vinculantes. Las partes tienen la posibilidad de vulnerarlos. Esto lleva a lo que yo denomino cláusula de "reducción de incumplimientos". Las partes pueden acordar recurrir a un mini procedimiento antes de activar la sección de resolución de conflictos. O bien, el acuerdo puede prever pequeños incumplimientos y aceptar no etiquetarlos como tales.

La primera vez que vimos la necesidad de introducir la cláusula de "reducción de incumplimiento" fue durante una Negociación Estructurada con Wells Fargo. Nuestro acuerdo exigía que el banco ofreciera documentos impresos en formatos que las personas con visión reducida pudieran leer, incluyendo braille y letras grandes. Aunque el acuerdo era vinculante sólo para cinco solicitantes, las nuevas ofertas, referidas con el término técnico legal "ayudas y servicios auxiliares", estaban disponibles en todo California. La cláusula de "reducción de incumplimiento" fue diseñada para abordar los temores de que un error inadvertido al facilitar un formato alternativo a una sola persona constituyera un incumplimiento del acuerdo:

> "Se producirá un incumplimiento de la Sección 4 sólo cuando las partes solicitantes o el consejo puedan establecer que Wells Fargo se ha involucrado en una práctica de incumplimiento de la Sección 4.1. Las partes acuerdan que el hecho de que una persona con discapacidad visual no esté satisfecha con una ayuda o servicio auxiliar en particular o con el hecho de que Wells Fargo no brinde una ayuda o servicio auxiliar específico a una persona con discapacidad visual no constituirá un incumplimiento de este acuerdo."

En la Negociación Estructurada con Charles Schwab negociamos una cláusula de reducción de incumplimientos para disipar las preocupaciones de la empresa sobre "aparición de imprevistos al cumplir con el cronograma de accesibilidad" establecido en el acuerdo. El acuerdo proporcionó a la empresa el derecho de ampliar los plazos de manera unilateral hasta 30 días. Se añadieron requisitos a los retrasos propuestos de más de 30 días:

> "Si SCHWAB propone ampliar cualquiera de esos plazos por un período de más de 30 días, SCHWAB proporcionará por escrito al equipo de profesionales de la abogacía nuevos plazos y los motivos de la solicitud y las partes negociarán de buena fe el nuevo plazo. Las disputas relacionadas con la solicitud de una ampliación de más de treinta días se resolverán de conformidad con las disposiciones de resolución de conflictos establecidas en este acuerdo."

Nunca tuvimos que someternos a las disposiciones de resolución de conflictos y Charles Schwab se convirtió en una empresa pionera nacional proporcionando contenido digital accesible.

Se negoció una cláusula similar con Cinemark cuando la cadena de cine temió que una breve demora durante la instalación del equipo pudiera causar un incumplimiento del acuerdo. En ambos casos, la cláusula de reducción de incumplimiento satisfizo las preocupaciones legítimas de las negociadoras sin restar valor a las necesidades de nuestra clientela. Este tipo de cláusula es posible en cualquier ámbito legal cuando las partes confían entre ellas.

Pequeños pasos ayudan a escalar una montaña

En el Capítulo 9 vimos cómo los pequeños pasos que se dan durante la negociación pueden evitar los atascos en las mismas. Se puede aplicar el mismo principio durante la fase de redacción. En nuestras primeras negociaciones de cajeros automáticos con voz las partes solicitantes querían ajustar el volumen en los nuevos cajeros. Era una solicitud razonable y una característica necesaria para lograr una total usabilidad. Pero la tecnología aún no estaba disponible para los cajeros automáticos. Dimos un pequeño paso al exigir al banco que instalara el control de volumen "inmediatamente después de que quien suministrara los cajeros automáticos lo tuviera disponible". Actualmente, el control de volumen es una característica estándar de todos los cajeros automáticos con voz.

Se pueden resolver otros obstáculos dando pequeños pasos. En las negociaciones sobre cajeros automáticos otro objetivo era disponer de máquinas totalmente accesibles en cada ubicación. Comenzamos por convencer a las instituciones para que instalaran algunas máquinas en varios lugares sólo con alguna funcionalidad. Ese pequeño paso fue lo que necesitábamos para comenzar. Con el tiempo, nuestro objetivo más amplio se cumplió.

El lenguaje contractual puede reducir el miedo a dar un paso demasiado grande. El primer acuerdo de Wells Fargo tuvo una fase de demostración, después una fase de proyecto piloto y finalmente, un despliegue gradual de cajeros automáticos con voz. Negociamos tres acuerdos durante seis años con Bank of America antes de que la empresa emitiera un comunicado de prensa anunciando: "Los 18.000 cajeros automáticos de Bank of America ahora son cajeros automáticos con voz". Con otros bancos negociamos acuerdos "piloto" o "preliminares" antes de firmar los acuerdos finales. Durante esos despliegues graduales de cajeros automáticos, Scott Grimes trabajó durante muchas horas en la oficina de Linda Dardarian con profesionales de la abogacía y estudiando los datos detenidamente para determinar la mejor ubicación de las primeras máquinas. Finalmente, ese trabajo se paralizó. Había cajeros automáticos con voz por todas partes.

Los primeros cajeros automáticos accesibles permitieron a las personas con visión reducida retirar efectivo de manera autónoma por primera vez en la historia bancaria de los EE. UU. Pero eso también representó un pequeño paso: el acceso al saldo de la cuenta no estaba disponible de forma audible en las primeras máquinas. La periodista invidente Deborah Kendrick escribió sobre ese pequeño paso en un artículo en 2001: "La máquina en particular que utilicé se disculpó audiblemente al final de la transacción por no tener saldos de cuentas disponibles verbalmente en este momento". Kendrick aseguró a sus lectores " las disculpas no son necesarias". (43)

Los pequeños pasos aportaron más que la propia iniciativa de cajeros automáticos con voz. Nuestro acuerdo con la sección digital de las Grandes Ligas de Baseball (MLB) requería que las retransmisiones de radio fueran accesibles en una fecha determinada. Las retransmisiones de televisión se hicieron accesibles al año siguiente y dos años después, el compromiso de accesibilidad de MLB se extendió a sus aplicaciones para iPhone y iPad. Y nuestro acuerdo con Charles Schwab tenía como fechas de referencia marzo y junio de 2012 para que las páginas web fueran accesibles. Schwab acordó "realizar un progreso constante" hasta la fecha límite de junio de 2013 para lograr la plena accesibilidad del sitio proporcionando durante este proceso informes sobre el progreso.

El enfoque de pequeños pasos es útil cuando se negocian indemnizaciones de nuestra clientela y pagos de honorarios de profesionales de la abogacía según los estatutos *fee-shifting*. En ocasiones, hemos acordado que los daños, perjuicios y honorarios de profesionales de la abogacía se puedan pagar en dos o tres plazos durante más de un año fiscal. Dividir las obligaciones de pago en partes más pequeñas mitiga uno de los aspectos más exigentes de la Negociación Estructurada. (ver capítulo 13).

———

Una forma de reconocer que un acuerdo contiene pequeños pasos es etiquetarlo como "acuerdo provisional" e incluir una cláusula para una "negociación futura". Junto con las disposiciones para las actualizaciones del sitio web, nuestro primer acuerdo con la Sociedad Estadounidense contra el Cáncer (ACS) estableció un "Proyecto piloto de formato alternativo" mediante el cual ACS ofreció braille, letra grande y formatos de audio para determinados documentos impresos. El lenguaje contractual muestra nuestra esperanza de ampliación:

"Durante la reunión del cuarto trimestre de 2011, las partes iniciarán negociaciones de buena fe para llegar a un acuerdo adicional sobre si el programa piloto debería proseguir y de qué manera debería continuar como un programa permanente."

La combinación de un programa piloto y nuevas negociaciones también fue crucial para redactar el primer acuerdo nacional sobre recetas médicas con voz. El acuerdo entre Walmart y el American Council of the Blind (ACB), su filial de California, y la American Foundation for the Blind (AFB) estableció un programa piloto con ScripTalk, una marca de recetas con voz fabricada por En-Vision America. ScripTalk permitía que una farmacia registrara información fundamental de seguridad, incluyendo la persona paciente, el medicamento, las instrucciones de dosificación y la fecha de vencimiento en un chip de identificación por radiofrecuencia (RFID) adherido al frasco del medicamento. Luego, un dispositivo proporcionado de forma gratuita a la clientela de farmacia leía el chip.

Nuestro comunicado de prensa con Walmart anunció que las nuevas recetas estaban disponibles mediante pedidos por correo a clientela en los Estados Unidos y también en tres tiendas Walmart. Y nuestro acuerdo reconoció la posible ampliación del programa piloto:

"Antes de la fecha de finalización de este acuerdo, las partes comenzarán a negociar de buena fe la ampliación de este acuerdo con posterioridad a la fecha de vencimiento y la posibilidad de hacer que el programa piloto de recetas con voz sea permanente en los servicios farmacéuticos de Wal-Mart. . . . Si las partes no han llegado a un acuerdo sobre ninguno de estos asuntos antes del 15 de diciembre de 2013 (o cualquier ampliación de esa fecha que las partes puedan acordar), este acuerdo vencerá el 31 de diciembre de 2013."

Nuestra estrategia de negociar pequeños pasos y la buena voluntad desarrollada en la Negociación Estructurada entre Walmart y las partes solicitantes resultó efectiva. El programa Walmart continuaba en 2016 y cada año se va extendiendo a nuevas tiendas.

Nuestro acuerdo con San Francisco sobre señales de cruce audibles y táctiles también exigía negociaciones futuras:

"Las partes tienen el objetivo compartido de establecer un programa integral sobre la instalación y mantenimiento de las SAP en San Francisco y este acuerdo, que entre otras cosas establece un marco para la cooperación continua entre la Ciudad y la comunidad con visión reducida, representa el primer paso para lograr ese objetivo."

Fiel a esta cláusula, la ciudad amplió su compromiso con las SAP más allá del acuerdo inicial. Tres años después, emitió un comunicado de prensa junto con las organizaciones solicitantes: se citó lo que había manifestado la representante de la parte solicitante, Jessie Lorenz: "El programa de SAP de San Francisco es el modelo a seguir que otros municipios están imitando".

———

El enfoque de la Negociación Estructurada para negociar acuerdos complejos con pequeños pasos es una estrategia mostrada en el clásico libro de 1993, *Getting Past No: Negotiating in Difficult Situations*, del profesor de Harvard William Ury. "Su trabajo es facilitar el proceso", escribe Ury. "Vaya despacio para ir rápido. Piense en usted mismo como un guía que ayuda a clientela con miedo a las alturas, a escalar una montaña empinada. Divida el viaje en pequeñas etapas, marque el ritmo de su clientela, deténgase para descansar cuando sea necesario y revise periódicamente lo lejos que ha llegado". (44)

Ury aconseja al público lector que "si llegar a un acuerdo sobre el total parece imposible al principio, intente dividir el acuerdo en pasos". Y señala que "un enfoque paso a paso tiene el mérito de hacer que lo imposible gradualmente parezca posible". Incluso un acuerdo parcial puede descubrir oportunidades que al principio no eran evidentes". (45)

Es exactamente mi experiencia en Negociación Estructurada.

CAPÍTULO 13

Negociando cuestiones económicas

"No importa lo colaborativas que sean las negociaciones, cuando se trata de honorarios, si existe algo que potencie la fricción, está ahí".

—Ben Velella, abogado de Citibank en Negociación Estructurada

La Negociación Estructurada es una estrategia para resolver con éxito las reclamaciones económicas. Tanto particulares como organizaciones han recibido indemnizaciones. En este tipo de proceso se han negociado acuerdos que otorgan compensación por daños a testigos no solicitantes y a miembros de un colectivo (ver capítulo 12). Durante 20 años, a excepción de uno o dos asuntos menores, me he ganado la vida únicamente practicando la Negociación Estructurada en casos con estatutos *fee-shifting*. Las partes negociadoras, no mi clientela, han pagado los honorarios procedentes, como ocurre en casos de derechos civiles. Nunca he acudido a los tribunales para obtener el pago de una minuta.

Las buenas prácticas dictan que en casos de derechos civiles las partes resuelvan la controversia judicial antes de discutir el asunto económico, y eso es lo que aplicamos en la Negociación Estructurada. Cuando las disposiciones no económicas de un acuerdo quedan resueltas en gran medida es hora de presentar el asunto del pago de indemnizaciones y, cuando corresponda, los honorarios de profesionales. En los casos sometidos a estatutos fee-shifting, las indemnizaciones se deben negociar antes que los honorarios de profesionales.

Puede ser complicado hacer la transición hacia una conversación sobre dinero después de redactar unas cláusulas sobre cambios en las políticas, compras de tecnología, capacitación y otras medidas cautelares. Puede parecer que las partes han estado navegando en mares tranquilos para encontrarse en el ojo de la tormenta cuando el diálogo se refiere a pagos por daños u honorarios de profesionales. El dinero es un tema candente. En comparación con la facilidad de las relaciones en los anteriores asuntos de un caso de Negociación Estructurada, la etapa en la que se negocian los aspectos económicos puede estar cargada de escollos en la negociación. El negociador de Citibank, Ben Velella, resumió una experiencia que tuvo con varias partes negociadoras: "No importa lo colaborativas que sean las negociaciones, cuando se trata de honorarios, si existe algo que potencie la fricción, eso es".

Después de crear un universo colaborativo, es como si el bufete de la parte solicitante tuviera que disipar la sensación de que hablar de dinero es de alguna manera indecoroso.

En los modelos tradicionales de negociación, como describe John Lande en *Planned Early Negotiation*, la Negociación Estructurada es principalmente "una negociación basada en intereses, ganar-ganar, integradora, cooperativa, de resolución de problemas o basada en principios". Sin embargo, las conversaciones sobre el dinero pueden pasar fácilmente a un modelo alternativo que Lande identifica como "negociación posicional, de suma cero, distributiva, competitiva, contenciosa o difícil" 46. Por esta razón, el tema del dinero debe introducirse de manera gradual y cuidadosa.

La hoja de condiciones o el borrador del acuerdo que inicia la fase de redacción generalmente no incluye una petición económica específica (ver capítulo 12). Pero el correo electrónico dirigido a las partes negociadoras que acompaña a esos documentos debe indicar que se hará una propuesta económica al llegar a un acuerdo sobre otros temas. Cuando llega el momento, presento la propuesta económica con un recordatorio sobre lo productiva que ha resultado la Negociación Estructurada: "Debido a que las partes están tan cerca de finalizar el acuerdo principal", escribí recientemente a una parte negociadora, "creemos que es hora de una propuesta específica de pago a nuestro cliente". En otro caso comencé con agradecimiento: "Nuestro cliente aprecia mucho el compromiso de la empresa en resolver sus reclamaciones. Debido al progreso en la negociación del acuerdo, creemos que es hora de proporcionarle nuestra propuesta para resolver los aspectos económicos de las reclamaciones ".

La clientela que ha elegido la Negociación Estructurada ha llevado a cabo un compromiso previo para ser justo y razonable. Esta cualidad se refleja en la indemnización por daños que se solicita para llegar a un acuerdo. Después de resolver el pago de la parte solicitante, comunicamos el importe de los honorarios y costes incurridos durante el curso de la negociación. Si se solicita, también proporcionamos los tiempos de ejecución detallados.

Durante la negociación sobre los honorarios de profesinales y los daños de la parte solicitante, el equipo de profesionales de la abogacía debe mantenerse firme en la mentalidad de la Negociación Estructurada (ver capítulo 16). Me recuerdo a mí misma que mientras intento obtener la mayor cantidad de dinero justa y razonable según las circunstancias, la otra parte está tratando de pagar lo mínimo. Intento mantener la ecuanimidad y no interpretar los acontecimientos de forma personal. Me mantengo optimista sobre la Negociación Estructurada, pensando que permitirá a las partes encontrar una cifra que funcione para todas. Y creo que la confianza, la colaboración y las relaciones positivas establecidas en el transcurso de la negociación guiarán lo que a menudo es la parte más difícil.

Estrategias para alcanzar un acuerdo sobre indemnizaciones y honorarios

Un comportamiento tranquilo, una presencia que otorga confianza y una propuesta razonable pueden no ser suficientes para convencer a las partes negociadoras de que paguen lo que vale el caso el valor del caso. Se necesitan otras estrategias. Lo que muestro a continuación ha resultado útil para ayudar a las partes a llegar a un acuerdo sobre las reclamaciones económicas.

- **Recuerde a las partes negociadoras que las cuestiones económicas han estado "sobre la mesa" desde el comienzo de la relación.** La carta de presentación advirtió sobre todos los aspectos de la compensación (ver capítulo 5). El documento de reglas básicas de la Negociación Estructurada enumeró las indemnizaciones y los honorarios de profesionales como asuntos propios de la negociación (ver capítulo 6).

- **Decida si la jurisprudencia es necesaria.** Los casos de Negociación Estructurada se pueden resolver sin citar un solo caso o sin recurrir a un argumento legal aparte de lo que se incluye en la carta de presentación. Pero citar la jurisprudencia a veces es necesario cuando se negocia sobre dinero. A menudo pregunto a las partes negociadoras si la jurisprudencia les ayudará a hacer una propuesta que sea aceptable para la clientela. Utilice para ello lenguaje colaborativo en su pregunta: "¿Sería útil para su clientela si citamos jurisprudencia o acuerdos que respalden nuestra solicitud económica?". Ésta también es una oportunidad para referirse a la carta de presentación: "¿Necesita su clientela alguna referencia jurisprudencial más allá de lo que se incluyó en la carta de presentación?"

- **Evite volver a caer en la abogacía tradicional.** Citar una jurisprudencia sin avisar previamente a las partes negociadoras puede tener consecuencias no deseadas. En las reuniones, durante el intercambio de información y la redacción que engloba la mayor parte de una Negociación Estructurada no es necesario recurrir a citar o destacar casos. Si de repente aparece una comunicación llena de jurisprudencia, la otra parte puede sentirse amenazada al percibir un cambio de tono. Pueden volver a una mentalidad confrontativa. Preguntar previamente sobre la necesidad de recurrir a la jurisprudencia o alertar a las partes negociadoras sobre su valor puede evitar la inclinación al conflicto.

- **Pregunte a las partes negociadoras si confían en casos,**

estatutos o acuerdos, y si es así, solicite detalles. Explique con calma y respeto porqué esa jurisprudencia avala que la indemnización solicitada es justa.

- **La forma en que la participación de los solicitantes en la Negociación Estructurada ha resultado útil.** La participación de las partes solicitantes durante el proceso puede no ser técnicamente relevante para una reclamación de indemnización. Pero sí recuerda a los socios negociadores la buena fe originada en la decisión inicial de presentar reclamaciones a través de la Negociación Estructurada, este es un punto útil para subrayar los principios básicos de la Negociación Estructurada. Recuerde a la otra parte que su clientela podría haber sido demandante en un costoso procedimiento contencioso. Remarque cómo su clientela podría haber empañado la reputación de la parte demandada con publicidad negativa pero que en su lugar eligió utilizar los medios de comunicación como una forma de publicitar los logros (ver capítulo 14).

- **Analice cómo la oferta de las partes solicitantes de Negociación Estructurada minimizó los honorarios y costes.** Recuerde a las partes los honorarios evitados al no haberse practicado pruebas, alegaciones, informes periciales, juicios o apelaciones. En todos los casos, excepto en unos pocos, mi colega y yo hemos podido resolver las reclamaciones sobre honorarios sin la ayuda de un tercero. El importe de los honorarios incurridos en la Negociación Estructurada representa una fracción de lo que hubiera supuesto una demanda tradicional.

- **Ofrezca acordar las provisiones económicas con la ayuda de un tercero.** Como se muestra en la siguiente sección, en Negociación Estructurada es posible utilizar la mediación. Toda vez que la intervención de un tercero aumenta el coste del acuerdo las partes deben revisar cuidadosamente los pros y contras de buscar ayuda externa. Presentar una demanda o someter el problema del pago a un arbitraje vinculante después de tanta colaboración no resulta una primera opción y es algo que nunca he tenido que hacer. Pero es una posibilidad que se debería discutir seriamente (sin amenazas) si la mediación no tiene éxito.

- **Recurra a la confianza desarrollada en el transcurso de la Negociación Estructurada.** Si la conversación se vuelve demasiado contenciosa, dé un paso atrás y recuerde el progreso logrado a todas las partes de la mesa de negociación. Recalque que la elección de su clientela fue presentar reclamaciones a través de un proceso no confrontativo. Describa una imagen de buena voluntad y experiencias positivas y las partes estarán más dispuestas a ser razonables al tratar el último tema de la negociación.

———

¿Qué pasa si un caso no tiene medidas cautelares? ¿Hablar de dinero representaría un desafío aún mayor si las partes no hubieran establecido una relación sólida durante la negociación acerca de políticas, procedimientos y otras medidas de compensación no económica? Nunca he gestionado un caso de Negociación Estructurada en el que la indemnización fuera el único problema. Pero estoy segura de que la Negociación Estructurada sería una herramienta útil en tales casos.

Según lo indicado en el capítulo 5, se podría redactar una carta de presentación describiendo los hechos y la legislación implícitos en la reclamación de indemnización. El bufete podría expresar un deseo firme de resolver reclamaciones sin gastos innecesarios, intervenciones procesales o relaciones confrontativas. El documento de reglas básicas de Negociación Estructurada se adapta fácilmente a un caso exclusivamente económico. El tema principal de debate o, incluso, el único, podría ser la cantidad por daños y perjuicios a indemnizar a la parte solicitante. Una vez que se acuerdan las reglas básicas, las partes pueden compartir información relevante sobre la reclamación económica sin costosas fases de pruebas o periciales. Un ambiente de colaboración podría permitir a las partes hablar directamente entre ellas (no se necesitan declaraciones) y acordar el pago sin los gastos y rencores propios del litigio. Pocos casos son exclusivamente económicos. Y la mayoría de los casos, independientemente de la reparación solicitada, se resuelven *después* de presentar la demanda. La Negociación Estructurada ofrece a las partes las herramientas para llegar a un acuerdo antes de que aparezca la hostilidad, cuando hay mayores oportunidades de lograr una resolución amigable y rentable.

Utilizar la mediación

Cuando todas las partes negociadoras tienen un compromiso de colaboración y se cumplen los elementos de la Negociación Estructurada, éstas generalmente disponen de las herramientas para resolver reclamaciones sin ayuda externa. Aún así, una mediación puede ser útil si las partes se bloquean, algo que puede suceder al negociar sobre aspectos económicos. En 20 años de Negociación Estructurada, sólo he recurrido a una mediación en cuatro casos.

Uno de esos casos fue una negociación con Citibank sobre cajeros automáticos con voz. Hasta que comenzamos a hablar de dinero, la Negociación Estructurada con Citibank había sido positiva y productiva. Con el aporte de nuestra clientela, los equipos tecnológicos del banco desarrollaron los primeros cajeros automáticos del mundo con voz y pantalla táctil. Sin embargo, cuando comenzamos a negociar sobre la parte económica, el espíritu de colaboración que la tecnología innovadora había facilitado no fue suficiente para conducirnos a un acuerdo final.

Solicitamos una mediación para llegar al final. Ben Velella era el abogado de Citibank. Estoy de acuerdo con él en que "la experiencia en la mediación fue positiva y trabajamos juntos afablemente". La mediación también resultó útil para resolver los aspectos cautelares y económicos de los primeros casos con Bank of America y Wells Fargo.

La confianza en la mediación en esas tres primeras negociaciones estructuradas refleja la complejidad de los primeros casos sobre cajeros automáticos con voz. Estábamos desarrollando tecnología para la industria financiera que nunca se había implementado aplicando una nueva ley de derechos civiles que aún no había cumplido diez años. Pero una explicación, igualmente convincente, de porqué esos casos necesitaban ayuda de terceros fue mi falta de experiencia en la negociación sin contar con el beneficio de un tribunal o una mediación. Dos acuerdos posteriores con Wells Fargo y otros cinco con Bank of America se alcanzaron sin una mediación.

La abogacía tiene la creencia de que se necesita asistencia de terceros para resolver un caso. Mi experiencia dice lo contrario. Siguiendo los elementos y etapas descritos en este libro, las partes y profesionales de la abogacía pueden aprender a hablar, buscando ayuda de terceros sólo en circunstancias excepcionales. Desde aquellos primeros días en que comenzaba a desarrollarse la Negociación Estructurada sólo he necesitado un mediador en una única ocasión, para resolver los problemas económicos en nuestro caso con Cinemark.

Sin legislación ni jurisprudencia que rigiera la audiodescripción en el cine, las partes en el caso Cinemark negociaron una gran cantidad de detalles. Llegamos a un acuerdo sobre la tecnología, establecimos el ritmo de su implementación y diseñamos el icono que Cinemark utilizaría para indicar su disponibilidad. A pesar de la capacidad de las partes para trabajar con estos detalles, en los asuntos económicos, no pudimos llegar a un acuerdo sobre los asuntos económicos sin una mediación.

La mediación que duró un solo día logró el nivel de comodidad necesario para superar los obstáculos finales de la negociación. El abogado general y negociador jefe Cinemark, Michael Cavalier, pensó que la mediación "había dado permiso a Cinemark para llegar a un acuerdo". Me alegra que la Negociación Estructurada nos haya permitido buscar ayuda de terceros."

———

Con o sin mediador, el dinero es el último tema que se negociará. Pero firmar un acuerdo no significa que la relación de la Negociación

Estructurada haya terminado. Los comunicados de prensa posteriores al acuerdo fomentan nuevas iniciativas así como las actividades de control e implementación que aseguren que el mismo funcione según lo previsto. El espíritu colaborativo y las relaciones no confrontativas desarrolladas en el transcurso de la negociación se trasladan a estos pasos finales del proceso.

Estrategias posteriores al acuerdo

CAPÍTULO 14

Estrategias de comunicación

"Estoy muy orgulloso de haber llegado a un acuerdo que es el primero de su clase en el país, de comprometerme a instalar dispositivos de señalización de última generación y de evitar litigios costosos. Estoy agradecido también por el enfoque positivo adoptado por profesionales de la abogacía de la comunidad ciega y con discapacidad visual".

—Dennis Herrera, abogado de la ciudad de San Francisco en el
comunicado de prensa de Negociación Estructurada

Gran número de profesionales de la abogacía emiten un comunicado de prensa cuando se presenta un caso ante los tribunales. Describen el contenido de la demanda, identifican a demandantes y litigantes sin escrúpulos. El comunicado informa al público sobre un caso y, a menudo, presenta testigos o pruebas. Incluso si el litigio tiene éxito, indica los miembros del colectivo que se verá beneficiado.

Pero el lenguaje de condena de un comunicado de prensa prematuro también puede enfadar a los equipos directivos corporativos y gubernamentales. Las acusaciones de irregularidades, ya sea en una demanda o en un comunicado de prensa, hacen que las personas se vuelvan intransigentes. En la Negociación Estructurada yo confío en que nuestros comunicados de prensa aumenten la conciencia pública. Pero para evitar criticar a futuras partes negociadoras no publico un comunicado de prensa antes de enviar una carta de presentación; en la Negociación Estructurada esperamos hasta que se resuelvan las reclamaciones para hacerlo. Esta estrategia permite a las partes solicitantes unirse a quienes podrían haber sido demandadas para anunciar una nueva iniciativa, tecnología mejorada o política mejorada. En lugar de informar al público sobre un problema, las partes solicitantes de Negociación Estructurada y sus bufetes esperan al momento de poder informar sobre la solución, retrasamos los comunicados de prensa al momento en que potenciales partes adversarias se hayan convertido en partes colaboradoras.

Las palabras pueden afianzar o debilitar la colaboración e inclusión que busca la Negociación Estructurada. Un abogado conocido una vez resumió su filosofía legal como: "Preparados, Disparen, Apunten"; no estaba bromeando. La emisión de un comunicado de prensa negativo cuando se presenta una demanda establece inmediatamente un tono confrontativo por encima de la colaboración. En la Negociación Estructurada no abrimos fuego.

———

Nunca entendí la ventaja de avergonzar públicamente a las personas cuya participación necesito para resolver las reclamaciones de mi clientela. ¿Por qué criticar a las instituciones a las que espero influenciar? La respuesta corporativa a la estrategia de medios de comunicación en la Negociación Estructurada confirma mi intuición.

Ben Velella de Citibank dice que su empresa es "hipersensible" a cualquier comunicado que aparezca en prensa. "Una vez que aparece un artículo negativo, se entra en modo de control de daños, los medios están en ello, aceptas las consecuencias y no quieres que aparezcan más artículos". Velella cree que la práctica de Negociación Estructurada que consiste en esperar para transmitir algo positivo es una ventaja:

"Lo que favorece a la publicidad negativa es el valor del *miedo*: Si una parte demandante ha cruzado la línea enviando un comunicado de prensa, ya hemos perdido algo de ventaja. La aprensión ante un mal artículo tiene un gran valor para usted y su clientela."

El asesor de un gran comercio nacional con el que Linda Dardarian y yo trabajamos en dos Negociaciones Estructuradas se muestra de acuerdo. No criticar en público "es muy importante porque un comunicado de prensa es peligroso" dice el abogado "más peligroso en algunos aspectos que una demanda. Una demanda, siempre que no sea multimillonaria, se puede añadir al montón, sin embargo, para la alta dirección serán preocupantes los comunicados de prensa negativos y las declaraciones públicas. El director ejecutivo se preocupará de si un miembro de la junta lo lee y lo malinterpreta".

Ese tipo de atención fomenta la confrontación. La persona destinataria de una carta de presentación debe llegar al convencimiento de que negociar sin una demanda en los tribunales tiene sentido. Divulgar un comunicado hostil en una situación delicada no es una estrategia de colaboración.

———

El enfoque de la Negociación Estructurada respecto a los medios de comunicación casi no se había desarrollado. A mitad de las primeras negociaciones sobre cajeros automáticos con voz consideramos seriamente recurrir a los tribunales. Estábamos frustradas por el ritmo de nuestras conversaciones con uno de los bancos de California y consideramos la posibilidad de presentar una demanda a pesar de haber invertido dos años en la resolución alternativa de conflictos. Las preguntas sobre si emitir un comunicado de prensa y cuándo condicionaban nuestra estrategia legal. Una comunicación interna del equipo del banco indicó que varios pasos legales "dependerían de si decidíamos obtener publicidad en torno a la presentación de la demanda". Pero la demanda nunca se presentó y el comunicado de prensa nunca se redactó. Dos años después, el 23 de junio de 1999, emitimos nuestro primer comunicado de prensa de Negociación Estructurada con Wells Fargo.(47)

Obtuvimos una amplia y favorable cobertura de ese comunicado y así fueron los posteriores anuncios de Citibank y Bank of America. Esperar a promover una prensa positiva y ser paciente hasta tener algo positivo que decir se convirtió en un elemento fundamental de la Negociación Estructurada.

Partes negociadoras de honor

En 1999, Wells Fargo anunció el primer plan de cajeros automáticos con voz del país. Después de eso tratamos de incentivar la mayor cantidad de "Primeros posibles" reconociendo el papel único de nuestras partes negociadoras en la historia de la tecnología accesible. Un banco en el noroeste que instaló los primeros cajeros automáticos con voz y otros bancos en el sur, el noreste y en la ciudad de Nueva York fueron los primeros en dicha zona. En 2002, pusimos de relieve los primeros cajeros automáticos con voz que hablaban español. (48)

La filosofía de incentivar a las partes negociadoras no se limita a los bancos. Más de una década después del primer lanzamiento del primer cajero automático, Walgreens se enorgulleció de ser "el primero en la industria en ofrecer su exclusivo dispositivo de prescripción con voz, llamado Talking Pill Reminder, en su cadena de comercios". Desde 1999, docenas de comunicados de prensa de Negociación Estructurada han elogiado las iniciativas de accesibilidad de las mayores empresas de Estados Unidos.

Dollar General emitió uno de esos comunicados después de que resolviéramos reclamaciones sobre la tecnología no accesible de la empresa. El comunicado cita a nuestra clienta Lela Behee cuya experiencia con esa tecnología motivó la negociación (ver capítulo 4). El comunicado no identificó a Behee como alguien que demandara a la empresa ni como alguien que presentaba una reclamación legal en un proceso alternativo de resolución de conflictos. Ella era una "compradora ciega de Dollar General, de Texas", que "estaba entusiasmada con el anuncio de la empresa". Al escribir la apreciación de la solicitante en este comunicado, y en otros, fortalecimos la estrategia de comunicación de la Negociación Estructurada: no publicar anuncios negativos en prensa y esperar hasta tener buenas noticias que compartir.

La emisión de un comunicado de prensa, por supuesto, no es un requisito previo para que una Negociación Estructurada tenga éxito. Pero las partes negociadoras aprecian el beneficio de un comunicado conjunto. Una vez que las partes acuerdan un anuncio público es poco probable que haya desacuerdo sobre su contenido. Esto se debe a que los comunicados citan a la clientela alabando iniciativas y respetando a las organizaciones que podrían haber sido demandadas.

- El presidente del Consejo Americano de Visión Reducida, Kim Charlson, homenajeó a Humana: "Las recetas con voz y en braille no son un lujo para las personas con visión reducida. Las etiquetas accesibles son cruciales para que las personas con discapacidad visual puedan hacer uso de medicamentos de forma segura y autónoma. Esta iniciativa demuestra que Humana se preocupa por sus miembros con visión reducida y es líder en su campo".

- La demandante Margie Donovan dio publicidad gratuita a su banco, elogiando su compromiso con la banca accesible: "Estoy orgullosa de ser cliente de Union Bank of California y estoy encantada de que se haya comprometido a instalar cajeros automáticos con voz".

- Paul Schroeder, vicepresidente de la Fundación Americana para Personas con Visión Reducida, fue citado en un comunicado de prensa de CVS. "Apreciamos el compromiso de CVS / pharmacy de garantizar que CVS.com sea utilizable por la más amplia variedad de consumidores online, incluyendo aquellos con discapacidad".

- El primer comunicado de prensa sobre cajeros automáticos con voz en Estados Unidos otorgó a la activista Cathie Skivers la oportunidad de aclamar a Wells Fargo. La empresa mostró "un tremendo compromiso con la comunidad ciega y con discapacidad visual", dijo Skivers. "Hemos trabajado mucho conjuntamente para mejorar el acceso a sus cajeros automáticos para una parte importante de su clientela".

Estas citas hacen algo más que mostrar aprecio por las partes negociadoras. También presentan al público a las personas que se benefician del acuerdo. En lugar de un anuncio sobre una reclamación o incumplimiento legal, el comunicado es una oportunidad para que las partes negociadoras muestren algo positivo sobre su organización:

- El responsable del Servicio de Atención al Público de TransUnion difundió el mensaje de la empresa sobre la importancia de los informes de crédito: "TransUnion se complace de formar parte de este importante esfuerzo que ayudará a empoderar a la clientela con discapacidad visual para que administre su propia "salud" financiera".

- Nuestro comunicado de Weight Watchers ofreció a un vicepresidente senior la oportunidad de destacar los logros de la empresa: "Desde el desarrollo del producto hasta el trabajo de quienes nos proveen de servicios en las salas de reuniones nos comprometemos a apoyar a miembros y suscriptores/as online en su pérdida de peso. Esperamos que nuestros esfuerzos de accesibilidad permitan a las personas con discapacidad visual gestionar mejor su entorno alimentario y establecer rutinas diarias que puedan convertirse en hábitos saludables a largo plazo".

Las Administraciones públicas también se benefician de la estrategia de comunicación de la Negociación Estructurada. Un acuerdo alcanzado sin presentar demanda ahorra dinero de contribuyentes y consigue objetivos públicos. El abogado de la ciudad de San Francisco, Dennis Herrera, mostró este análisis en el comunicado de prensa conjunto que emitimos sobre señales accesibles para peatones:

"Este acuerdo refleja mucho más que nuestro compromiso con la seguridad pública: representa el compromiso de San Francisco de involucrar a la comunidad de personas con discapacidad de una manera colaborativa en lugar de confrontativa en asuntos relacionados con la accesibilidad y el cumplimiento de la Ley sobre estadounidenses con discapacidad… [Estoy] agradecido por el enfoque positivo adoptado por quienes defienden a la comunidad ciega y con discapacidad visual."

Mantenga la abogacía en segundo plano

Lo que no encontrará en un típico comunicado de prensa de Negociación Estructurada son declaraciones de profesionales de la abogacía. Al principio, redactaba los comunicados para incluir mi nombre y el de mi colega en cada anuncio mencionaba que se había llegado a un acuerdo. Linda Dardarian y yo aparecíamos junto a nuestra clientela e insistíamos en que nos incluyeran como abogadas en las notas de prensa. Con el tiempo nos dimos cuenta de que al incluir nuestros nombres, la sombra de la acción legal se cernía sobre el anuncio. Al identificar a profesionales de la abogacía, especialmente del ámbito privado, y mencionar los acuerdos podíamos dar a entender que las otras partes actuaban bajo coacción motivadas por una demanda pendiente.

A medida que fuimos adquiriendo experiencia nos fuimos preocupando menos por obtener reconocimiento personal de acuerdos o nuevas iniciativas. Finalmente, casi nunca citamos a profesionales de la abogacía ni al proceso de Negociación Estructurada en los comunicados de prensa. Nuestros comunicados de prensa son "muy apetecibles", dice Kristina Launey, abogada de un importante despacho que ha representado a varias partes negociadoras. "Los comunicados muestran que la empresa está trabajando para mejorar la accesibilidad. Y no se citan los nombres de profesionales de la abogacía. Eso es muy importante".

Todas las organizaciones valoran los comunicados de prensa positivamente. El departamento de relaciones públicas de Citibank me envió un resumen de los comunicados de prensa que recibió el banco después de anunciar la implementación de los primeros cajeros automáticos con voz en Nueva York: "Es muy satisfactorio haber recibido una cobertura mediática tan extensa. En Nueva York, los relatos aparecieron en casi todos los principales medios televisivos, incluyendo: ABC, CBS, NBC, CNN, Fox, WB y NY1. . . . Agradecemos toda su ayuda para que la introducción de los cajeros automáticos con voz de Citibank en Nueva York sea un éxito".

Bill Raymond, del Bank of America, también agradeció nuestra estrategia de prensa positiva al finalizar la negociación: "Si vamos a gastar el dinero en algo como cajeros automáticos con voz, queremos que se sepa. La prensa positiva es parte de la estrategia del banco y fue *crucial* para el banco que no existiera prensa negativa. Eso mostró su buena fe. Fue un verdadero gesto de buena fe".

El Fleet Bank de Boston organizó cuidadosamente un evento de prensa en la Escuela Perkins para Personas con Visión Reducida de Watertown Massachusetts para anunciar su plan de instalar los primeros cajeros automáticos con voz en Nueva Inglaterra. La bibliotecaria de Perkins fue la representante de la demandante Kim Charlson, quien más tarde se convirtió en la primera mujer ciega del país en liderar una organización nacional para consumidores/as con visión reducida. Charlson dio un discurso inspirado en la filosofía de la Negociación Estructurada elogiando "un esfuerzo colaborativo extremadamente exitoso" entre la institución financiera y el equipo defensor de la comunidad con visión reducida. Yo estaba realmente agradecida de no haber criticado públicamente al banco dos años antes cuando enviamos nuestra carta de presentación.

Dan Manning, un abogado de Boston, manifestó respecto a él y su clientela: "deliberadamente no acudimos a la prensa de un modo crítico cuando fácilmente podríamos haberlo hecho" al comienzo de la Negociación Estructurada con dos hospitales de Boston. Cuando Manning negoció acuerdos históricos y llegó el momento de decir algo positivo, las instituciones instalaron una carpa e invitaron a 150 personas a un almuerzo. Entre quienes intervinieron se encontraban los presidentes de ambos hospitales, Manning y representantes de la parte reclamante, Boston Center for Independent Living (BCIL). El Hospital General de Massachusetts señaló que cada interviniente:

"Ofreció comentarios conmovedores agradeciendo a los hospitales su trabajo colaborativo con BCIL y con pacientes con discapacidad, siendo pioneros en un histórico plan que sirve como modelo a toda la comunidad y al resto del mundo para la atención, servicios y acceso sanitario equitativo para personas con discapacidad." (49)

Lejos de lo que hubiera sido una publicación en el sitio web de un hospital, que hubiera tenido un efecto negativo, esta comunicación puso de manifiesto la resolución del conflicto.

————

Los comunicados de prensa de Negociación Estructurada empoderan a la clientela de la organización. Marlaina Lieberg, directora del Consejo Americano de Personas con Visión Reducida (ACB), cree que "es genial que la ACB sea vista como una socia, en lugar de como una litigante". Cathie Skivers presidenta de la organización filial de California explicó: "La publicidad sobre cajeros automáticos con voz sobre todo logró que la gente comprendiera a las personas con discapacidad visual"; dijo: "No podíamos creer el tipo de publicidad que recibíamos, fue más allá de todo lo que habíamos logrado a nivel nacional y mundial". Además, Skivers dijo: "La prensa positiva de los cajeros automáticos con voz estimuló a las personas con visión reducida a ser conscientes del poder de sus derechos. Les hizo darse cuenta de que: "teniendo esto, ¿qué más podríamos obtener?"

Poco interés mediático

Si bien las partes y clientela favorecen la estrategia de comunicación de la Negociación Estructurada y hemos recibido una amplia cobertura sobre cajeros automáticos con voz, las editoriales de periódicos a menudo prefieren emitir noticias sobre demandas. Nuestro anuncio de que las Grandes Ligas de Baseball mejoraron los sitios web de todos los equipos de béisbol en las ligas americana y estadounidense sólo recibió cobertura en Boston. Si no hubiera sido por el público aficionado de visión reducida de los Red Sox y las relaciones de Kim Charlson con los medios locales, nuestro lanzamiento podría haber sido ignorado por completo. Y seguramente habría ocurrido lo mismo con nuestro anuncio sobre la primera iniciativa nacional de recetas con voz de Walmart y los posteriores programas de Rite Aid, Walgreens, CVS, Humana y otros. Nuestra publicidad sobre las recetas accesibles de medicamentos atrajo poca atención de los medios de comunicación a pesar de su importancia para la población de edad avanzada del país y para la clientela con visión reducida de farmacias.

Si Kit Lau hubiera ganado una demanda tradicional contra Charles Schwab, los medios probablemente lo habrían enmarcado como una verdadera historia de David y Goliat. "Un empleado federal retirado y ciego que habla inglés como segundo idioma y experto en informática frente a una de las empresas de inversión más grandes del país", podría haber indicado el titular. Pero sin publicar luchas (porque no hubo), los medios de comunicación tradicionales no aceptaron el anuncio.

Aun así, los comunicados de prensa de Negociación Estructurada cumplen funciones importantes. Las listas de correo electrónico, las redes sociales y las fuentes de noticias específicas ofrecen información al posible público beneficiario de un acuerdo. Mostrados en publicaciones comerciales, los comunicados influyen en la industria. Para la abogacía de un determinado sector los comunicados de prensa conjuntos se convierten en lecciones sobre el uso de la ley para generar cambios. Tony Candela, como comprador ciego, había renunciado a intentar utilizar los terminales de punto de venta en la tienda a la que solía acudir: "Simplemente acepté que tenía que susurrar mi PIN al oído del personal empleado", dice. "Pero cuando me enteré del éxito de los cajeros automáticos con voz a través de la Negociación Estructurada, me di cuenta de que existía una manera mejor".

Las publicaciones positivas posteriores al acuerdo ayudan a establecer un precedente en la industria. Sharron Rush es asesor de accesibilidad de Austin, Texas, que trabaja con organizaciones para mejorar la usabilidad de sitios web y aplicaciones móviles. "Los éxitos de la Negociación Estructurada, publicados a través de los comunicados de prensa son de gran ayuda para el equipo de profesionales de la abogacía dentro de una empresa", dice Rush. "Estos profesionales necesitan apoyo para su argumento de que la accesibilidad debería estar en la mente de la empresa. Eso es lo que proporcionan los comunicados de prensa sobre acuerdos de Negociación Estructurada".

Y los comunicados de prensa de Negociación Estructurada pueden difundirse internacionalmente. Steve Tyler, jefe de Soluciones, Estrategia y Planificación del Royal National Institute of the Blind (RNIB) del Reino Unido, reconoce la eficacia de la Negociación Estructurada para mejorar el acceso bancario en su país: "No hay duda de que vale la pena abordar el problema de los cajeros automáticos en el Reino Unido utilizando una estrategia de Negociación Estructurada similar a la que usted ha llevado a cabo", dice Tyler. La campaña de cajeros automáticos con voz de RNIB, que comenzó a mediados de la década de 2000, "animó a muchos de los principales bancos a hacer que la red de cajeros automáticos de Gran Bretaña fuera accesible a personas ciegas y con discapacidad visual". La estrategia de comunicación en la Negociación Estructurada difundió información útil para la abogacía del otro lado del océano.

———

Una ventaja añadida de una estrategia de comunicación no confrontativa: Los comunicados de prensa positivos demuestran buena voluntad, confianza y aprecio, y fortalecen las relaciones construidas durante una negociación. Esas relaciones son cruciales ya que las partes controlan y hacen cumplir los acuerdos durante la última fase de la Negociación Estructurada.

CAPÍTULO 15

Control y cumplimiento de acuerdos

"Rompimos barreras y cambiamos los sentimientos y mentes de los/as responsables de la ciudad. El proceso de Negociación Estructurada redujo el conflicto y ayudó a construir conexiones ".

—Jessie Lorenz, solicitante de Negociación Estructurada.

Bien alcanzados a través de un proceso alternativo de resolución de conflictos, bien después de luchar en litigios, todos los acuerdos de solución con cláusulas no económicas requieren un control. Esto es especialmente cierto en casos complejos que requieren un proceso judicial. La tradición judicial está profundamente arraigada; alterar esa cultura a través de un acuerdo requiere colaboración, atención al detalle y paciencia. No puede suceder de la noche a la mañana.

Recientemente se contrató a un bufete para que llevara a cabo el control de un acuerdo en un caso judicializado. La relación entre las partes fue tan dura al final del litigio que ninguna de ellas confiaba en la otra para controlar y hacer cumplir eficazmente los términos y condiciones que habían acordado. Esto no sucede en la Negociación Estructurada. Las partes solicitantes y profesionales de la abogacía han aprendido a escuchar desde la firma del primer documento de reglas básicas, han respetado las diferencias y adquirido el compromiso sin rencor. Las relaciones positivas forjadas durante la Negociación Estructurada proporcionan a las partes una ventaja en el período de control efectivo posterior al acuerdo.

Pero incluso en un proceso colaborativo, la implementación no siempre resulta fluida. Aun teniendo las mejores intenciones existen circunstancias fuera del control de las partes que pueden impedir el cumplimiento de los términos del acuerdo. Los acuerdos a veces se transgreden y se deben hacer cumplir. Con la firma de un acuerdo comienza una nueva fase de relación entre las partes: control y ejecución sin demanda ante los tribunales.

Lenguaje de acuerdo para favorecer el control

Un acuerdo bien redactado es la base de la última fase de la Negociación Estructurada. Para una implementación efectiva, el acuerdo debe indicar obligaciones claras, una duración definida, disposiciones para favorecer reuniones e informes y un proceso acordado para resolver conflictos. El acuerdo también puede remitir a un peritaje si fuera necesario para garantizar la implementación. Estas cláusulas son las herramientas de control posteriores al acuerdo.

Duración del acuerdo

La duración (o plazo) del acuerdo depende de sus obligaciones. Si un acuerdo requiere que una entidad tome medidas durante un período de dos años, el plazo debe extenderse más allá de esos dos años para garantizar que los compromisos se implementen completamente. La naturaleza de las obligaciones, la posibilidad de demoras y la consideración de las mejores prácticas en un área particular del derecho determinarán la duración de este margen de cumplimiento.

En ocasiones, las partes negociadoras pedirán a las partes solicitantes un plazo ilimitado. Aunque las partes puedan prever que las políticas y procedimientos acordados se vayan a mantener mucho después de que expire el acuerdo, un plazo ilimitado no es práctico. Un motivo puede deberse a que un bufete de la parte solicitante está obligado a controlar un acuerdo durante toda su duración, esta función no puede continuar indefinidamente. Y en los casos tecnológicos, un plazo demasiado largo perjudica a las partes a mantener obligaciones que pueden encontrarse ya desactualizadas. La duración del acuerdo debe ser lo suficientemente larga como para garantizar su cumplimiento y garantizar que las obligaciones del acuerdo se ejecutan sin problemas. No debe extenderse indefinidamente.

Reuniones de control

Debido a que la Negociación Estructurada es un proceso informal y colaborativo, siempre que ha surgido la necesidad he podido programar reuniones posteriores al acuerdo. Aun así, establecer una cláusula fijando reuniones en momentos específicos, es una herramienta de control importante. Quienes representan a las partes pueden cambiar y las reuniones de control programadas pueden fomentar nuevas relaciones. En nuestra redacción del acuerdo generalmente indicamos que las partes se reunirán trimestralmente o dos veces al año. Por lo general, las reuniones se realizan por teléfono con el propósito general de ofrecer una oportunidad para "discutir cualquier tema relacionado con la implementación de este acuerdo". A menudo, el acuerdo especifica que las partes intercambien los puntos a tratar con al menos diez días de anticipación, lo que asegura reuniones productivas en las que quienes participan han podido preparar dichos puntos.

El acuerdo también puede especificar que las partes se reúnan para tratar sobre asuntos no incluidos en el mismo. Una conversación necesaria sobre sobre un tema que las partes no habían contemplado en el acuerdo es un pequeño paso que ayuda a redactar acuerdos más complejos (ver capítulo 12). Nuestro acuerdo de 2013 con Weight Watchers estableció obligaciones para hacer accesibles las aplicaciones móviles.

> "Inicialmente sólo afectará a las aplicaciones Weight Watchers para dispositivos móviles en plataformas desarrolladas por Apple, Inc. Las partes continuarán discutiendo los términos y el calendario para ampliar estas cláusulas a otras plataformas."

Este tipo de cláusula alerta al público de que las partes no olvidan un problema sino que simplemente continúan la conversación en una fecha posterior.

El acuerdo también puede permitir que terceros asistan a reuniones de control. Nuestro acuerdo con Weight Watchers declaró: "A petición razonable de los/as solicitantes, Weight Watchers invitará a una o más empresas proveedoras de formatos alternativos, si procede, a participar en la reunión". Redactar este tipo de cláusula permite a las partes responder creativamente a dos preguntas: "¿A quién es preciso invitar para que las reuniones de control sean productivas?, ¿A quién es preciso invitar para garantizar que el acuerdo se implemente tal como se pretende?"

Compartir información, informar sobre el progreso

Además de las reuniones de control, el acuerdo debe requerir que las partes compartan información e informen sobre los progresos que se van alcanzando. Las relaciones que fomentan el intercambio de documentos sin conflictos durante una negociación (ver capítulo 7) se reflejan en el período de control posterior al acuerdo. Según nuestro acuerdo con las Grandes Ligas de Baseball (MLB), el gigante deportivo compartió tanto informes -preparados por una asesoría mutuamente consensuada- como resultados generados por una herramienta automatizada diseñada para evaluar el progreso de la accesibilidad.

La cláusula sobre la formación del personal demuestra cómo se comparte la información durante la etapa de control. Formar al personal es un componente común de los acuerdos de tipo cautelar en diferentes ámbitos legales. Prácticamente todos los acuerdos que he negociado en Negociación Estructurada incluyen requisitos para formar al personal en la práctica de tecnología y otros aspectos del acuerdo. La cláusula del contrato permite a las partes solicitantes y a profesionales de la abogacía revisar y proporcionar comentarios sobre los materiales de formación. Nuestro acuerdo con WellPoint (ahora Anthem, Inc.) es un ejemplo:

"WellPoint proporcionará a la parte solicitante una copia de los materiales de formación. Ésta proporcionará sus comentarios sobre los mismos dentro de los quince (15) días posteriores a la recepción, y WellPoint considerará de buena fé los comentarios proporcionados por aquéllas."

Este tipo de cláusula ha permitido a las partes solicitantes y a sus profesionales de la abogacía ayudar a desarrollar materiales de formación para algunas de las empresas más grandes de los Estados Unidos.

Muchos de nuestros acuerdos requieren la publicación de una página web de información sobre accesibilidad describiendo los compromisos al respecto. (50) Mi clientela, el equipo asesor y yo hemos ofrecido comentarios detallados en estas páginas que se han incorporado a las webs de las partes negociadoras. La confianza generada durante la Negociación Estructurada crea un contexto en el que las opiniones de la parte solicitante son aceptadas y valoradas durante la fase de control. En lugar de conflictos en un entorno de desconfianza existe un interés compartido en hacer que la web sea lo más útil posible.

La naturaleza de la información compartida durante la fase de control dependerá de los detalles del acuerdo. Aquí hay ejemplos de cláusulas de control en los acuerdos de Negociación Estructurada que requieren un intercambio de información:

- "Antes de las reuniones trimestrales, la Sociedad Estadounidense contra el Cáncer (ACS) acordó compartir "el nombre de cada publicación de ACS y folleto de ACS solicitado y proporcionado en un Formato Alternativo durante el trimestre así como el número de solicitudes por cada tipo de formato", y "cualquier dificultad que ACS tuviera a la hora de cumplir con los términos del acuerdo durante el trimestre".

- Nuestro acuerdo con Safeway requirió que la cadena de supermercados eliminara un sitio web separado y discriminatorio de "solo texto". El acuerdo nos permitió controlar esa acción:

> "Al menos diez (10) días antes de la fecha en que se publique la notificación [anunciando la eliminación del sitio], y según lo establecido en la cláusula 3.6.1, Safeway proporcionará una copia del texto del anuncio y del texto del correo electrónico a las partes solicitantes, tal como se indica en la cláusula 3.6.3. Safeway aceptará comentarios de las partes solicitantes con respecto al texto y considerará de buena fé los comentarios que sean coherentes con este acuerdo, entregados dentro de los cinco (5) días posteriores a la recepción del anuncio."

- Cinemark acordó proporcionar un aviso por escrito cuando se instaló la tecnología:

> "Dentro de los 30 días a contar desde la fecha establecida en la cláusula 3.1 de este documento, Cinemark proporcionará a las partes solicitantes una confirmación por escrito de que el equipo de audiodescripción requerido se ha instalado y puesto a disposición de la clientela con discapacidad visual que lo haya solicitado. Dicha comunicación incluirá las ubicaciones de los cines de la cadena Cinemark en los que se ha instalado el equipo de audiodescripción."

- El acuerdo con Charles Schwab incluyó un cronograma detallado de implementación de accesibilidad y la obligación de proporcionar actualizaciones de progreso cada seis meses. Un acuerdo con los comercios Target establecía que la empresa identificara semestralmente qué tiendas habían sido actualizadas con la nueva tecnología de pago.

Las partes deben ser específicas (y creativas) sobre el tipo de información necesaria para garantizar la implementación del acuerdo sin problemas.

Periciales durante el control

La implementación de un acuerdo puede requerir periciales. De igual manera, en la negociación las partes confían en periciales conjuntas evitando contradicciones de informes técnicos (ver capítulo 8). La experiencia durante la fase de implementación de la Negociación Estructurada también es colaborativa y rentable. El acuerdo con Weight Watchers ofrece un ejemplo de la cláusula que gestiona el uso de periciales durante la fase de control:

> **Asesoría de accesibilidad.** "Durante la vigencia de este acuerdo, Weight Watchers contratará a una asesoría externa para ayudar al equipo desarrollador web de Weight Watchers a garantizar un cumplimiento sustancial de las normas de accesibilidad. La selección de esta asesoría de accesibilidad estará sujeta al consentimiento de las partes solicitantes, de la cual no se podrá prescindir sin motivo justificado. Como mínimo, la asesoría de accesibilidad deberá realizar una revisión y validación de cumplimiento de las páginas web en los sitios web de Weight Watchers que ella determine."

En el acuerdo de Charles Schwab se incluyó una cláusula similar.

> **Asesoría de mutuo acuerdo.** "Como parte del proceso de Negociaciones Estructuradas, SCHWAB ha contratado a una asesoría acordada conjuntamente para ayudarles a mejorar la accesibilidad del sitio web de Schwab.com. Además de lo dispuesto en el presente documento, SCHWAB mantendrá un contrato con esta asesoría nombrada por ambas partes durante el plazo que dure este acuerdo a fin de ayudar en la implementación del mismo. Si SCHWAB decide reemplazar la asesoría o ésta ya no está disponible, las partes trabajarán de buena fe para nombrar de mutuo acuerdo otra asesoría que la sustituya."

Estas disposiciones aseguran que las organizaciones dispongan de las habilidades necesarias para una implementación sin problemas.

Resolución de conflictos: términos que nunca utilizará

Cada acuerdo de Negociación Estructurada incluye un procedimiento para resolver conflictos posteriores al mismo. Es una disposición crucial para lograr un control satisfactorio pero, cuando presento el tema durante la redacción, suelo recordar a las partes negociadoras que espero no tener que usar esta cláusula nunca. Raramente debo hacerlo.

Un proceso de resolución de conflictos generalmente tiene cuatro etapas: notificación y respuesta, reuniones, mediación y, si las partes aún están en conflicto, un arbitraje vinculante o la presentación de demanda ante el tribunal. Surgen diversas preguntas al negociar estas cláusulas. "¿Dónde se llevará a cabo el arbitraje?, ¿Quién pagará por la mediación?, ¿En qué tribunal tendrá lugar?"

Estas preguntas combinan dos enfoques legales: la tendencia hacia el peor de los casos y la necesidad de no dejar nada al azar. Estas tendencias a veces benefician a las partes en una negociación, pero no es así al redactar una cláusula de resolución de conflictos. ¿Por qué discutir ahora sobre quién pagará el arbitraje o en qué tribunal se presentará el caso? Es poco probable que alguno de esos acontecimientos se dé en algún momento. Nuestro acuerdo con MLB estableció una cláusula práctica de resolución de conflictos evitando detalles polémicos que nunca fueron necesarios solventar:

"Si el asunto sigue sin resolverse después de un periodo razonable de reuniones las partes recurrirán a la mediación acordada mutuamente para solucionarlo.

Si la mediación no resuelve el asunto, las partes finalmente lo solucionarán mediante un arbitraje realizado por los Servicios de Arbitraje y Mediación Judicial ("JAMS") de conformidad con sus Reglas y Procedimientos de Arbitraje Simplificado en un lugar que convenga a ambas partes. El arbitraje puede reconocer a la parte vencedora unos honorarios justos para hacer frente a los costes de profesionales periciales, testificales y otros costes según lo establezca la legislación aplicable. El fallo del arbitraje será de aplicación en la jurisdicción competente."

El acuerdo se implementó sin conflictos. Nunca tuvimos que decidir qué institución actuaría en la mediación, dónde se celebraría el arbitraje o el marco de la "legislación aplicable" que regiría los honorarios de profesionales. No perdimos el tiempo ni derrochamos buena voluntad discutiendo sobre estos temas.

———

Con la cláusula establecida, ¿cómo se lleva a cabo el control sin un proceso judicial al que recurrir? Las historias que relato a continuación muestran cómo las relaciones, la confianza y la colaboración de la Negociación Estructurada guían el período posterior al acuerdo y aseguran su implementación efectiva.

Empoderar a la clientela después del acuerdo en el sector público

Nuestro histórico acuerdo de señales accesibles para peatones (SAP) con San Francisco establecía reuniones regulares. Dos veces al año durante un período de tres años, el personal de la ciudad se reunió con el equipo de implementación de la parte solicitante para comentar los éxitos del proyecto y las mejoras necesarias. La nueva representación de las organizaciones solicitantes se convirtió en parte del proceso.

Una era Linda Porelle, que tenía vínculos con la Casa de la Luz de San Francisco y el Consejo de Invidentes de California (CCB) -dos de las organizaciones solicitantes-. Porelle consideró que las reuniones bianuales eran "muy útiles" y la ciudad "obviamente estaba comprometida con el programa de Señales Accesibles para Peatones (SAP)". Durante la negociación, las reuniones (en lugar de declaraciones) permitieron a la parte solicitante, la dirección y al equipo experto establecer relaciones directas sin una excesiva intervención de profesionales de la abogacía. Se dio una dinámica similar en las reuniones de control posteriores al acuerdo cuando nuestra clientela se reunió con el personal de la ciudad encargado de planificar e instalar nuevas señales accesibles. Profesionales de la abogacía estuvieron presentes pero pasaron a un segundo plano.

"El personal de la tienda de señales de tráfico fue muy bueno explicando los retos a los que se enfrentaba en ciertas intersecciones", dice Porelle, trabajadora social y consejera personal, invidente desde su nacimiento: "Fue increíblemente educativa la explicación de sus experiencias".

Jessie Lorenz también se unió al equipo de SAP durante la fase de implementación asistiendo a reuniones y canalizando los comentarios de la comunidad ante representantes de San Francisco. Como directora ejecutiva de la solicitante Independent Living Resource Center San Francisco, y madre soltera de una hija pequeña, Lorenz depende en gran medida de las SAP. Durante el período de control, escribió un artículo para una publicación nacional sobre su experiencia como persona invidente con las señales recientemente accesibles: "Fue la primera vez que sentí que vivía en una comunidad totalmente accesible", escribió.

Al igual que las reuniones durante la negociación se lleva a cabo, las reuniones posteriores al acuerdo en la Negociación Estructurada permiten a las partes reunirse con un objetivo compartido no como partes adversarias en una disputa legal. Las partes solicitantes de las SAP valoraron el proceso que hizo esto posible: "No es solo que logramos señales accesibles", dice Jessie Lorenz, "sino que derribamos barreras y cambiamos los sentimientos y las mentes de quienes eran responsables de la ciudad".

El proceso de Negociación Estructurada redujo el conflicto y ayudó a construir conexiones. Básicamente, en este caso y en otros en los que hemos participado últimos años, estamos cambiando el significado de ser persona con visión reducida en la mente de cualquiera que tenga la oportunidad de formar parte del proceso.

Mantener una actitud colaborativa mientras se resuelven los incumplimientos

Una experiencia posterior al acuerdo con American Express me enseñó que la paciencia es tan importante después de la firma del acuerdo como mientras se espera una respuesta a la carta de presentación. El acuerdo requería que American Express entregara extractos en braille y en letra grande a la clientela que lo solicitara "dentro de un período de tiempo razonable" tras la recepción de los extractos en impresión estándar. Esas cuatro palabras "período de tiempo razonable" demostraron el reto que suponía la implementación del requisito. Hubo momentos en que los extractos en braille llegaron más de 30 días después de la versión impresa estándar.

No tuvimos que convencer a la empresa de que este retraso era inaceptable. La empresa y sus profesionales de la abogacía lo sabían, y todos querían hacer algo al respecto. Pero a pesar de tener las mejores intenciones, American Express no pudo cumplir con su compromiso. Hablamos con el equipo negociador de la empresa sobre comenzar el proceso de resolución del conflicto.

No se requiere notificación previa para recurrir a la cláusula de resolución de conflictos. Aun así, recomiendo discutir tal práctica antes de actuar de forma unilateral. En un caso anterior, la asesoría de un comercio nacional nos pidió a Linda Dardarian y a mí que no utilizáramos el proceso formal de resolución de conflictos porque les obligaría a contratar a un bufete externo. Acordamos continuar los debates informales en ese caso con la asesoría que ya conocíamos y finalmente, el problema se resolvió.

El caso de American Express fue diferente. El equipo negociador de la empresa acordó que la confianza en la cláusula formal de resolución de conflictos era necesaria para que nuestras preocupaciones llegaran a quien tuviera poder para autorizar inversiones que pudieran mejorar los sistemas de entrega en la empresa. Enviamos un aviso del proceso de resolución de conflictos, el primer paso en nuestro proceso negociado.

Tras ese aviso, Linda Dardarian y yo, Paul Parravano y Clarence

Whaley, solicitantes, el servicio jurídico de la empresa (tanto interno como externo) y el personal de American Express nos poníamos en contacto mensualmente por teléfono. La participación de las partes solicitantes fue clave tal como lo había sido durante la negociación. Whaley y Parravano documentaron la fecha en que llegó su extracto impreso y la fecha de llegada (mucho más tarde) del extracto en braille. El personal de American Express responsable de la entrega del estado de cuenta valoró la información mientras trabajaba para encontrar una solución viable y permanente.

Confiamos en la buena fe de la empresa y no llevamos el problema a la mediación ni lo presentamos ante los tribunales, los dos últimos pasos del proceso de resolución de conflictos de American Express. A pesar del incumplimiento del acuerdo ni siquiera sentimos que habíamos tenido un conflicto con la empresa. Había un problema que todo el mundo intentaba resolver.

Y finalmente sucedió. American Express pudo implementar un sistema permanente y automatizado para la entrega de extractos en braille reemplazando un proceso manual propenso al error humano. En lugar de retrasos de hasta seis semanas entre las versiones impresas y accesibles, los extractos en braille llegaban uno o dos días después de la versión estándar, a veces el mismo día. A menudo, el formato alternativo llegaba antes que la copia impresa.

———

En un proceso de un juicio tradicional probablemente habríamos iniciado el mismo solicitando una medida cautelar en el tribunal dada la evidencia indiscutible de que American Express había quebrantado nuestro acuerdo. Tal procedimiento, con fase de pruebas, peritaciones, informes legales y alegatos habría consumido mucho tiempo y gastos. Pero la buena fe generada durante la Negociación Estructurada nos proporcionó las herramientas para hacer cumplir el acuerdo sin confrontación ni discusiones. En lugar de informar a un juez sobre los incumplimientos de los acuerdos, descartamos las suposiciones, nos preparamos y nos concentramos en encontrar soluciones, tal como lo hicimos al negociar el acuerdo. Hoy, más de diez años después de la negociación, Parravano estima que sus extractos en braille de American Express llegan antes que la versión impresa entre el 60 y el 70 por ciento de las veces. El control logró su objetivo.

Negociaciones de seguimiento y otras opciones de aplicación

En una docena de casos sobre terminales de pago en comercios, el control comenzó confirmando la instalación de la nueva tecnología y formando al personal. Después de eso, recogimos los comentarios de nuestra clientela y los compartimos con las partes negociadoras. Las nuevas terminales disponían de teclas táctiles que la clientela podía sentir de forma que las personas con visión reducida pudieran introducir su PIN de manera autónoma durante una transacción. Solicitamos a nuestra clientela y miembros de organizaciones solicitantes tanto informes de aspectos positivos como negativos y recibimos ambos.

Linda Dardarian y yo escuchamos historias sobre atención deficiente a la clientela y también informes de personal que realizaba un esfuerzo extra. Recibimos mensajes de agradecimiento de personas que, finalmente, pudieron introducir su propio PIN de forma confidencial y notas de frustración cuando los dispositivos no funcionaban. La Negociación Estructurada nos proporcionó las herramientas para resolver los problemas a medida que surgían.

Cumpliendo con la mentalidad de Negociación Estructurada de evitar suposiciones negativas, nunca consideramos que los pasos en falso fueran intencionados. Nuestros acuerdos se aplicaron en algunos de los comercios de las cadenas más importantes de Estados Unidos. Aceptamos que las empresas actuaban de buena fe. Apreciamos el desafío de actualizar terminales en miles de tiendas y formar a un personal de alta rotación. En lugar de asumir lo peor, elaboramos estrategias sobre cómo solucionar los problemas que nuestra clientela iba descubriendo.

Las circulares detalladas y las comunicaciones frecuentes con asesorías corporativas lograron encarrilar el cumplimiento del acuerdo con bastantes comerciantes. Escribiendo a una parte negociadora ofrecimos sugerencias de mejora recibidas de clientela de 11 Estados. Para afianzar nuestra credibilidad, en el mismo comunicado incluimos comentarios positivos recibidos de la clientela de todo el país. Así como la carta de presentación debe decir algo positivo sobre las posibles partes negociadoras (ver capítulo 5), las declaraciones positivas son importantes al final del proceso. Con frecuencia existe la oportunidad durante la fase de control de elogiar las acciones de una posible parte demandada incluso cuando la implementación necesita mejoras. Las comunicaciones detalladas y las llamadas telefónicas fomentaron más formación, medidas de mantenimiento y resolvieron reclamaciones con más de un comercio.

Pero los problemas con otras partes negociadoras exigieron un enfoque más formal. Para afrontar los problemas más difíciles de resolver y cuando las comunicaciones informales no resolvían rápidamente las preocupaciones de nuestra clientela, elegíamos una de estas opciones.

En una ocasión, participamos en una Negociación Estructurada de seguimiento después del vencimiento del acuerdo con una empresa. Cuando se trata de tecnología accesible, el mantenimiento y la formación pueden ser tan importantes como la compra de hardware y software. Mucho después de que una empresa con la que trabajamos comprara nuevos equipos, un grupo de profesionales de la abogacía se presentó para informar sobre los problemas que iban surgiendo. Nunca consideramos presentar una demanda. Habíamos establecido una relación con el equipo de abogacía de la empresa y sabíamos que éste también se sentía frustrado cuando los dispositivos no funcionaban según lo previsto. Confiamos en el poder de la colaboración para corregir problemas a pesar de que nuestro primer acuerdo no había sido tan eficaz como esperábamos.

En la negociación inicial representamos a tres solicitantes de organizaciones. Comenzamos una nueva Negociación Estructurada con ocho personas afectadas por fallos tecnológicos. Después de redactar un nuevo documento de reglas básicas no costó mucho negociar un segundo acuerdo que resolviera todos los problemas pendientes.

Para abordar los problemas que habían surgido con otro comercio, Linda Dardarian y yo representamos a personas que no pudieron introducir su PIN a pesar del cumplimiento inicial de la empresa con los términos de nuestro acuerdo. Nunca consideramos presentar demandas en estos casos; no era necesario un litigio porque nuestra relación con la empresa era sólida. Por el contrario, iniciamos lo que llamamos "mini-Negociaciones Estructuradas". Cada persona que contactó con nosotras se convirtió en solicitante de negociación sobre un comercio en concreto. Cada negociación de mini-control se solucionó rápidamente con revisiones de mantenimiento, nueva formación del personal y, si procedía, indemnizaciones por daños y honorarios de profesionales. Después, algunas de estas negociaciones a pequeña escala se ampliaron a toda la cadena de comercios. La implementación fue completa.

¿Negocios inconclusos? Prorrogar el acuerdo

Las partes pueden necesitar ampliar la duración de su acuerdo. Puede que se precise tiempo adicional para garantizar el cumplimiento de las obligaciones existentes. Los nuevos compromisos pueden justificar la prórroga de un plazo. En la Negociación Estructurada es posible lograrlo sin necesidad de presentar alegaciones o solicitar aprobación judicial. El patrón de confianza, colaboración y trato directo establecido durante el caso facilita la negociación de una ampliación del acuerdo.

He tenido varias oportunidades de prorrogar los acuerdos de Negociación Estructurada durante los períodos de control. Nuestro acuerdo de 2000 con Bank of America exigía cajeros automáticos con voz en California y Florida y requería negociaciones futuras sobre instalaciones adicionales, una estrategia de pequeños pasos que se analiza en el capítulo 12. Como resultado de esas negociaciones futuras, las partes prorrogaron el acuerdo dos veces: una en 2001 y otra en 2006. La primera ampliación obligó a colocar cajeros automáticos con voz en el 85 por ciento de las ubicaciones del banco y examinar ubicaciones sin máquinas accesibles antes de finales de 2005. La segunda ampliación garantizó la instalación de cajeros automáticos con voz en las ubicaciones restantes de Bank of America. Cada nueva negociación extendía los términos establecidos en el acuerdo anterior, las cláusulas que ya no eran de aplicación expiraban.

Extender el acuerdo entre los medios de comunicación y los/as amantes de visión reducida de las Grandes Ligas de Baseball (MLBAM) aumentó la accesibilidad. La ampliación del acuerdo por un periodo de 12 meses comenzaba indicando su objetivo:

> "Para abordar las nuevas tecnologías y permitir que MLBAM continúe sus esfuerzos para mejorar la accesibilidad de su contenido web y aplicaciones móviles con la colaboración de solicitantes, las partes acuerdan ampliar el acuerdo tal y como se establece en este documento."

El acuerdo de Charles Schwab se prorrogó en dos ocasiones para proporcionar a la empresa tiempo suficiente para completar las mejoras de accesibilidad. Y a medida que nuestro acuerdo con la ACS se acercaba a su fecha de vencimiento, las partes lo ampliaron un año más para proporcionar materiales adicionales de información sobre cáncer en braille y en letra grande.

———

Las experiencias muestran la amplitud de opciones disponibles para las partes durante la fase de control. El equipo de profesionales de la abogacía puede optar por ampliar un acuerdo, solicitar la resolución del conflicto o decidir que la conversación informal es la mejor táctica para lograr el cumplimiento. Se puede solicitar una nueva Negociación Estructurada con un grupo de solicitantes o pudiera ser que una "mini-Negociación Estructurada" resultara más fructífera. Puede ser necesaria cualquiera de estas estrategias u otra para poder cumplir un acuerdo logrado por medio de la Negociación Estructurada.

Pero hay una táctica que nunca he utilizado en la fase de control de la Negociación Estructurada en los últimos 20 años: nunca he tenido que presentar una demanda para hacer cumplir un acuerdo. De hecho, la mayoría de las veces no se requiere una estrategia particular porque la mayoría de los acuerdos se implementan según lo planeado. Si hay obstáculos menores en el camino, una llamada telefónica generalmente los resuelve. Atribuyo esto al compromiso y la buena fe de las partes negociadoras y a las relaciones que son posibles sin la desconfianza y el conflicto que acompañan a la presentación de un caso ante el tribunal.

Hay un factor adicional que contribuye a la forma colaborativa de control y aplicación de los acuerdos en la Negociación Estructurada. Ese factor es el hilo conductor que va desde la carta de presentación hasta el último día de control e incluso, después. Es una fuerza unificadora que llamo mentalidad de Negociación Estructurada. Sus componentes se encuentran entre los elementos más importantes de este proceso alternativo de resolución de conflictos.

UNA ACTITUD COLABORATIVA

CAPÍTULO 16

Cultivar la mentalidad de Negociación Estructurada

"Sin esperanza y confianza no se puede hacer nada"

—Helen Keller-

Una abogada que solía acudir regularmente a los tribunales me dijo una vez que le encantaría gestionar sus casos a través la Negociación Estructurada. Se encontraba agotada y herida con las resoluciones arbitrarias y profesionales de la abogacía confrontrativos/as. Estaba harta de discutir constantemente sobre aspectos procesales no relacionados con el tema de sus demandas. La tensión emocional se había trasladado a su vida personal. "Entonces, ¿por qué no intentas la Negociación Estructurada?" Le pregunté.

"No puedo hacerlo", dijo, "simplemente no tengo tu personalidad".

No creo que exista una personalidad propia para la Negociación Estructurada. Cualquiera que quiera aplicar el Derecho de manera colaborativa puede aprender a hacerlo. No obstante, ya se catalogue como rasgos de personalidad, cualidades personales, habilidades de negociación, estrategias emocionales o incluso cualidades espirituales, una *actitud* colaborativa aumenta la probabilidad de que el proceso tenga éxito. A esta actitud la denomino "mentalidad de Negociación Estructurada". Se compone de elementos que hacen posible la resolución de conflictos sin tribunales ni normas procesales judiciales: paciencia, confianza y optimismo; seguridad y ecuanimidad; agradecimiento; simplemente, una actitud amigable.

Adopto la mentalidad de Negociación Estructurada para cumplir con los objetivos de mi clientela. Las cualidades indicadas en este capítulo permiten diferentes formas de actuar . Como negociadora, *decido* ser paciente de la misma manera que elijo qué documentos revisar o cuándo programar una reunión. *Practico* la confianza al igual que me mantengo al día con la jurisprudencia para proteger el territorio de negociación.

Sin reglas procesales para avanzar en un caso, las cualidades intangibles juegan un papel importante en la Negociación Estructurada. El progreso lleva más tiempo del que debería. Las entidades se quejan de que la compensación solicitada es demasiado costosa cuando sabemos que disponen de recursos económicos. Si los equipos de profesionales se desmotivan con los obstáculos que encuentran en el camino, el proceso se puede malograr fácilmente. "Cuando presento una demanda se crea una zona de confort", dice Dan Manning, abogado que acude a tribunales de Boston y practica también la Negociación Estructurada. "Existen reglas y una persona que rige el proceso (un tribunal)". No ocurre así en este proceso alternativo. Los elementos de la mentalidad de Negociación Estructurada fortalecen el espacio de colaboración para poder soportar las inevitables complicaciones del proceso.

———

Daniel Bowling y David Hoffman exploran el papel de las cualidades personales desde la perspectiva de la mediación en su innovador libro *Bringing Peace into the Room: How the Personal Qualities of the Mediator Impact the Process of Conflict Resolution (Cómo las cualidades personales de la mediación afectan al proceso de resolución de conflictos)*. Los autores reconocen la *presencia* de la persona mediadora: su yo íntegro, emocional y espiritual como crucial para el éxito de la mediación. La presencia y las estrategias auto-reflexivas altamente estructuradas y diversas para lograrlo son también el tema de la película *Inside Out: How Conflict Professionals Can Use Self-Reflection to Help Their Clients*, recoge la traducción de su anexo de Gary Friedman, mediador y formador en mediación.

Estos libros destacan la importancia del "estar presente" de la persona mediadora. Dispone de dicha herramienta así como de habilidades técnicas cuidadosamente perfeccionadas como la comprensión de la teoría de resolución de conflictos. El modelo que presentan de Bowling y Hoffman es el resultado del estudio de las cualidades personales de un grupo de mediadores que les permiten "traer paz al lugar" (*Bring peace into the room*). (51)

Profesionales de la abogacía que practican la Negociación Estructurada también "traen paz al lugar" a pesar de que no son neutrales. En dos décadas evitando los tribunales, he aprendido que traer la paz y ser una fuerte defensora no son mutuamente excluyentes. Por el contrario, ser una persona pacificadora sirve a los objetivos de cualquier profesional de la abogacía al igual que a quienes median. Charlie Morgan, abogado de una gran empresa, incluso experimentó la Negociación Estructurada como una forma de mediación: "Para mí, desde mi posición", dice Morgan, "fue como una mediación sin persona en el rol de mediador".

———

Hay gran cantidad de estudios, formación y programas de becas que se dedican a estudiar los aspectos intangibles necesarios para ser una persona negociadora eficaz. Innumerables libros, artículos, sitios web y cursos ayudan a las personas a ser más habilidosas en la mesa de negociación. En ellos, se destaca la descripción de las emociones y las cualidades de la personalidad, y su papel en la negociación. Este capítulo no sustituye el estudio ni el asesoramiento de personas expertas en negociación. Su objetivo es complementar la teoría y la práctica básicas de negociación con los rasgos específicos que tienen una trayectoria en la Negociación Estructurada.

Los elementos de la mentalidad de Negociación Estructurada que se exploran aquí son cualidades que se encuentran en todas las fases del método de resolución de conflictos incluidas en este libro. Aunque estoy segura de su valor, estos elementos tienen a menudo el objetivo de reconducirme ya que no siempre soy paciente -aunque me esfuerzo por serlo- y la ecuanimidad, a veces, me rehúye. Sé que cumplo con mi clientela cuando estoy tranquila. Las cualidades descritas aquí fortalecen la capacidad de profesionales de la abogacía y clientela para trabajar conjuntamente fuera de las estructuras confrontativas sin que las normas del tribunal, el comportamiento o que terceras personas determinen los resultados.

Practique la paciencia activa

> "Paciencia no significa sufrir pasivamente. Significa tener la suficiente visión a largo plazo como para confiar en el resultado final de un proceso".
>
> —Jalal ad-Din Muhammad Rumi-

En mi escritorio hay una postal de los enormes leones de mármol que protegen la biblioteca de la calle 42 de Manhattan. Llamados Paciencia y Fortaleza en la década de 1930, hoy sirven como mascotas oficiales de la biblioteca. Si la Negociación Estructurada tuviera una mascota, sería Paciencia, el guardián de las escaleras del histórico almacén de libros de la ciudad.

Emulando a mi tarjeta postal felina de Paciencia recojo correos electrónicos de partes negociadoras en un buzón virtual denominado "Paciencia". Uno de esos correos es de un colega del sector bancario con problemas para reunir firmas para nuestro acuerdo. Otro, de una gerencia de proyectos disculpándose por la demora en organizar una reunión. Muchos, son de profesionales de la abogacía que necesitan tiempo adicional para evaluar el documento de reglas básicas. Los problemas varían, pero hay una constante: la totalidad agradece mi paciencia. Nunca me han dicho que la paciencia estaba deteriorando una negociación.

———

Todo el mundo sabe que "la paciencia es una virtud". Muchos proverbios sobre sabiduría fomentan su ejercicio y son un elemento básico del "diván del terapeuta" reconocida como la clave para una vida más pacífica y libre de estrés. La profesión legal también necesita paciencia y bastantes profesionales de la abogacía lo reconocen. El mediador y maestro de mediación de Texas, Eric Galton, escribe sobre la paciencia en un libro de ensayo sobre mediación y pacificación:

"Por lo tanto, una persona mediadora debe adoptar la paciencia como uno de los atributos más poderosos y singularmente importantes del proceso. Debe practicar y predicar la paciencia por su naturaleza intrínseca y porque es una poderosa ayudante para resolver conflictos." (52)

Después de practicar la resolución colaborativa de conflictos durante 20 años, soy partidaria de incluir la paciencia como materia obligatoria en el primer año de los estudios de Derecho. Pero cada vez que les pregunto a los estudiantes de Derecho si han sido instruidos con detalle en esa cualidad, me encuentro con expresiones burlonas. Creo que sé por qué.

La paciencia parece pasiva, débil, una forma de proceder cuando no sabes *qué* hacer o cuando no te apasiona lograr un resultado. Pero la paciencia en la negociación no se debe confundir con la apatía o con no hacer nada. No se trata de cruzar los dedos esperando a que las cosas salgan bien. La paciencia es una herramienta, algo que utilizas para progresar en una negociación. La paciencia requiere una toma de decisiones consciente y se trata de una estrategia activa. Es una elección que requiere un comportamiento positivo y una cualidad que todo profesional de la abogacía puede decidir ejercer. A esta cualidad la denomino "paciencia activa".

La paciencia activa es útil durante cada una de las etapas de la Negociación Estructurada descritas en este libro. Sin ella, esperar una respuesta a la carta de presentación puede comprometer una negociación antes de que ésta comience (ver capítulo 6). La paciencia permite dar pequeños pasos para eludir los obstáculos de la negociación (ver capítulo 9). Es una cualidad que hace posible trabajar con el miedo de una parte negociadora cuando cree que el miedo es injustificado (ver capítulo 12).

Se necesita paciencia todos los días de la Negociación Estructurada. Sin demandas ante el tribunal, no hay normas que conduzcan hacia la resolución de un caso (aunque sea lentamente). Todo profesional de la Negociación Estructurada debe ser persistente, enviar constantemente correos electrónicos y hacer llamadas telefónicas para mantener el progreso de los casos. Debe recordar a las partes negociadoras que entreguen información, firmen documentos u organicen reuniones. Estas comunicaciones son los elementos activos de la paciencia activa.

Sin paciencia activa, las respuestas tardías a los correos electrónicos y las llamadas telefónicas pueden provocar molestias, estrés o algo peor. "Perdón por el retraso", escribe el abogado de Rite Aid mientras esperamos para programar una reunión y hablar de las recetas con voz. "¿Podemos trasladar esa llamada a la próxima semana?", solicita el departamento jurídico de una entidad financiera. "La persona con la que necesitaba hablar está de vacaciones"; o "tiene faringitis"; o "ya no trabaja aquí" lo que significa que tenemos que esperar a que su reemplazo se ponga al día. Con paciencia activa, los equipos de profesionales de la abogacía (y clientela) tienen la capacidad de aceptar demoras sin enfados ni suposiciones sabiendo que el tiempo invertido en buscar una solución es tiempo para avanzar hacia la meta. Como dice el presidente del Consejo Americano de Invidentes, Kim Charlson, "si se trata de un cambio significativo en el sistema, estoy dispuesto a esperar".

En respuesta a nuestra carta de presentación sobre la accesibilidad a informes crediticios, las agencias de crédito nos pidieron que fuéramos pacientes mientras investigaban los problemas que planteábamos. Con tres empresas en lugar de una, la necesidad de tener paciencia aumentó. Aunque fue tentador, no nos alejamos del proceso durante esos primeros meses. Parecía que no pasaba nada pero la paciencia nos permitió confiar en que los profesionales de la abogacía, la empresa y el personal técnico estaban ocupados entre bastidores preparándose para entablar negociaciones. Costó siete meses resolver los detalles del documento de reglas básicas pero, después de meses debatiendo sobre la negociación, finalmente, quedamos y celebramos una reunión muy productiva descrita en el capítulo 7. Me alegra que la paciencia fuera una estrategia útil para todas las partes.

———

Derek Rabelo era surfista brasileño de 17 años. Como todo surfista debía permanecer atento al entorno, aparentemente sin hacer nada, esperando una ola. En el caso de Rabelo, las olas eran enormes. Era un surfista de olas grandes de tercera generación que viajaba por el mundo en busca de desafíos. Pero Derek Rabelo no era cualquier surfista de olas grandes, era un surfista ciego de olas gigantes, que escucha activamente su entorno, sentía y experimentaba el océano a medida que avanzaba hacia su objetivo de atrapar la ola perfecta.

La espera de Rabelo a su próxima ola es una metáfora adecuada para la paciencia que me esfuerzo en practicar en la Negociación Estructurada. Por supuesto, mi paciencia no es tan espectacular. Rabelo debe estar preparado para la próxima ola de 6 metros en medio del océano. Tengo una foto suya descansando en su tabla, practicando la paciencia activa que me motiva para ejercer una atención focalizada similar en mi trabajo de representar a mi clientela sin demandas ante tribunales.

Evitar suposiciones negativas

"Sus suposiciones son las ventanas del mundo. Límpielas de vez en cuando o la luz no entrará".

—Alan Alda—

La paciencia activa es más fácil sin suposiciones ni juicios negativos. Los autores de *Getting to Yes* recuerdan a quienes negocian que no hagan suposiciones sobre el comportamiento de las partes negociadoras. Y las herramientas mostradas en *Inside Out,* de Gary Friedman, enseñan a profesionales de gestión de conflictos a "entrar" con autorreflexión para comprender mejor los juicios y suposiciones trabajando en ellos hasta que ya no supongan un obstáculo para la capacidad de resolución de problemas.

Ciertos momentos durante la Negociación Estructurada requieren una vigilancia adicional para evitar suposiciones y ofrecer a las personas el beneficio de la duda. Si la respuesta a una carta de presentación no llega en la fecha especificada, no asuma que la persona a quien va destinada se ha negado a negociar (ver capítulo 6). Si no se entregan los documentos prometidos, no presuma que la parte negociadora está ocultando algo (ver capítulo 7). Al acercarse a un punto muerto no dé por hecho que el miedo es infundado, acéptelo y trabaje con la otra parte para eliminar los impedimentos basados en el miedo (ver capítulo 9). Y si un acuerdo no se implementa según lo previsto, no acepte que se trata de un incumplimiento deliberado; pruebe diferentes estrategias de implementación hasta que se cumplan las obligaciones acordadas (ver capítulo 15).

Dar a las partes negociadoras el beneficio de la duda no significa ignorar los problemas o renunciar a los objetivos; muy al contrario, es una herramienta para mantener abiertos los canales de comunicación y lograr que sea posible un acuerdo negociado y una implementación efectiva.

Ser confiable y confiar en los demás

"La mejor manera de averiguar si puedes confiar en alguien es confiar en él".

—Ernest Hemingway-

Es casi imposible ser paciente con las personas si no confías en ellas. ¿Por qué ofrecer a alguien dos semanas adicionales para entregar los documentos necesarios si creemos que el tiempo pasará sin hacer nada? ¿Cómo pueden los equipos de expertos compartir experiencia sin declaraciones juradas o testimonios sin confiar en que todos están trabajando para encontrar una solución? El experto en negociación G. Richard Shell enseña a quienes negocian la importancia de la confianza:

> "En el centro de las relaciones humanas hay una frágil dinámica interpersonal: la confianza. Con confianza, se hacen pactos. Sin ella, los acuerdos son más difíciles de negociar, más difíciles de implementar y vulnerables a los cambios de motivaciones y circunstancias."(53)

La confianza es una cualidad que permite que la Negociación Estructurada progrese. Sin confianza, el proceso fracasaría.

Pero la abogacía está entrenada para desconfiar. Estamos alerta para que no se aprovechen. Tememos que la "contraparte" trate mal a nuestra clientela y al equipo de profesionales. Esto genera desconfianza y suposiciones sobre las motivaciones. Ciertamente, algunas personas no son dignas de confianza; quien negocia eficazmente permanece alerta cuando se enfrenta a personas desagradables. Pero en mi experiencia, la mayoría de las personas son de confianza. En lo que no se puede confiar es en las propias suposiciones sobre los motivos de otras personas.

En la Negociación Estructurada, sin un tribunal que supervise el proceso, la falta de confianza desbarata el progreso. Linda Dardarian practica Negociación Estructurada y también litiga ante los tribunales: "El litigio mantiene a las partes separadas", dice ella, "Construye muros y desconfianza. Nuestro proceso de Negociación Estructurada está diseñado para generar confianza y para que las entidades nos vean como equipo para resolver problemas".

El negociador del Bank of America, Bill Raymond, está de acuerdo. La Negociación Estructurada fue "una experiencia emocional muy diferente al litigio", dice. "Había un menor sentimiento de confrontación, fue muy colaborativo. El proceso en sí mismo ayuda a generar confianza".

Cuando se invita a través de una carta de presentación a contactar con partes negociadoras que han participado en procesos anteriores y con sus asesorías, mostramos confianza. "El hecho de haber remitido una carta inicial y de haber trabajado con otras personas de nuestro sector, marcó una gran diferencia", dice Denise Norgle, abogada de TransUnion en la negociación de informes de crédito.

La confianza se crea cuando permitimos a nuestra clientela que hable informalmente con corporaciones que habrían sido condenadas si hubiéramos presentado una demanda. En una negociación de 2015 con una empresa de inversión global sobre barreras de accesibilidad web y accesibilidad a plataformas móviles, animamos al equipo de tecnología de la empresa a comunicarse directamente con inversores con visibilidad reducida a los que representábamos. Linda y yo pensamos que la empresa no lograría una solución rápida y abandonaría sin negociar un acuerdo. La confianza enseña que, sin profesionales de la abogacía de ambas partes presentes, la conversación fluye más libremente, los costes se reducen al mínimo y la resolución de reclamaciones es más rápida.

Los elementos de la Negociación Estructurada fomentan la confianza. La carta de presentación incluye comentarios positivos sobre la persona a quien va destinada porque ello no predispone contra la parte solicitante. El intercambio informal de información funciona porque nadie pretende demostrar una mala conducta ante un tribunal o jurado. La ampliación de la compensación es posible porque el proceso evita las disputas procesales sobre la situación, la no pertinencia y otros asuntos.

El equipo de profesionales de la abogacía de la parte reclamante debe ser de confianza e, igualmente, modelar la confianza que se espera de los demás. Deben compartir información para animar a las otras partes a hacer lo mismo. Las organizaciones -públicas y privadas- que dicen "sí" a la Negociación Estructurada deben generar confianza y evitar estrategias de defensa habituales en tribunales sobre demoras innecesarias y escándalos. "El equipo de profesionales de la abogacía debe transmitir credibilidad en todas las relaciones", advierte Linda Dardarian. "Ser confiable significa adoptar posiciones sólidamente fundamentadas en la ley y los hechos así como expresar esas posiciones sin ser demasiado teatral o mostrar alteración".

Sin confianza, es tentador recurrir a una mentalidad de litigio y pensar que una parte negociadora está ocultando algo. Con confianza y sin suposiciones nos recordamos que una organización puede tener cinco niveles burocráticos para funcionar antes de comenzar. Y luego debe navegar por otros niveles de jerarquía antes de obtener el permiso para iniciar el trabajo. La confianza y la paciencia son estrategias que empleamos para esperar.

Practicar el optimismo fundamentado

"Ningún pesimista ha descubierto el secreto de las estrellas, ni ha navegado por mares desconocidos, ni ha abierto una nueva puerta al espíritu humano".

—Helen Keller-

Cuando me enteré del "optimismo fundamentado" supe que merecía un lugar en el léxico de la Negociación Estructurada. (54) El optimismo sin calificativo es el tópico del vaso medio lleno. El optimismo fundamentado es la creencia de que algo funcionará según la experiencia de la razón y la forma en la que ha funcionado en el pasado. En la Negociación Estructurada, el optimismo se basa en los comportamientos que han contribuido a éxitos pasados: escribir una carta de presentación evitando un lenguaje conflictivo, ejecutar el documento de reglas básicas y compartir experiencias para centrarse en la solución. Ser optimista sobre el resultado potencial de una negociación me mantiene centrada en las tareas necesarias para lograrlo.

Cuando creo que una negociación resultará favorable, la gente a mi alrededor también comienza a creerlo. El abogado de Boston Stan Eichner, quien participó en tres Negociaciones Estructuradas en Nueva Inglaterra a principios de la década de 2000, inicialmente pensó que el proceso fracasaría. Describiéndose a sí mismo como "dudoso con un escepticismo saludable", Eichner se preguntó si la Negociación Estructurada sería un proceso singular que "tranquilizaría a California". En su opinión, era "ridículo" pensar que una gran institución realizaría cambios voluntariamente en beneficio de sus consumidores con visión reducida. Le costaba creer que un profesional de laabogacía pudiera resolver los problemas de honorarios sin necesidad de una demanda, pero eso es lo que sucedió en los casos de Negociación Estructurada de Eichner. Con su fructífera experiencia, también se volvió optimista.

Mientras que Eichner era escéptico, Ann Byrne, abogada de Chicago, no lo era. Byrne, programadora informática ciega que ayudó a encabezar la iniciativa sobre banca accesible en Chicago no tenía ningún problema para identificarse como optimista. "Si no esperas mucho, tus expectativas pueden limitar los logros. Mis padres siempre me dijeron: "Nunca esperes menos". Al practicar el optimismo, las expectativas se mantienen altas y las partes evitan suposiciones infundadas sobre posibles incumplimientos. Al asegurarnos de que nuestro optimismo está fundamentado, tomamos las medidas necesarias para cumplir con esas expectativas.

———

En la Negociación Estructurada soy optimista respecto a que cada negociación logrará los resultados deseados. Tengo *confianza* en que el proceso creará un entorno que proporcionará una alternativa al proceso judicial. Estoy de acuerdo con la autora, reformadora social y activista política Helen Keller: "Sin esperanza ni confianza, no se puede hacer nada". Confío en que la Negociación Estructurada creará un espacio de colaboración para resolver problemas porque lo ha hecho de manera efectiva durante 20 años.

Sin confianza, es tentador abandonar un proceso alternativo de resolución de conflictos y acudir a la comodidad del sistema judicial tradicional a pesar de los obstáculos de éste. Cuando muestro confianza en que los problemas se pueden resolver sin el gasto y el estrés de una acción judicial, esa confianza contagia al resto.

La confianza, así lo entiendo por mi experiencia, es que la Negociación Estructurada es un camino para lograr resultados favorables. Nuestra decisión de dar un nombre al proceso en el año 2000 (ver capítulo 2) fue una expresión de confianza basada en el éxito del método con los cajeros automáticos con voz. Cuando el proceso nos proporcionó las herramientas para negociar algunos de los primeros acuerdos de accesibilidad web del país, nuestra confianza creció. La frase estándar en la carta de presentación de Negociación Estructurada: invitándoles a participar en "un proceso alternativo probado de resolución de conflictos conocido como Negociación Estructurada", aportó confianza a nuevas partes negociadoras.

¿Existe una garantía total de que cada empresa, organización sin fines de lucro o administración pública que recibe una carta de presentación responda positivamente? No. Ningún sistema de resolución de conflictos puede dar siempre buenos resultados. Pero, excepto en unos pocos casos, las cartas que mi equipo y yo hemos redactado de acuerdo con los principios establecidos en este libro han dado como resultado acuerdos sólidos y clientela satisfecha. El grupo de profesionales de la abogacía que practica la Negociación Estructurada se está ampliando. Y hay una creciente trayectoria de éxito que infunde confianza.

Apreciar y reconocer

En la campaña para introducir cajeros automáticos accesibles en el sector financiero, nuestros comunicados de prensa pusieron de manifiesto todo lo realizado. Fueron los primeros diez cajeros automáticos con voz, de entre miles instalados en Nueva York y los primeros de habla en español. Cuando la comunidad de visión reducida de San Francisco necesitó cientos de señales accesibles para peatones, pusimos en valor las primeras cinco que se colocaron. Cuando buscamos la instalación de equipos de audiodescripción accesibles en todo el país, también destacamos la primera instalación de Cinemark destinada a que una niña ciega pudiera disfrutar la noche de estreno de Harry Potter.

Los premios son una forma de expresar reconocimiento. El Consejo Americano de Invidentes ha honrado a Las Grandes Ligas de Baseball, la American Cancer Society y Weight Watchers como partes de Negociación Estructurada con premios en sus convenciones nacionales. El equipo sin ánimo de lucro Chicago for Equality (EFE) entregó un premio en su cena anual a la entidad financiera con la que había negociado. Según el equipo de profesionales de la abogacía de EFE formado por Barry Taylor y Amy Peterson: "La Negociación Estructurada nos proporcionó una relación más positiva que la que resultaba de nuestros casos habituales. La verdad es que nunca le habíamos otorgado un premio a alguien a quien hubiéramos demandado".

El reconocimiento está entretejido en el lienzo de la Negociación Estructurada. Decimos gracias cuando se ejecuta el documento de reglas básicas, cuando la información se comparte sin problemas, cuando se firma el acuerdo. Son comunicaciones cortas con un mensaje simple: "Gracias por enviar la información, realmente lo apreciamos"; "Gracias por todo lo que está haciendo para trabajar con sus equipos proveedores, nuestra clientela lo aprecia mucho". Inicialmente, se puede sentir como forzado o hipócrita. Con la práctica, expresar agradecimiento se convierte en un hábito y la negociación resulta mejor.

El reconocimiento no espera una victoria. En la Negociación Estructurada debemos convencer a las partes de que paguen dinero, hagan cambios en las políticas o compren nueva tecnología sin la amenaza de un tribunal o la presión de una mediación. Para lograrlo, reconocemos cualquier esfuerzo de los equipos asesores de las partes.

Cuando sentimos que algún miembro de la organización está haciendo todo lo posible para cambiar unos comportamientos arraigados, esperamos que nuestra apreciación le mantenga motivado. En medio de una negociación con una gran entidad de asistencia médica, una persona de la misma me envió una nota elogiando las recetas en braille que la empresa había comenzado a facilitar. Rápidamente envié la nota al equipo de profesionales de la abogacía de la empresa y al día siguiente la compartió con sus colegas. Informó que se habían motivado al recibirla.

Agradecer no es solo valorar lo que se ha hecho para avanzar en una negociación, también es importante resaltar los desafíos a los que se enfrentan las partes negociadoras. Recientemente estuve en medio de una negociación compleja con un número significativo de variables. Las conversaciones iban bien excepto en un tema. Me sorprendió experimentar un retroceso en ese tema ya que parecía mucho menos oneroso que otros compromisos que la empresa ya había aceptado. Finalmente, la abogada de la institución confesó que si incluíamos la obligación adicional, ella necesitaría traer un equipo de profesionales de la abogacía que no hubiera estado involucrado en el caso. Aprecié su dilema. Sabía cómo me sentiría yo si de repente nuevos profesionales de la abogacía me estuvieran mirando por encima del hombro. Y sabía que a mi clientela no les serviría de nada que participaran esos profesionales en el caso. Con la conformidad de mi clientela, acepté abandonar temporalmente el tema sin renunciar a su derecho a continuar en el futuro.

Los académicos en negociación reconocen el valor del reconocimiento. Daniel Shapiro y Roger Fisher, autores de *Beyond Reason: Using Emotions as You Negotiate*, dedica más de 25 páginas a los detalles del reconocimiento. Estoy de acuerdo con su conclusión de que "si las personas se sienten sinceramente apreciadas, es más probable que trabajen juntas y menos propensas a que actúen de manera hostil". Me muestro de acuerdo con Shapiro:

> "El reconocimiento es increíblemente poderoso. ¿Te sientes apreciado por esa otra persona en la negociación? Y esta es la parte difícil… ¿Crees que se sienten apreciados por tí?" (55)

Cualquier parte de Negociación Estructurada debería poder responder "sí" a la pregunta de Shapiro.

La ecuanimidad es una herramienta de negociación

Al principio de mi carrera me despidieron de un bufete de profesionales de la abogacía. El día anterior a la fecha prevista para convertirme en socia, el jefe de la firma me llamó a su oficina. "Nunca serás socia aquí", dijo. "Te falta gracia y ecuanimidad" ¿Gracia y ecuanimidad? ¿Qué podrían tener esas cualidades que ver con el Derecho?

Me han atraído esas dos palabras desde que dieron un vuelco a mi carrera. Aprendí que, si bien la ecuanimidad es fundamental para el budismo y los cristianos devotos creen en el poder de la gracia, ambas cualidades tienen raíces centenarias en las tradiciones judía y musulmana. La ecuanimidad es un valor fundamental en todas las principales religiones y sabidurías tradicionales del mundo. ¿Pero qué tiene que ver con el Derecho?

El Derecho aporta estructura y valores a la sociedad, sin embargo, salvo excepciones, en la profesión existe poca discusión sobre la ecuanimidad. La ecuanimidad es compostura, calma y estabilidad mental bajo estrés. Es una herramienta para evitar reaccionar impulsivamente y una habilidad útil para practicar la Negociación Estructurada. El hecho de que una cualidad tenga soportes espirituales no significa que deba relegarse de la mesa de negociación.

El abogado, educador y activista Charles Halpern reconoció el valor de la gracia y la ecuanimidad en profesionales de la abogacía mucho antes de que mi carrera cambiara con esas palabras. Al escribir sobre sus años como Decano fundador de la Facultad de Derecho de la Universidad de la Ciudad de Nueva York (CUNY), Halpern dijo:

> "Estaba buscando otras formas de mantenerme firme en mi agitada vida y de desarrollar recursos internos que me ayudaran a gestionar mi decanato con más ecuanimidad y gracia y también para mi subsistencia." (56)

No sólo los decanos de las facultades de Derecho necesitan calma interior en su trabajo como profesionales de la abogacía. Durante cada negociación hay periodos de incertidumbre. Son momentos en los que es más probable que la mente evoque los peores escenarios a que imagine un acuerdo sólido que satisfaga las necesidades de la clientela. En la Negociación Estructurada, los períodos de incertidumbre a menudo dan lugar a una sensación de vulnerabilidad porque no existen procedimientos legales a los que recurrir. Cuando una potencial parte negociadora realiza las revisiones al documento de reglas básicas yendo demasiado lejos, una empresa tarda en entregar los documentos solicitados o una negociación se detiene porque una persona se encuentra atrapada en una solución inaceptable es fácil pensar en abandonar la negociación, temer lo peor y reaccionar a ese miedo.

La ecuanimidad es una herramienta que ayuda a superar periodos de incertidumbre. En 20 años de Negociación Estructurada, la ecuanimidad ha combinado la paciencia, la confianza, el optimismo y la seguridad para permitir concentrarme en las necesidades de nuestra clientela. La ecuanimidad me impide expresar frustración de una manera contraproducente. Lo que no significa que siempre mantenga una presencia tranquila. Me irrito y esa irritación se nota. Y aunque un ataque de frustración no malogrará una negociación, colocar la ecuanimidad en las manos de la parte negociadora me permite mantener la calma frente a la angustia. Me recuerdo a mí misma que no ser reactiva beneficia a mi clientela. "La ecuanimidad, tal como la practicamos en la Negociación Estructurada", dice Linda Dardarian, "contribuye a nuestra apariencia profesional y racional, como personas con las que otras partes negociadoras pueden negociar y, lo más importante, pactar".

La ecuanimidad es especialmente útil cuando las otras partes no la tienen. A medida que la Negociación Estructurada se expandió por todo el país después de los éxitos iniciales en California, en ocasiones, los casos comenzaban mal (ver capítulo 7). La ecuanimidad nos permitió superar los inicios complicados. En *Getting to Yes*, los expertos en negociación Roger Fisher y William Ury, son contundentes con quienes negocian: "No reaccione ante los arrebatos emocionales". (57) Estoy de acuerdo. Mantener la ecuanimidad protege contra reacciones inapropiadas que causan demoras y crean obstáculos para lograr el acuerdo. La ecuanimidad, como la paciencia y los otros elementos de la mentalidad de Negociación Estructurada, es una estrategia de negociación que hace avanzar un caso.

———

¿Qué pasa con la ira estratégica? Profesionales de la abogacía de derechos civiles a los que valoro profesionalmente utilizan la ira como herramienta de defensa legal. La suya es una ira estratégica y calculada que subraya la seriedad de las reclamaciones de su clientela y enfatiza que la desigualdad es algo por lo que sentirse molesto. En estos casos, ¿Es útil en la Negociación Estructurada?

La Negociación Estructurada no se presta a la ira. "La ira estalla con mayor frecuencia en los litigios debido a la acción judicial. Te enojas cuando tú o tu clientela estáis sintiendo una ofensa", dice Linda Dardarian," y eso no sucede en la Negociación Estructurada. Parte de la estrategia de litigio de una parte demandada es humillar y desgastar a la parte demandante, y es el momento en el que te enojas. En la Negociación Estructurada, el departamento jurídico de la empresa no utiliza esa estrategia; trata a nuestra clientela con respeto".

Aunque la ira no suele surgir durante la Negociación Estructurada, he sido estratégica al expresar la decepción. "Es decepcionante que no esté preparado para hablar sobre una solución para las recetas con voz", le dije a un comerciante farmacéutico. "Nuestra clientela está cada vez más frustrada con los retrasos", le dije a una colega en una negociación sobre la accesibilidad de aplicaciones móviles. Como hemos sido pacientes antes, nuestra expresión de decepción tiene un tono de autenticidad y no se considera una postura. Está diseñada para convencer a las partes negociadoras de que lo hagan mejor. Normalmente lo hacen.

Cordialidad y amabilidad hacen avanzar una negociación

A veces, después de una incómoda llamada con una parte en una Negociación Estructurada, suspiro de alivio. "No puedo ser amable con esa persona ni un minuto más", pienso. "¡Estoy harta de ser amable!" Si una negociación va bien, con una solución viable a la vista, la cordialidad es fácil. Pero cuando las personalidades no encajan o el progreso es lento, la amabilidad puede ser un desafío. Pero continúo con ello porque sirve a mi clientela. Cordialidad y firmeza no son incompatibles. La amabilidad y la defensa se complementan entre sí.

El mundo académico y profesional se muestra unánime en la afirmación de que las relaciones son la clave para una negociación efectiva. La abogacía del proyecto de Negociación de Harvard dedica un libro completo a la importancia de las relaciones en su clásico *Getting Together:Building Relationships As We Negotiate*. Y en el libro de Richard Shell *"Bargaining for Advantage"*, las relaciones se identifican como el cuarto de los seis fundamentos en negociaciones efectivas. "La negociación trata de las personas, de sus objetivos, necesidades e intereses", escribe Shell,

> "Su capacidad para formar y gestionar relaciones personales en la mesa de negociación es, por lo tanto, el cuarto fundamento para una negociación efectiva. Las relaciones personales crean un nivel de confianza entre las personas que alivia la ansiedad y facilita la comunicación." (58)

En el litigio, las relaciones están formadas por rígidas asignaciones de funciones. Incluso cuando la abogacía se rige por los principios básicos de cortesía, el lenguaje confrontativo, las exigencias de la demanda, la oposición de la contestación y la propia intervención de peritos afectan al desarrollo del proceso. La Negociación Estructurada facilita las relaciones modificando el lenguaje y suavizando estos roles.

Las relaciones son el motor de la Negociación Estructurada porque las partes y profesionales intervinientes enfocan los problemas hacia la solución. Ningún tribunal dicta fallos que fomenten el acuerdo. Salvo excepciones, la persona que media no se sitúa en la cabecera de la mesa para resolver el caso.

Una de mis primeras experiencias con el poder de las relaciones en la Negociación Estructurada fue en un caso con una organización global. Cuando estábamos dando los últimos toques a las cláusulas del acuerdo, la empresa anunció que estaba vendiendo la parte del negocio donde habían surgido las reclamaciones de nuestros/as clientes. En un caso confrontativo habría sido fácil para la empresa optar por abandonar la negociación. Pero la parte negociadora escogió actuar de forma ética y firmar nuestro acuerdo. Algunas cláusulas obligatorias ya se habían acordado y otras, eran de fácil acuerdo. La venta inminente aceleró el proceso y la empresa abonó los daños y honorarios de profesionales que habíamos negociado. Atribuyo estos actos a las relaciones construidas en la Negociación Estructurada.

En casi todas las negociaciones, la mayoría de profesionales de la abogacía, que habrían sido mis oponentes, me dicen que valoran positivamente las formas de la Negociación Estructurada en comparación con las de los litigios tradicionales. Recientemente, me sentí frustrada por la respuesta inicial de una empresa a nuestra carta de presentación con la que estaba tratando de convencer a la entidad, con operaciones en 50 estados, de que firmara el documento de reglas básicas. En ese delicado momento de nuestra relación sabía que era importante mantener un tono cuidadoso y amigable sin dejar de ser persistente. Finalmente, exasperado, el colega se avino: "Eres muy amable", dijo, "haces que sea realmente difícil decirte que no".

En la Negociación Estructurada decido conscientemente el comportamiento y el tono de voz que utilizo cuando me comunico. Antes de cada reunión, les recuerdo a mi clientela (y a mí misma) que la construcción de relaciones está implícita en el tema de la reunión. En los litigios tradicionales, la parte reclamante habría sido encasillada como demandante. Con alegaciones como principal medio de comunicación es difícil pensar en una parte demandante como alguien diferente a quien formula una reclamación legal. En la Negociación Estructurada, podemos considerar más fácilmente a nuestra clientela como personas usuarias, parte del público, inversionistas, amantes del béisbol y del cine o cualquier rol que represente. Y en la mejor de las circunstancias, como dijo el negociador del Bank of America, Bill Raymond, la calidad de la amabilidad contribuirá a considerar a nuestra clientela como personas con las que la otra parte "quisiera pasar un rato".

Quienes participan en Negociación Estructurada saben que la cordialidad no es señal de debilidad y que la amabilidad no debilita la fuerza. Saben que ser amable puede afectar positivamente al resultado, construyendo relaciones que unen a las partes. Preguntar por la familia, felicitar a una parte negociadora por un logro no relacionado con el tema de negociación, expresar empatía por el infortunio.....

son comportamientos amables y afectuosos que son valiosos y habitualmente son practicados por profesionales de la abogacía independientemente del método de resolución de conflictos. En la Negociación Estructurada es contagioso y facilita la colaboración.

El aumento de la empatía reduce el estrés

El proyecto *Greater Good* de la Universidad de California Berkeley define la empatía como "la capacidad de sentir las emociones de otras personas junto con la capacidad de imaginar lo que otra persona podría estar pensando o sintiendo". (59) ¿Qué habilidad podría ser más importante para quien negocia?

Se ha escrito mucho sobre la importancia de la empatía en la resolución de conflictos. La mediadora, autora y maestra, Dana Curtis, explora las muchas facetas de la empatía en un artículo de 1998 editado en una publicación de la American Bar Association. (60) Según Curtis, la cualidad en una mediación sirve tanto a las partes como a quien media. Ella finaliza su detallado estudio sobre la empatía y cómo facilitar el acercamiento de las partes en la mediación con una descripción del proceso de mediación como "directo, honesto, optimista, con visión de futuro y agresivo en su esfuerzo por resolver las cosas". Es un lenguaje que yo utilizaría para describir la Negociación Estructurada.

En la película de Gary Friedman, de 2015, *Inside Out*, también encontramos la manera de fomentar la empatía a través de ejercicios de autorreflexión: cómo profesionales que trabajan en los conflictos pueden utilizar la autorreflexión para ayudar a su clientela. Las herramientas y habilidades sobre las que Curtis, Friedman y otras personas escriben no son sólo para terceros neutrales. Lo que aprendí sobre la empatía mientras investigaba este capítulo se adapta a mis experiencias en la Negociación Estructurada.

No he recibido formación en resolución de conflictos pero sé que la Negociación Estructurada es una herramienta eficaz para profesionales que no saben escuchar o no tienen habilidades de empatía. Estas habilidades se combinan con varios aspectos de la Negociación

Estructurada. Centrarse en la empatía puede tener un impacto positivo en la capacidad de profesionales de la abogacía para trabajar con su clientela fomentando una actitud colaborativa (ver capítulo 3), facilitando reuniones de Negociación Estructurada (ver capítulo 7) y ayudando a las partes negociadoras a superar el miedo (ver capítulos 9 y 12). La Negociación Estructurada requiere que las partes participantes estén atentas a las preocupaciones de quienes serían adversarios en un litigio. Una comprensión más profunda de cómo generar empatía puede fortalecer la capacidad de la abogacía para resolver reclamaciones fuera del tribunal.

———

La neurociencia enseña que nuestros cerebros disponen de "neuronas de empatía", células que imitan la experiencia de las personas que nos rodean y permiten una conexión más profunda. Estas neuronas de empatía, también conocidas como neuronas espejo, nos ofrecen las herramientas a nivel celular para reflejar las emociones y actitudes del resto. Realmente, creo que trabajan en la Negociación Estructurada.

Cuando soy paciente, el resto de personas que se encuentran alrededor de la mesa probablemente sean pacientes. Cuando nos enfrentamos a una actitud de confianza y optimismo es menos probable que una parte negociadora sea negativa y tramposa. La Negociación Estructurada no fomenta el argumentar por argumentar, de modo que sus participantes discuten menos. Al discutir menos, se escuchan más. Pueden ser más amables porque no sienten el riesgo de que la otra parte se aproveche.

El abogado de Citibank, Ben Velela, aprecia la Negociación Estructurada porque el proceso "facilita que las personas digan que sí y sigan su camino". El aumento de las oportunidades para decir "sí" y una mayor posibilidad de comprender las necesidades de las partes que están negociando significa que la Negociación Estructurada tiene un coste emocional mucho menor que el de una resolución tradicional de conflictos para quienes participan en ella. Como admitió una de las partes negociadoras de una gran empresa "el litigio es emocionalmente estresante, con una preocupación constante por lo que la otra parte va a hacer a continuación. La Negociación Estructurada elimina esa carga".

El abogado Minh Vu, participante en varias Negociaciones Estructuradas como asesor de grandes organizaciones se muestra de acuerdo: "La Negociación Estructurada tiende a ser menos conflictiva y, como resultado, produce menos ansiedad para profesionales de la abogacía y clientela. Además, no ha habido ninguna acusación pública de irregularidades en la Negociación Estructurada, por lo que, la empresa se siente menos a la defensiva". El servicio jurídico de una empresa con el que trabajé insistió en su anonimato cuando le pregunté qué pensaba de la Negociación Estructurada. "No sé si tendría mucho que decir", escribió en un correo electrónico, "aparte de que fue mucho menos doloroso, costoso, contencioso, etc., que el litigio". El ex abogado de la ciudad de San Francisco, Tom Lakritz, resume el sentimiento de cada profesional de la abogacía con el que he hablado: "Siempre es menos estresante", dice Lakritz, "ser colaborativo".

Desarrollar músculo colaborativo

Los elementos de la mentalidad de Negociación Estructurada se fortalecen con cada caso que gestiono. Evitar los elementos del litigio diseñados para el conflicto ha debilitado mis tendencias confrontativas (no mi defensa). Aún así, algunos aspectos de la mentalidad de la Negociación Estructurada son naturales, otros no tanto. Para mí, la confianza es más fácil que la paciencia; el optimismo triunfa sobre la ecuanimidad. Incluso después de dos décadas de colaboración, pierdo la confianza y hago suposiciones injustificadas. Ante un revés inesperado, la ecuanimidad desaparece. Pero comprender lo que una mentalidad colaborativa contribuye a una negociación satisfactoria me anima a practicar las cualidades indicadas en este capítulo. Y con cada caso, resulta más fácil.

He cambiado como persona y como abogada al no presentar demandas. Soy más paciente y colaborativa porque confío en la

Negociación Estructurada para resolver las reclamaciones de mi clientela. Los estudios neurológicos confirman que este tipo de cambio es posible en todo el mundo. La investigación actual sobre neuroplasticidad muestra que las actitudes y los rasgos de personalidad se pueden moldear y modificar a lo largo de nuestras vidas. Al igual que se pueden fomentar técnicas agresivas y adversariales, las habilidades emocionales que juegan un papel en la Negociación Estructurada se pueden desarrollar y fortalecer.

Cualquiera puede impulsar este desarrollo con la práctica de atención plena que favorece la paciencia y la ecuanimidad. Un sector importante de la abogacía lo está practicando.

La página de Facebook de Meditating Lawyers, publicada en octubre de 2012, se pregunta: "¿Y si toda la abogacía fuera pacificadora, solucionadora de problemas y sanadora de conflictos?" La página tiene más de 140.000 "like". El Spirit Rock Meditation Center en el norte de California viene ofreciendo un retiro anual de meditación para profesionales del Derecho desde hace más de una década, dirigido por el autor y profesor de Derecho y meditación Charles Halpern. El profesor de Derecho Leonard L. Riskin ha enseñado y escrito numerosas obras durante años sobre la integración de la atención plena en la formación de profesionales de la abogacía y de resolución de conflictos. La ex abogada y actual sacerdotisa zen, Mary Mocine, ofrece un retiro anual de meditación denominado "Encontrar ecuanimidad en una profesión difícil". Estos son solo algunos de los muchos espacios para profesionales de la abogacía que deseen incorporar la atención plena en la práctica del derecho.

Un número cada vez mayor de facultades de Derecho, bufetes y asociaciones de profesionales de la abogacía estatales ofrecen formación en atención plena. En 2016, la American Bar Association publicó *The Anxious Lawyer: An 8-Week Guide to a Joyful and Satisfying Law Practice Through Mindfulness and Meditation* (Guía de 8 semanas para una práctica legal feliz y satisfactoria a través de la atención plena y la meditación), escrita por la abogada especializada en asuntos financieros de San Francisco, maestra de meditación y consultora de bienestar Jeena Cho y la ex abogada Karen Gifford. Las autoras tienen constantes encuentros para formar a profesionales con el deseo de aprender más sobre meditación y el Derecho. (61)

La meditación fortalece la capacidad de observar y desviar el comportamiento confrontativo antes de que éste se convierta en una conducta que pueda hacer fracasar una negociación. Aunque es una herramienta para desarrollar el músculo colaborativo que apoya la Negociación Estructurada no es la única forma de reforzar las cualidades intangibles que contribuyen a una mentalidad no adversarial.

El autor y mediador Daniel Bowling explora las ventajas de la atención plena para mediación en el ensayo final de *Bringing Peace into the Room*. Bowling reconoce que, si bien la práctica de la atención plena es su herramienta, existen otras herramientas para desarrollar los apoyos que conducen a una resolución de conflictos más hábil. El autor promueve la adopción de estas prácticas diarias de forma universal y concretamente para quienes se dediquen a resolver conflictos

"Desarrolle una práctica diaria que fomente la conciencia del ser, ya sea caminando por la orilla del mar, leyendo poesía o permaneciendo en meditación silenciosa".

Al igual que Bowling, el mediador y autor Gary Friedman recomienda la meditación así como "otras formas de actividad meditativa" para mejorar el autoconocimiento. (62)

La abogacía que trabaja en la Negociación Estructurada no es neutral. Es defensora apasionada que hace cumplir y protege los derechos de su clientela además de resolver conflictos. Adoptar una práctica reflexiva de atención plena puede fortalecer la capacidad para ejercer la paciencia activa, evitar suposiciones y mantener la ecuanimidad frente a obstáculos en la negociación. A pesar de no ser necesario para una Negociación Estructurada satisfactoria, las prácticas de atención plena pueden mejorar la capacidad de la abogacía para representar debidamente a la clientela en una alternativa que resulta ventajosa frente a las demandas ante tribunales.

CAPÍTULO 17

La Negociación Estructurada sigue evolucionando

Este nuevo capítulo de la segunda edición comparte historias sobre cómo la Negociación Estructurada continúa evolucionando como una estrategia de resolución de conflictos para mi clientela, colegas, y profesionales de la abogacía.

Nuevas relaciones y nuevos problemas

Patreon, CVS y Albertson's son tres empresas que han participado en Negociaciones Estructuradas desde que se publicó este libro por primera vez y que han supuesto un beneficio mutuo a mi clientela, colegas y a mí misma.

Patreon mejora la accesibilidad para creadores y patrocinadores discapacitados

Nuestro comunicado de prensa de julio de 2020 se sumó a las estrategias de medios compartidas en el Capítulo 14: se hizo mención a la clientela, nuestra parte socia negociadora tuvo la oportunidad de compartir sus logros y no se nombró a los profesionales de la abogacía. Comenzaba con una descripción general:

"Patreon, en colaboración con American Council of the Blind, anunció una drástica iniciativa para mejorar su sitio web y sus aplicaciones móviles con el fin de lograr mayor accesibilidad para creadores y patrocinadores con problemas de visión".

La plataforma digital de Patreon ayuda a creadores a conectar con sus seguidores/as para compartir su trabajo y recibir una compensación por su labor. Millones de personas utilizan mensualmente el sitio web y la aplicación móvil de Patreon pero a finales de 2018, poco más de un año antes de nuestro comunicado de prensa, los creadores discapacitados y sus patrocinadores se enfrentaron a barreras digitales que les impedían disfrutar de la experiencia completa de Patreon.

La Negociación Estructurada en cuanto a estas barreras comenzó, como siempre, como una forma de atender a las necesidades de la clientela. Robert Kingett es un creador de contenidos gay discapacitado afincado en Chicago que escribe ficción y no ficción, además de editar antologías con autores discapacitados. Defensor desde hace mucho tiempo de los problemas a los que se enfrentan las personas ciegas, Kingett me dijo que era un "feroz defensor" de la Negociación Estructurada cuando acudió a mí en 2018. Me preguntó si podía ayudar a facilitarle a él y a un conjunto innumerable de mecenas y donantes de personas con discapacidad el uso de las ofertas de Patreon. (En otras palabras, no necesité la lista de verificación del Capítulo 4 para enseñar a Robert el valor de la Negociación Estructurada).

Una vez negociado el acuerdo, Robert Kingett confirmó cómo había escogido la Negociación Estructurada:

> "Todo el proceso fue muy fluido desde el principio. Había un gran sentido colaborativo y creo que la Negociación Estructurada fue la mejor vía para Patreon. No quería que fuera sólo una victoria en cuestiones de accesibilidad; quería que fuera un acuerdo mutuo entre dos partes. Tenía expectativas de que el proceso y el resultado fueran justos en todos los aspectos, con un contrato muy sólido y vinculante que se centrara en progresar y no sólo en ganar un pleito."

También la empresa Patreon se muestra muy satisfecha con el enfoque orientado a las soluciones que constituyen el núcleo de la

Negociación Estructurada. Como se describe en el prefacio de esta segunda edición, Priya Sanger, asesora jurídica adjunta de Patreon, cree que este aspecto de la Negociación Estructurada hace posible que esta estrategia sea especialmente adecuada para nuevas empresas:

"La Negociación Estructurada puso rápidamente sobre la mesa a las personas adecuadas y el proceso creó un espacio para educar a los equipos sobre el valor de crear conciencia sobre la discapacidad y la inclusión en el espacio digital."

Cliente satisfecho, empresa satisfecha. Una Negociación Estructurada en la que todos ganan.

———

Fui coasesora en el caso de Patreon con el abogado de derechos civiles de Washington, DC, Matthew Handley. El éxito en la negociación de Patreon no fue la primera vez que Handley tenía contacto con el proceso colaborativo pero sí era la primera vez que trabajábamos conjuntamente.

Antes de conocerle, Matt Handley representaba a organizaciones de defensa de los derechos de las personas con discapacidad que pretendían incluirlos en iniciativas de planificación de emergencias en Washington, DC. Poco después de que él y su equipo demandaran al Distrito, las partes pasaron inmediatamente a la Negociación Estructurada.

Tras negociar una versión de las normas básicas descritas en el capítulo 3, pasaron tres años elaborando un acuerdo global e histórico que garantizara la seguridad de las personas con discapacidad durante una catástrofe. En todo ese tiempo, la demanda se situó en un segundo plano.

Según Handley:

"Fue liberador contar con las reglas básicas de la Negociación Estructurada tras presentar la demanda. Esto hizo que se colaborara mucho y que el intercambio de información se sintiera mucho más fluido que todo lo que había vivido en discusiones sobre acuerdos durante un litigio tradicional. En el transcurso de ese caso me convencí del potencial de la Negociación Estructurada. Ahora creo firmemente en su eficacia.

Handley sigue litigando activamente y practicando la Negociación Estructurada en casos de derechos civiles por todo el país. El éxito colaborativo en Patreon consolidó su opinión de que la Negociación Estructurada merece un lugar permanente como herramienta en derechos civiles.

CVS continúa su camino hacia la accesibilidad

Desde su publicación, la confianza y las relaciones construidas durante las Negociaciones Estructuradas con CVS relatadas en capítulos anteriores, siguieron dando sus frutos. Esas colaboraciones anteriores mejoraron el acceso de los / as consumidores / as invidentes a los dispositivos de pago, al sitio web y a las recetas médicas.

En julio de 2020, CVS anunció una nueva ampliación de su programa de recetas médicas accesibles. Spoken Rx es la primera tecnología integrada en una aplicación de farmacia convencional que lee en voz alta las recetas impresas. Esta tecnología, resultado de una nueva colaboración entre CVS y su clientela con visión reducida, mejora la privacidad, la seguridad y la autonomía de las personas que no pueden leer el formato impreso estándar.

Kim Charlson, ex presidenta del Consejo Americano de Ciegos (ACB), directora ejecutiva de la Biblioteca Perkins y líder internacional de la comunidad de personas con visión reducida representó a ACB en la negociación. Según el acuerdo de CVS, participó en todas las reuniones que la abogada Linda Dardarian y yo tuvimos con los representantes de CVS.

Charlson, una vez liberada de la rigidez de la fase de pruebas, de las batallas en torno a la legitimación y de las funciones restrictivas asignadas a los / as demandantes y a peritos / as en los litigios, jugó un papel muy importante en la negociación de Spoken Rx:

"Definitivamente, sentí que siempre contribuía en igualdad de condiciones a las conversaciones. Hice sugerencias sobre el marketing, las estrategias de difusión, las cualidades de la tecnología, las iniciativas de formación, las mejoras en el servicio a la clientela y la defensa general de los/as consumidores invidentes. Siempre me sentí valorada y respetada en todas las conversaciones.

Aprecié la relación con CVS que permitió la Negociación Estructurada. Recomiendo encarecidamente el proceso como un método muy positivo y productivo para alcanzar un resultado verdaderamente exitoso."

La experiencia de Kim Charlson con CVS subraya el valor de la Negociación Estructurada como estrategia de resolución de conflictos ética y centrada en el cliente.

La nueva Negociación Estructurada de Albertson se basa en las relaciones anteriores

La historia de cómo la práctica de la paciencia llevó a un acuerdo de Negociación Estructurada en 2013 con la cadena de supermercados Safeway, se narra en el capítulo 11. En los años posteriores al acuerdo, Linda Dardarian y yo utilizamos las estrategias descritas en el capítulo 15 para solucionar los pequeños problemas de accesibilidad que iban surgiendo. Pero a mediados de 2018 quedó claro que el compromiso alcanzado con Safeway se había perdido tras la venta de la empresa a Albertson's.

Escribimos a nuestro contacto de Safeway sobre los nuevos problemas, explicando por qué era necesaria una nueva Negociación Estructurada:

"Como usted sabe, durante los más de tres años desde que nuestro acuerdo expiró en diciembre de 2014, hemos resuelto con éxito y de manera flexible cualquier asunto que haya surgido. En esos casos, no buscamos más negociaciones ni un nuevo acuerdo económico adicional u honorarios de profesionales de la abogacía en nombre de nuestra clientela. La situación actual es diferente. Tiene un alcance más amplio, afecta a muchos/as clientes y puede estar causada por un cambio de propiedad. Creemos que esto justifica una nueva Negociación Estructurada".

Nuestra breve carta sirvió para comprometer a Albertson's en una nueva Negociación Estructurada. Tuvo éxito por dos razones. En primer lugar, ya habíamos establecido una sólida relación con la empresa predecesora durante muchos años. Cuando dijimos que era necesario realizar una nueva negociación, confiaron en nosotras.

Más importante incluso que la confianza y la relación era que nuestra carta presentaba a clientela ciega de Albertson's de todo el país que estaba afectada por las barreras de accesibilidad que pretendíamos corregir

"Hasta la fecha nos han contactado clientes ciegos de Albertson's de Arizona, California, Maryland, Nevada y del estado de Washington. Cada uno de ellos ha presentado una demanda en relación con los problemas de accesibilidad en compras online y está dispuesto a participar en la Negociación Estructurada para resolver esas reclamaciones."

Una de esas compradoras fue Judy Dixon, una empleada federal con cuarenta años de antigüedad laboral que actualmente trabaja como responsable de relaciones con los consumidores en el Servicio Nacional de Bibliotecas para Ciegos y Personas con Problemas para leer el Formato Impreso en un programa de la Biblioteca del Congreso. Aunque Dixon calcula que ha escrito cientos de cartas a lo largo de los años en un esfuerzo por conseguir una tecnología accesible, ésta era la primera vez que participaba en un proceso colaborativo más formal.

"Es una pesadilla ir a la tienda de alimentación como persona ciega", me dijo Dixon. Para evitarlo, confía en el software parlante integrado en su iPhone para comprar alimentos. Como persona de carácter naturalmente colaborativo, se dio cuenta del valor de utilizar la Negociación Estructurada para mejorar la experiencia de compra online de Albertson:

"La Negociación Estructurada proporcionó a Albertson's un grupo de clientes ciegos/as que ayudaron a la empresa a averiguar cuáles eran los problemas y las prioridades para solucionarlos. Esto resultó verdaderamente valioso para la empresa y abrió un canal de comunicación para mí y otros clientes ciegos/as. Durante más de un año di mi opinión sobre la aplicación móvil y pude ver mejoras perceptibles en el camino. Sinceramente, fue un resultado extraordinariamente positivo que superó mis expectativas".

La experiencia de Dixon es un recordatorio del valor directo que reciben los clientes de la Negociación Estructurada.

Historias desde el terreno: Profesionales de la abogacía y clientela hacen suya la Negociación Estructurada

Me ha animado saber cómo la Negociación Estructurada ha servido a las necesidades de profesionales de la abogacía y clientela desde que se publicó la primera edición de este libro. He aquí algunas de sus historias.

Activistas y abogados LGBT recurren a la Negociación Estructurada para hacer frente a la discriminación de Lyft

En 2018, el equipo jurídico de los miembros de la comunidad de Lesbianas, Gays, Bisexuales y Transexuales (LGBT) de San Francisco escribió una carta de presentación de Negociación Estructurada al gigante de los viajes compartidos Lyft. Los conductores de la empresa se habían negado a recoger a drag queens y otros pasajeros/as que no se ajustaban al género, de modo que era necesario un cambio.

Poco más de un año después, en el verano de 2019, la estrategia de defensa dio sus frutos. Sin necesidad de presentar una demanda, los reclamantes anunciaron que habían "llegado a un acuerdo colaborativo con Lyft para garantizar que las personas de las comunidades queer y drag no fueran discriminadas por los conductores que utilizan la plataforma de Lyft."

Los litigios tradicionales suelen implicar frecuentes batallas sobre la legitimación, las pruebas y el alcance de los problemas. En el caso de Lyft, la Negociación Estructurada proporcionó herramientas para que las partes compartieran información de manera informal y negociaran un acuerdo nacional que se aplicaría a los servicios de Lyft en todo Estados Unidos.

El acuerdo público modificó las políticas, prácticas y procedimientos de Lyft para garantizar que los usuarios no fueran discriminados por su sexo, orientación sexual, expresión y/o identidad de género. También preveía un programa de educación pública, presentación de informes para garantizar el cumplimiento, un periodo de supervisión, un proceso de resolución de conflictos y los pagos correspondientes a los/as clientes y abogados/as.

Kara Janssen, del bufete de derechos civiles de San Francisco Rosen Bien Galvan & Grunfeld, LLP, fue una de las abogadas de los demandantes LGBTQ:

> "La Negociación Estructurada fue una herramienta inestimable que nos permitió trabajar juntos como socios en lugar de adversarios. Como resultado, pudimos centrarnos inmediatamente en las soluciones. Los esfuerzos colaborativos de nuestros clientes y Lyft culminaron en un acuerdo que esperamos sirva de modelo para otros proveedores de viajes compartidos."

Janssen informa de que, aunque el impacto de la pandemia de COVID-19 en el número de usuarios y conductores de Lyft ha retrasado la aplicación de algunos aspectos del acuerdo, la confianza generada en el transcurso de la Negociación Estructurada ha permitido a las partes lograr avances sin precedentes durante este tiempo. Han desarrollado materiales educativos y de formación para los equipos de atención al cliente y los/as conductores/as de Lyft, han recopilado y revisado los datos de seguimiento para comprender mejor los problemas que van surgiendo, y siguen trabajando colaborativamente para mejorar los sistemas de Lyft.

Mejora de las aceras de Estados Unidos para usuarios/as de sillas de ruedas

A lo largo de los últimos cinco años, la Negociación Estructurada ha demostrado ser una estrategia exitosa para las personas discapacitadas que buscan eliminar las barreras de accesibilidad en las aceras de todo Estados Unidos. Tim Fox es cofundador y codirector ejecutivo del Civil Rights Education and Enforcement Center (CREEC), en Denver, Colorado. El CREEC, junto con otros abogados y clientes, ha trabajado en la Negociación Estructurada con Denver, Colorado Springs, Portland, Seattle y San José (California) sobre la accesibilidad en las aceras. Estas iniciativas condujeron a programas integrales para lograr que las aceras de esas ciudades fueran más seguras y accesibles para las personas discapacitadas. Se están llevando a cabo negociaciones con otras ciudades.

Los casos relacionados con la accesibilidad de las aceras muestran la flexibilidad que aporta la Negociación Estructurada y la forma en que el proceso se integra con otras estrategias legales. En algunos de esos casos, las partes recurrieron a un mediador. En otros, la Negociación Estructurada no empezó en serio hasta que se presentó una demanda. En cada caso, las partes acudieron a los tribunales para obtener la aprobación judicial del acuerdo final al que habían llegado mediante la colaboración.

Linda Dardarian, del bufete de derechos civiles Goldstein, Borgen, Dardarian & Ho, de Oakland (California), colabora con el CREEC para hacer cumplir la Ley de Estadounidenses con Discapacidades en las aceras del país. Al describir su trabajo en Portland, Dardarian explica que

"El acuerdo se logró de forma colaborativa a través de la Negociación Estructurada, sin presentar una demanda. En su lugar, las partes pudieron centrar sus esfuerzos en la resolución de problemas. Construimos una relación de confianza y comunicación abierta entre los representantes de la ciudad y la comunidad de personas con discapacidades de movilidad que durará muchos años."

El enfoque de la Negociación Estructurada en los medios de comunicación, descrito en el capítulo 14, se puso de manifiesto en junio de 2018 cuando la Oficina de Transporte de Portland publicó un comunicado de prensa con el titular: "Se alcanza un importante hito para hacer más accesibles las calles y aceras de Portland". Junto a los demandantes discapacitados y a Fox y Dardarian, había una cita del alcalde de Portland. El acuerdo negociado se calificaba de "hito".

Recientemente, Dardarian y Fox utilizaron la Negociación Estructurada para llegar a un acuerdo con la ciudad de San José, ordenado por el tribunal, para que todos los rincones de sus aceras fueran accesibles para las personas con discapacidades motrices en un breve plazo. El acuerdo obliga a la ciudad a gastar más de 13 millones de dólares al año para alcanzar ese objetivo.

Según Dardarian, hasta ahora es el mayor compromiso anual en materia de rampas de acera, y se logró simplemente intercambiando información y resolviendo problemas en colaboración, en lugar de mediante un litigio contencioso. Durante la audiencia de aprobación del acuerdo, Dardarian dijo al juez que "este ha sido un caso que hace que el ejercicio de la abogacía sea un verdadero placer y tenga un significado".

Mejora de las condiciones de las cárceles mediante la Negociación Estructurada

En los últimos cinco años, la Negociación Estructurada ha sido una poderosa herramienta para los profesionales de la abogacía que buscan mejorar las condiciones de encarcelamiento en los centros locales. Este trabajo confirma las ventajas de la Negociación Estructurada a la hora de buscar cambios en los programas gubernamentales y de hacer valer los derechos en el sector público. Los relatos que aquí se presentan se basan en las lecciones aprendidas en el primer caso de Negociación Estructurada: con una entidad pública; el exitoso esfuerzo por mejorar la seguridad de los peatones en San Francisco que se relata en el capítulo 3.

Estado de Washington

Amplifying Voices of Inmates with Disabilities (AVID) es un proyecto de Disability Rights Washington, una organización sin ánimo de lucro que presta servicio al estado de Washington. En 2018 el grupo anunció los resultados de una Negociación Estructurada de dos años:

> "En un proceso inédito, los funcionarios del condado de Yakima trabajaron colaborativamente con un grupo de abogados de la cárcel para elaborar un plan de mejora en los servicios para las personas con enfermedades mentales en la cárcel del condado de Yakima".

Kimberly Moslof es una abogada de AVID que trabajó en el caso. En el comunicado de prensa dijo:

> "Cuando las pruebas claras y contundentes demuestran que los servicios no están al nivel necesario, perder tiempo y dinero luchando en los tribunales perjudica a los reclusos y a los contribuyentes. Felicito a los funcionarios del condado de Yakima, y especialmente al director de la cárcel, Ed Campbell, por el liderazgo que han demostrado en este asunto. Disability Rights Washington aprecia la relación colaborativa y productiva que hemos desarrollado con el Condado de Yakima."

En 2019 AVID recibió un premio de $10.000,00 por su trabajo de Negociación Estructurada con el Condado de Yakima de parte de The Foundation for the Improvement of Justice, Inc. La Fundación reconoció a AVID por:

"su enfoque innovador en la reforma del trato con sus reclusos discapacitados en las cárceles del condado y del estado. Mediante "Negociaciones Estructuradas" han conseguido que las cárceles dejen de negar la medicación y la terapia psiquiátrica, de segregar a los reclusos con discapacidad y de castigar a las personas por autolesiones, todo ello sin necesidad de recurrir a los tribunales."

California

Aaron Fischer es un abogado de especializado en derechos civiles en la práctica privada que ha trabajado durante mucho tiempo con Disability Rights California (DRC) en Negociaciones Estructuradas para mejorar las condiciones de las personas encarceladas en California. Su trabajo subraya la flexibilidad del proceso, y la creatividad y habilidad de los/as abogados/as que luchan por los derechos de los discapacitados utilizando todas las herramientas disponibles en la Negociación Estructurada.

Disability Rights California recurrió a la Negociación Estructurada en nombre de sus clientes reclusos en Santa Bárbara, Orange y Sacramento, y en nombre de los beneficiarios de servicios públicos de salud mental en los condados de San Benito. En cada caso, los abogados aprovecharon la oportunidad de dar forma al proceso de Negociación Estructurada para satisfacer las necesidades de sus clientes.

En Sacramento, por ejemplo, los defensores dijeron al condado desde el principio que necesitarían una orden judicial con un plan de seguimiento de la aplicación si se resolvían todos los problemas. Se ofrecieron a retrasar la presentación de la demanda mientras las partes participaban en una Negociación Estructurada.

Después de negociar las reglas básicas, de celebrar casi dos docenas de reuniones, organizar visitas a las instalaciones y aprender eficazmente de expertos/as, las partes acordaron un sólido plan para mejorar las condiciones en la cárcel del condado.

Como ocurre en la mayoría de las negociaciones con una entidad pública, con o sin pleito, era necesaria la aprobación de una autoridad de gobierno antes de poder adoptar el plan. Esa autoridad era la Junta de Supervisores de Sacramento, que sorprendió a las partes al rechazar el acuerdo cuidadosamente negociado.

Fischer y su equipo de la RDC se vieron entonces obligados a presentar una demanda, con los abogados Prison Law Office y Cooley LLP (que trabajan de forma gratuita), solicitando una orden judicial preliminar y un juicio sumario a finales de 2018. Utilizaron como prueba los informes periciales conjuntos elaborados durante la anterior Negociación Estructurada (que las partes habían acordado que serían públicos y admisibles).

Basándose en la confianza y en el plan de reparación desarrollado durante la frustrada Negociación Estructurada, el caso se resolvió pronto con un sólido decreto de consentimiento que protegía los derechos de varios miles de personas encarceladas y mejoraba las condiciones de los establecimientos carcelarios.

Los abogados del caso de la cárcel de Sacramento mostraron un elemento clave de la Negociación Estructurada que se discute a lo largo de este libro: la persistencia. Como escribí en el capítulo 2:

> "….mediante la persistencia, se programarán las reuniones y se entregarán los documentos. El lenguaje amigable de la persistencia conducirá a las partes a través de las etapas de un nuevo proceso de resolución de conflictos en el que no son necesarias las demandas judiciales."

El equipo jurídico del DRC demostró una gran persistencia durante más de cuatro años defendiendo la mejora de las condiciones de los reclusos con discapacidad. Me enseñaron que a veces, a pesar de la persistencia, puede ser necesaria presentar una demanda judicial en un caso de Negociación Estructurada.

La necesidad final de presentar una demanda no restó éxito a la Negociación Estructurada en el caso de la cárcel de Sacramento. Se ahorraron decenas -si no cientos- de miles de dólares mientras las partes negociaban con los peritos e intercambiaban información de manera colaborativa tal como se describe en los capítulos 7 y 8. Ese trabajo colaborativo y la buena voluntad que se estableció, no desapareció cuando el Condado presentó una demanda. El pleito fue un desvío, pero permitió a las partes reanudar una conversación nacida de la Negociación Estructurada.

———

Otra iniciativa de Negociación Estructurada del DRC -para mejorar las condiciones de la población reclusa en la cárcel del condado de Santa Bárbara- es sorprendente por la forma en que Fischer y su colega planearon de forma creativa varias estrategias de defensa en pos de un único objetivo centrado en el cliente.

El trabajo en ese condado comenzó con un informe de 2015 en el que se detallaba el trato discriminatorio que recibían los presos con discapacidad en la cárcel del condado de Santa Bárbara, que incluía la denegación de atención básica de salud mental, la reclusión de personas con discapacidad en régimen de aislamiento y el alojamiento de personas en condiciones que incumplen la Ley de Estadounidenses con Discapacidades (ADA).

Lo que descubrió el equipo jurídico, que además de la DRC incluía a la Prison Law Office y al bufete de abogados King & Spalding (a través de su programa pro bono), era demasiado grave para simplemente indicarlo en un informe. Los abogados estaban inmersos en la preparación de la demanda cuando el abogado del condado invitó al equipo a la mesa de negociación.

Los abogados sabían que necesitarían acudir a un juez y al sistema judicial tradicional para lograr una sentencia firme para la demanda colectiva que finalmente esperaban negociar. Pero también conocían el valor de un proceso colaborativo. La Negociación Estructurada era lo suficientemente flexible como para ofrecer ambas cosas.

A finales de 2016, las partes firmaron un acuerdo sobre las reglas básicas de la Negociación Estructurada. Acordaron un proceso detallado para compartir información, utilizar peritos conjuntos y llevar a cabo negociaciones de conciliación. Los abogados de la población reclusa acordaron avisar al condado antes de presentar una demanda.

La demanda se presentó en diciembre de 2017. Como es habitual en los casos de derechos civiles, la DRC emitió un comunicado de prensa anunciando la demanda. Lo que no es común (y de hecho es bastante notable) es que el comunicado de prensa anunciando la demanda fue emitido conjuntamente por los abogados de los demandantes y la Oficina del Sheriff del Condado de Santa Bárbara que había sido demandada.

En un comunicado con el titular "Los presos presentan una demanda colectiva federal contra el condado de Santa Bárbara" se cita al sheriff del condado diciendo: "Todos reconocemos la necesidad de mejorar nuestro sistema carcelario en el condado y nos comprometemos a trabajar con los abogados y los tribunales para realizar mejoras."

Tras presentar la demanda colectiva sin oposición, las partes acordaron suspender la fase de presentación de pruebas y centrar sus esfuerzos en las negociaciones del acuerdo. Esas negociaciones se beneficiaron de un elemento clave de la Negociación Estructurada: los peritos conjuntos.

Como se describe en el capítulo 8, la Negociación Estructurada

"implica un peritaje sin enfrentamientos, gastos innecesarios, testimonios o declaraciones juradas. . . La forma en que se gestiona el peritaje es una razón clave por la cual la Negociación Estructurada resulta una forma rentable de resolver las reclamaciones."

En el caso de la cárcel de Santa Bárbara, las partes acordaron contratar peritos/as de mutuo acuerdo que evaluaran las políticas, los procedimientos, las prácticas y las condiciones de la cárcel y redactaran informes públicos con conclusiones y recomendaciones que sirvieran de base para debatir el acuerdo. El condado contrató inicialmente a cuatro expertos en la materia, a los que se añadió posteriormente un quinto.

Durante la Negociación Estructurada, los informes de los expertos determinaron el resultado. Las partes presentaron informes de situación al tribunal con una periodicidad aproximadamente trimestral para garantizar un proceso ágil.

Este proceso integrado de Negociación Estructurada con el

respaldo de una demanda dio como resultado una sentencia de 84 páginas presentada ante el tribunal en julio de 2020.

Fischer me habló del valor de la Negociación Estructurada en los complejos casos de derechos civiles en la cárcel del DRC:

"Desarrollar las reglas básicas de la Negociación Estructurada y crear mutuamente un proceso para resolver las demandas de nuestra clientela puede marcar la diferencia en estos casos. En lugar de expresar solicitudes específicas, que probablemente habrían empujado al condado a una postura de defensa, primero dedicamos tiempo a acordar una estructura. La aceptación que logramos fue muy diferente a la de un litigio contencioso gracias a esa estructura. Ayudó a establecer la confianza y permitió una colaboración productiva.

También hubo otras ventajas de la Negociación Estructurada. Contamos con la ayuda de expertos independientes acordados mutuamente que participaron con el mismo espíritu de colaboración y resolución de problemas que las partes. El proceso también ofreció a las personas que trabajan en el sistema la oportunidad de aportar su perspectiva e ideas para lograr el cambio Esta estructura allanó el camino para que las medidas correctivas fueran prácticas y contaran con el apoyo de los actores que serían responsables de su aplicación. En los casos de reforma sistémica, un decreto de consentimiento no es más que palabras en una página. Para lograr un cambio real que ayude a nuestra clientela, las medidas correctivas deben aplicarse de manera significativa.

La Negociación Estructurada eliminó el antagonismo que a menudo experimentamos en los litigios. Sigue habiendo una negociación enérgica, pero también existe la sensación de que el objetivo final común es solucionar los problemas y garantizar el cumplimiento de los requisitos legales y constitucionales."

Los casos de reforma institucional de la RDC proporcionan una hoja de ruta para integrar la Negociación Estructurada y el litigio de forma que se obtengan resultados sustanciales que beneficien a todos. El proceso es especialmente beneficioso para las entidades públicas preocupadas por los costes en cuestiones que exigen cambios políticos a largo plazo.

La Negociación Estructurada continúa con su trayectoria de avance en la tecnología accesible

Como revelan las historias de este libro, la Negociación Estructurada se desarrolló en la intersección de la colaboración, la tecnología y los derechos civiles de las personas con discapacidad. El proceso sigue siendo una valiosa herramienta para el avance de la tecnología accesible.

Tecnología de votación accesible

En los últimos cinco años, los profesionales de la abogacía se han apoyado en la Negociación Estructurada para avanzar en la accesibilidad enfocada en diversos tipos de información y tecnología electoral, un elemento esencial para la inclusión de la discapacidad en el siglo XXI.

Jessie Weber, socia del bufete de derechos civiles Brown, Goldstein & Levy, fue una de las abogadas que representó a la Federación Nacional de Ciegos en una Negociación Estructurada de 2018 para proteger los derechos de los/as votantes invidentes en California. La colaboración dio como resultado máquinas de voto accesibles y sistemas de voto en ausencia. Weber se mostró

> "Muy contenta de haber llegado a este excelente resultado colaborativo a través de la Negociación Estructurada. Gracias a que pudimos centrarnos en la resolución de problemas en lugar de pensar en el litigio, las partes lograron un resultado fantástico de forma amistosa y a una fracción del coste del litigio."

Tecnología accesible para el comercio minorista

También en 2018, la cadena de restaurantes Applebee's, el fabricante de quioscos E la Carte, Inc. y la Federación Nacional de Ciegos, entre otros, utilizaron la Negociación Estructurada para que los dispositivos de pedido y pago en mesa fueran accesibles para las personas ciegas. El nuevo sistema se utiliza en los restaurantes Applebee's de todo el país.

Al beneficiarse del intercambio de información y de la creación de relaciones que caracteriza a la Negociación Estructurada, los/as solicitantes (que de otro modo habrían sido demandantes) participaron en el desarrollo, las pruebas y las opiniones para mejorar los dispositivos.

El resultado fue un mayor acceso a la nueva tecnología en restaurantes de todo Estados Unidos. Las máquinas accesibles protegían la intimidad y la seguridad de los/as clientes ciegos/as al permitirles pagar de forma autónoma sus comidas sin tener que compartir información confidencial sobre sus tarjetas de crédito y otros datos financieros.

Tim Elder fue uno de los abogados que representó a la comunidad de ciegos en esta Negociación Estructurada:

"Este caso implicaba complejos acuerdos comerciales con franquiciados, franquiciadores, licenciatarios de tecnología y proveedores de servicios. Las partes que se pueden nombrar formalmente en un juicio no siempre son las mismas que se necesitan en la mesa de negociación para resolver eficazmente un problema. La Negociación Estructurada fue una forma eficaz de reunir a todos para que desempeñaran su papel, grande o pequeño, en una solución."

Stuart Seaborn, otro abogado de los solicitantes, deseaba que la negociación hubiese sido más rápida, pero sabía que estar fuera de un tribunal beneficiaba a sus clientes:

"Una de las cosas más útiles de la Negociación Estructurada fue conseguir que los equipos técnicos de cada una de las partes, incluyendo al proveedor externo, estuvieran en la sala con una comunicación sin restricciones. Eso habría sido difícil en una fase de presentación de pruebas en el tribunal o incluso en la mediación".

Tecnología educativa accesible

El abogado de derechos civiles Tim Elder también utilizó la Negociación Estructurada (sin demanda) para llegar a un acuerdo en 2020 con un colegio comunitario de California. El acuerdo, alcanzado en nombre de dos estudiantes invidentes, exige que los/as proveedores/as de tecnología ofrezcan tecnología de formación accesible como parte de los contratos de compras de la escuela. Aumentó el acceso a la tecnología educativa, incluyendo herramientas de lenguaje virtual inmersivo.

En un comunicado de prensa en el que se anunciaba el acuerdo, Elder dijo

"Aplaudimos la iniciativa de West Valley College de trabajar con nosotros y nuestros clientes de una manera económicamente beneficiosa y colaborativa para llegar a este acuerdo, en lugar de luchar contra sus obligaciones legales en una batalla judicial mucho más costosa y que consume tiempo."

———

En los últimos cinco años, los/as defensores/as de los derechos humanos han utilizado la Negociación Estructurada en otros casos además de los mencionados aquí. Otras iniciativas incluyen el uso del proceso para ampliar el acceso de las sillas de ruedas a los juzgados de la ciudad y al transporte público y para mejorar los servicios de transporte compartido basados en aplicaciones para personas ciegas con animales de servicio. Estoy deseando escuchar a los lectores sobre nuevas formas en las que las herramientas de colaboración y resolución de problemas de la Negociación Estructurada pueden beneficiar a profesionales de la abogacía y clientela que buscan soluciones beneficiosas para todos, sin costes ni conflictos.

¿Qué es lo próximo en Negociación Estructurada?

Han pasado más de veinticinco años desde que se envió la primera carta de Negociación Estructurada a los mayores bancos del país invitándoles a negociar sobre los cajeros automáticos que podrían utilizar las personas ciegas. ¿Qué le espera a un proceso de resolución de conflictos basado en la colaboración y la comunicación sinceras?

Escribo estas palabras en un periodo de inmensos desafíos en Estados Unidos y en todo el mundo. El año pasado, una pandemia y su consiguiente crisis económica sacudieron a Estados Unidos y a países de todo el mundo. La crisis climática mundial continúa y un violento ataque a la sede del gobierno estadounidense desafía los valores fundamentales de la democracia. La violencia policial contra los negros y los delitos de odio contra los/as asiáticos/as exigen que se actúe contra el racismo estructural en toda la sociedad estadounidense. La Ley de Estadounidenses con Discapacidades celebró su 30º aniversario en 2020, pero la enorme tasa de desempleo de personas con discapacidad continúa. A pesar de los importantes avances, las barreras digitales siguen impidiendo a quienes tienen discapacidad acceder plenamente a las tecnologías del siglo XXI.

En los próximos años, profesionales de la abogacía y ciudadanía de todo el mundo recurrirán a una serie de estrategias y tácticas para abordar estos y otros problemas grandes y pequeños. Mi esperanza y predicción es que una de esas estrategias será la Negociación Estructurada, un proceso que reúne a las personas para resolver los problemas con la transparencia, la confianza y las relaciones necesarias para lograr un cambio duradero.

CONCLUSIÓN

Un Plus para la Abogacía y la Ciudadanía

Los comentarios de mis compañeros/as de clase en el anuario de mi escuela secundaria confirman que siempre quise ser abogada. Supuse que eso significaba trabajar en los tribunales, un lugar donde buscaría Justicia para mi clientela. Cuando me gradué en la Facultad de Derecho y comencé a representar a los sindicatos y a sus miembros, la oficina de arbitraje se convirtió en otro lugar donde podía luchar por mi clientela. Tanto los procesos ante el tribunal como los arbitrajes me obligaron a ejercer mi profesión a través de sistemas confrontativos, con procedimientos complicados, dejando el destino de mi clientela en manos de terceros. La mayoría de los casos se resolvieron pero dentro de una atmósfera contenciosa que impregnó todas las interacciones. En aquellos tiempos pensaba que ser abogada significaba ganar una lucha contra una parte oponente. Trabajar juntas en la búsqueda de soluciones y ser una defensora efectiva no entraba en mi vocabulario. El deseo de Steven Mendelsohn de lograr cajeros automáticos accesibles me mostró que había otra manera.

La Negociación Estructurada no es el único intento de colaboración dentro de la profesión legal. Se van arraigando muchas formas de colaboración a medida que la clientela y profesionales de la abogacía exigen una práctica menos confrontativa para resolver reclamaciones. Existen alternativas al litigio para demandas de tipo ambiental, casos penales (justicia restaurativa), temas de divorcio y custodia (Derecho

Colaborativo) y demandas por lesiones personales. En 2016, la American Bar Association publicó Discovering Agreement, de la abogada de California Linda Alvarez, que ofrece una alternativa para "quienes sufren desencanto con el modelo anticuado de confrontación" en la redacción y formalización de contratos. En conjunto, estas iniciativas se denominan Derecho Integrativo, una amplia cobertura que alberga nuevas visiones de lo que podría ser el Derecho.

La autora, abogada y activista J. Kim Wright ha estado fomentando y documentando el desarrollo de este movimiento durante una década, publicando dos libros sobre perspectivas legales colaborativas en todo el mundo(63). Estas alternativas evitan el tribunal siempre que es posible, se centran en soluciones y reúnen a las partes interesadas en un diálogo constructivo. La Negociación Estructurada tiene un lugar en este emergente y activo ecosistema.

Los juicios juegan un papel importante en el avance de la sociedad. Brown vs. Junta de Educación (exclusión racial); Olmstead vs. L.C. (el derecho de las personas discapacitadas a vivir en la comunidad); y Obergefell vs. Hodges (matrimonio igualitario) son tres ejemplos de casos que necesitaron acudir a los tribunales. Existen innumerables casos. Pero presentar una demanda no debería ser la única opción para resolver reclamaciones. La abogacía y la ciudadanía merecen alternativas menos costosas, menos estresantes y más colaborativas. La clientela necesita un foro donde exponer sus preocupaciones y pueda ser (y sentirse) escuchada. Necesitamos una estructura que se apoye en periciales, sin declaraciones costosas y enfrentamientos judiciales. Y los representantes de los sectores público y privado necesitan un proceso de resolución de conflictos flexible y con garantías. La mediación puede ser ese proceso, pero con demasiada frecuencia se acude a la mediación tras marcar posiciones, sufrir duros enfrentamientos procesales, con relaciones desgastadas y con costo económico elevado.

Enseñemos a la generación de estudiantes de Derecho que la colaboración no significa debilidad. Que "conformarse" no es sinónimo de "conformarse con menos", y que "ganar-ganar" puede significar una victoria para todas las partes. Enseñemos a ésta, y a quienes dejaron atrás sus estudios cómo la paciencia es una estrategia de negociación activa y cómo ser amable proporciona resultados. Ofrezcamos cursos sobre el peligro que implica concebir suposiciones negativas y sobre la importancia del optimismo y la confianza. Y como profesionales, ampliemos nuestro vocabulario para disponer de otros términos aparte de "defender", "oponerse" y "exigir".

La abogacía y la ciudadanía estamos preparadas para adoptar estrategias legales que eviten conflictos y generen resultados beneficiosos; estamos ansiosas por resolver problemas sin gastos innecesarios y relaciones rotas. La Negociación Estructurada ofrece las herramientas necesarias para lograr estos objetivos.

APÉNDICES

ANEXO 1

Modelo para una carta de presentación de Negociación Estructurada

(Ver capítulo 5 para más detalles).

Destinatario:

Envíelo a la asesoría jurídica de empresa o, en el caso de entidad pública, al departamento jurídico

Parte 1: Introducción

- Identifique (brevemente) a solicitantes y profesionales de la abogacía

- Describa el asunto

- Identifique el incumplimiento legal

- *Indique la preferencia de la Negociación Estructurada con lenguaje como "en lugar de presentar una demanda, proponemos un plan para trabajar de manera constructiva con [nombre de la entidad] en un método adecuado y verifcado de resolución de conflictos denominado Negociación Estructurada".*

Parte 2: Presentar la Negociación Estructurada

Describa el proceso en uno o dos párrafos, haciendo referencia a este libro y los casos que usted ha llevado, si es posible.

- *Utilice frases como:* "La Negociación Estructurada es un proceso de colaboración que funciona sin presentar demandas ante los Tribunales. *El proceso ha sido utilizado durante 20 años para resolver reclamaciones sin litigios. Organizaciones como Las Grandes Ligas de Baseball, la American Cancer Society, Charles Schwab y Bank of America han participado en este método de resolución de conflictos*".

- **Ventajas de la Negociación Estructurada:** "Al participar en una Negociación Estructurada para resolver las reclamaciones de nuestra clientela, las partes pueden evitar los gastos, los riesgos y las confrontaciones propias del proceso judicial". Mi(s) cliente/a(s) agradecen la oportunidad de trabajar con usted en este método constatado y eficaz de resolución de disputas".

Parte 3: Presentar a solicitantes y profesionales de la abogacía

- Presentar a solicitantes

- Si es individual, describa el trabajo, la familia, las actividades de voluntariado.....

- Si es una organización, describa la misión y su logros.

- Describa la relación con la persona a quien va destinada la carta.

- Describa brevemente la experiencia subyacente de la reclamación.

- Describa los intentos de la parte solicitante para resolver el problema.

- Incluya llamadas telefónicas, conversaciones presenciales, cartas, correo electrónico y contacto en redes sociales.

- Describa la trayectoria profesional

- Incluya experiencia en negociación y en el tribunal

- Ofrezca referencias de otros procesos en que ha participado

- Proporciónelo por escrito o exprese su voluntad de hacerlo.

Parte 4: Describir los hechos que respaldan las afirmaciones

- Declare hechos de una manera no confrontativa

- Diga algo positivo

- Revise las declaraciones públicas de la empresa / gobierno para comprender su cultura y explicar cómo los hechos son incoherentes con la imagen que proyectan.

- No mencione periciales

- Muestre confianza

Parte 5: Base jurídica actual de las reclamaciones

- Preámbulo legal con una declaración de que la Negociación Estructurada permite a las partes evitar las disputas legales. Declare que la ley se presenta dentro de ese contexto.

- Describa los estatutos, la jurisprudencia y los acuerdos aplicables.

- Identifique las compensaciones disponibles.

- Explique otro problema que no sea un incumplimiento técnico.

Parte 6: Propuesta de Resolución

- Describa los tipos de compensación solicitada (medidas

cautelares, daños, honorarios de profesionales)

- Explique que el objetivo del proceso es un acuerdo por escrito vinculante.

- Identifique problemas a resolver; no haga peticiones específicas ni especifique tipos de detalles que se incluirían en el acuerdo final.

Conclusión

- Solicite una respuesta para una fecha determinada (de dos a cuatro semanas)

- *Explique que el proceso comenzará "con una llamada telefónica con la personada designada para discutir temas particulares de la Negociación Estructurada".*

- Ofrezcase para responder cuestiones mientras se revisa la carta.

ANEXO 2

Ejemplo de documento de reglas básicas

(Ver capítulo 6 para más detalles).

Acuerdo de Negociación Estructurada

1. <u>Partes</u>

   Las partes de este acuerdo son (1) NOMBRE DE LA EMPRESA / ENTIDAD GUBERNAMENTAL y (2) NOMBRE COMPLETO DEL BUFETE Y PROFESIONALES DE APOYO en nombre de sus clientes: [NOMBRES DE LA CLIENTELA] ("Solicitantes").

2. <u>Objetivos</u>

   Los objetivos de este acuerdo son:

   a. Proteger el interés de todas las partes durante la tramitación de las negociaciones sobre reclamaciones en conflicto con respecto a [INSERTAR DESCRIPCIÓN DE LA RECLAMACIÓN];

   b. Proporcionar una alternativa al litigio en forma de negociación de buena fé sobre las reclamaciones con respecto a [INSERTAR LA MISMA DESCRIPCIÓN DE LA RECLAMACIÓN]; y

   c. Explorar si los conflictos de las partes relacionadas con [INSERTAR LA MISMA DESCRIPCIÓN DE LA RECLAMACIÓN] pueden resolverse sin la necesidad de un litigio.

3. <u>Aplazamiento de las reclamaciones presentadas</u>

   a. Las partes reconocen y acuerdan que el término "reclamación (s)" incluye todas y cada una de las reclamaciones que se puedan presentar ante un organismo administrativo o ante un tribunal [INSERTAR DESCRIPCIÓN DE RECLAMACIONES].

   b. En la medida en que las partes solicitantes puedan presentar una reclamación y tal reclamación sea denegada por (NOMBRE DE LA EMPRESA O ENTIDAD GUBERNAMENTAL), dicha reclamación se suspenderá a partir de la fecha de inicio de este acuerdo y permanecerá suspendida durante el tiempo que dure la negociación (tal como se describe en el párrafo 6 siguiente).

   c. Las partes acuerdan que durante la vigencia del acuerdo de negociación (NOMBRE DEL BUFETE), ellas y su clientela se abstendrán de presentar reclamaciones (NOMBRE DE LA EMPRESA / ENTIDAD GUBERNAMENTAL) con respecto al tema de este acuerdo.

   d. El acuerdo no producirá el efecto de restablecer ninguna demanda que hubiera sido denegada por alguna disposición legal aplicable antes de la fecha de inicio de este acuerdo. El propósito y efecto de este acuerdo es paralizar la ejecución de cualquier disposición aplicable a partir de la fecha de inicio del acuerdo y reanudar su ejecución de esa limitación inmediatamente después de la finalización del período de treinta días establecido en apartado 6. Pasados treinta días, todas las disposiciones aplicables se reanudarán en el punto en que se suspendieron.

4. <u>Temas a tratar a través de la negociación</u>

Las Partes acuerdan que el tema de negociación al que obliga este acuerdo incluirá, entre otros:

a. INSERTAR DESCRIPCIÓN DEL TEMA DE NEGOCIACIÓN

b. INSERTAR LA DESCRIPCIÓN DEL SEGUNDO TEMA DE NEGOCIACIÓN [repita según sea necesario]

c. Daños y perjuicios, honorarios de profesionales, costes y gastos del proceso.

d. Alcance y forma del (de los) acuerdo(s) escrito(s) que aborda el control de su aplicación y otros temas relevantes.

5. <u>Honorarios de profesionales</u>

Las partes reconocen que la formalización de este acuerdo reemplaza a una demanda presentada ante un tribunal. [NOMBRE DE EMPRESA / ENTIDAD GUBERNAMENTAL] acuerdan que a las partes solicitantes no se les impedirá recuperar los honorarios, gastos y costes generados -tal como se establece en la legislación aplicable- por el hecho de haber acudido a un método alternativo de resolución de conflictos en lugar de iniciar una acción judicial. En este sentido, [NOMBRE DE EMPRESA / ENTIDAD GUBERNAMENTAL] no alegará que las partes solicitantes no tienen derecho a recuperar los honorarios, gastos o costes por el hecho de que las partes solicitantes no hayan obtenido compensación en forma de sentencia ejecutable, de un decreto de homologación o de una resolución judicial.

6. <u>Duración del acuerdo de suspensión</u>

La suspensión contemplada en este acuerdo permanecerá vigente hasta treinta (30) días después de que cualquiera de las partes notifique por correo certificado a las demás partes que el acuerdo de aplazamiento ya no es efectivo. Tras dicha notificación, la obligación de NOMBRE DE EMPRESA / ENTIDAD GUBERNAMENTAL de negociar con las partes solicitantes sobre los temas enumerados en el párrafo 4 finalizará. [Como añadido a la primera frase, las partes pueden desear agregar un texto que prevea la finalización automática a partir de una fecha específica, generalmente entre 9 y 18 meses después de la fecha de entrada en vigor, salvo que las partes lo amplíen].

7. <u>No asunción de responsabilidad</u>

Las partes reconocen y acuerdan expresamente que la formalización de este acuerdo no constituye en modo alguno una admisión de responsabilidad o negligencia con ninguna de las partes y que todos las conversaciones y negociaciones de conformidad con este acuerdo constituirán un esfuerzo por resolver las reclamaciones bajo lo establecido en la legislación sobre pruebas de consideración.

8. <u>Confidencialidad</u>

Las partes acuerdan que toda la información debatida o intercambiada durante las negociaciones contempladas en este acuerdo sobre NOMBRE DE LA EMPRESA, incluida, entre otras, información sobre tecnología, estrategia o planes comerciales, personal, procesos internos, capacidad, mantenimiento y equipamiento, conceptos de producto o servicio o precios, que generalmente no están disponibles al público ("Información de propiedad exclusiva del NOMBRE DE LA EMPRESA / NOMBRE DE LA ENTIDAD GUBERNAMENTAL") no se divulgarán a terceros, salvo que sea requerido legalmente. En tanto que las partes contraten periciales o consultorías para los fines contemplados en este acuerdo informarán a todas ellas de las cláusulas de este apartado y formalizarán con los mismos un acuerdo para mantener la confidencialidad de la información de la NOMBRE DE LA EMPRESA / ENTIDAD GUBERNAMENTAL.

9. <u>Reglas de elaboración</u>

Cada parte, asesorada legalmente, ha revisado y participado en la redacción de este acuerdo renunciando a cualquier reclamación sobre la interpretación del mismo. Los títulos de las secciones utilizadas en este documento solamente tienen como fin servir de referencia y no forman parte del acuerdo.

10. <u>Fecha efectiva</u>

La fecha de vigencia de este acuerdo es la fecha de la última firma de la parte inferior del documento.

FIRMAS

[Son pertinentes la firmas de las partes y profesionales que intervengan.]

ANEXO 3

Los elementos se unen
Negociación Estructurada con las
Grandes Ligas de Béisbol

"Desde la primera conversación, la empresa se centró en cómo podemos hacer esto *en lugar de* cómo podemos evitar hacer esto*".*
—Brian Charlson, representante del Consejo de Personas con Visión Reducida de Bay State, organización solicitante-

Tras haber expuesto los elementos de la Negociación Estructurada y su poder, a continuación quisiera contarles cómo esos elementos fueron aplicados con la Major League Baseball Advanced Media, y difundida por CBS News calificando la Negociación Estructurada como "uno de los mejores jugadores del mundo tecnológico".

———

A Brian Charlson le encanta el béisbol. "El juego simplemente por el juego, tiene sentido para una persona invidente", explica. "Tienes a quien lanza, batea y atrapa los batazos. Con solo estar atento a tres personas es mucho más fácil de seguir que, por ejemplo, el fútbol. Aunque también me gusta el fútbol ".

Charlson quedó ciego cuando era niño por un experimento científico que salió mal. Hoy es el director de Tecnología en el Centro Carroll para Invidentes en Newton, Massachusetts, y un seguidor incondicional de los Red Sox. Miembro activo en el Consejo Americano de Personas con visión reducida y en su filial de Massachusetts, Charlson ha sido un líder comunitario desde que fue representante de su clase de secundaria. Era el único estudiante ciego de su escuela. Como la mayoría de profesionales de la abogacía que aparecen en este libro, Charlson dice algo que podría sorprender a las personas videntes: "La ceguera me salvó. Me dio oportunidades que nunca habría tenido sin mi accidente, incluso, pude ser el primero de mi familia en asistir a la universidad".

Al crecer en Oregón, Charlson no tenía un equipo de béisbol profesional en su ciudad natal al que apoyar y nunca había jugado al béisbol antes de quedarse ciego. Pero descubrió que el béisbol podía facilitar la comunicación tanto con amistades como con personas desconocidas. Llegó a apreciar el juego como una forma de construir comunidad y conocer gente. Organizó viajes para niños/as con visión reducida al Fenway Park y descubrió que el deporte podía ayudar a personas videntes a sentirse cómodos con personas con visión reducida. Desde quienes conducían el autobús en el que viajaba a diario al trabajo hasta estudiantes con visión reducida que acudían a él a entrenar, Charlson descubrió que todo el mundo hablaba el idioma del béisbol.

———

En el año 2000, la propiedad de las Grandes Ligas de Basball (MLB) fundaron la Major League Baseball Advanced Media (MLBAM) y la presencia del béisbol online apareció de repente. Hoy mlb.com es uno de los sitios web más visitados de Estados Unidos. Los 30 equipos de MLB tienen sus propios sitios con muchas visitas y las aplicaciones móviles de MLB se encuentran entre las más taquilleras del mundo. Tanto on-line como a través de dispositivos móviles, MLB ofrece venta de entradas, *merchandising*, partidos de béisbol y análisis en profundidad de todo lo relacionado con el béisbol.

Las personas aficionadas al béisbol con visión reducida se muestran igual de entusiastas por las versiones online y las aplicaciones móviles que las videntes. Quieren analizar las estadísticas, escuchar partidos, votar por sus estrellas favoritas y comprar tickets. Pero a pesar de la tecnología accesible, hasta 2008 las personas con visión reducida no podían utilizar los sitios web de MLB. Brian Charlson estaba decidido a hacer algo al respecto. Él conocía el éxito de la Negociación Estructurada para mejorar la accesibilidad del contenido web y a principios de ese año me llamó: "¿Crees que podríamos convencer a MLB para hacer que sus sitios web sean accesibles sin presentar una demanda?"

El año anterior a que Charlson me llamara, él y fans con visión reducida de los Red Sox, Rick Morin y Bob Hachey, junto con el departamento jurídico del Centro de Derecho de las personas con Discapacidad de Boston tuvieron varias reuniones telefónicas con representantes de MLB para discutir las barreras de accesibilidad de su sitio web. Charlson incluso escribió un informe y lo compartió con equipo de desarrollo de MLB. El departamento jurídico esperaba que el sitio fuera accesible a tiempo para la temporada de béisbol 2008. No lo fue.

Uno de los problemas más frustrantes fue el CAPTCHA: caracteres visuales distorsionados que se utilizan para proteger la seguridad del sitio web. Quien accede debe copiar esos caracteres en un formulario en línea antes de completar una transacción. Los CAPTCHA visuales son un símbolo de "No Entrar" para personas usuarias con visión reducida. Sin embargo, en 2007, los visitantes del sitio no podían enviar un voto All Star o comprar un ticket para muchos de los estadios de MLB a menos que pudieran descifrar esas imágenes.

Otro obstáculo fue el software que permitía a fans escuchar partidos. Por una pequeña cuota anual, MLB ofrece transmisiones de radio y televisión de cada partido de MLB. Quienes pueden ver inician y detienen las transmisiones de audio y video, controlan el volumen y cambian de un partido a otro. Por malas decisiones de codificación estas opciones no estaban disponibles para Brian Charlson y demás fans con visión reducida.

También existían otros obstáculos. Una enorme cantidad de datos online sobre jugadores y equipos se agrupaba en densas tablas de estadísticas que no estaban codificadas de acuerdo a los estándares de accesibilidad o principios de usabilidad. Esos datos permanecían prácticamente indescifrables para cualquiera que no pudiera usar un ratón o ver la pantalla. Estas limitaciones junto con fans con visión reducida con el compromiso de lograr la accesibilidad, fueron los ingredientes necesarios para redactar una poderosa carta de Negociación Estructurada.

La carta de presentación

Linda y yo enviamos una carta de presentación al más afamado abogado de MLB, el 2 de julio de 2008, en nombre del Consejo Americano de Personas con visión reducida y sus filiales de Massachusetts y California. Presentamos a las organizaciones no como adversarias sino como seguidoras del béisbol. Explicamos meticulosamente la Negociación Estructurada a la empresa que esperábamos que fuera nuestra próxima socia negociadora: "Nosotras y nuestra clientela estamos entusiasmadas con la posibilidad de trabajar con la Major League Baseball en esta metodología de resolución de conflictos", escribimos. Y presentamos nuestro argumento legal al explicar el valor de la misma:

> Una de las muchas ventajas de la Negociación Estructurada es que las partes pueden obviar los problemas legales y procesales tradicionales y centrarse en una solución de beneficio mutuo que mejore la accesibilidad sin comprometer los intereses comerciales y de diseño. Otra ventaja es la capacidad de las partes para evitar tanto el postulado legal como los costes y riesgos propios del litigio.

En los párrafos siguientes, analizamos la legislación federal y estatal que respaldaba nuestras reclamaciones. Después de varias cartas, era la primera vez que podíamos citar la decisión de un tribunal federal exigiendo acceso al sitio web. Pero también destacamos las empresas que habían escogido un camino diferente: "Otras empresas del país han reconocido la importancia de hacer accesibles sus sitios web y, sin presentar demandas ante el tribunal, han firmado acuerdos con las partes solicitantes de este caso…"

Sin embargo, el núcleo de nuestra carta no fueron las decisiones judiciales, el lenguaje legal o incluso los acuerdos previos. La esencia de nuestra carta de presentación fue una descripción de las barreras existentes en los sitios web de MLB, que impedían que fans con visión reducida disfrutaran del béisbol digital. Describimos los problemas en términos simples y no incluimos un informe pericial temiendo que al hacerlo podría animar a MLB a contratar su propia pericial. No queríamos que la empresa se sintiera obligada a contratar a personal técnico cuyo trabajo sería mostrarse en desacuerdo con nuestra consultoría, lo que nos llevaría a un camino de periciales confrontadas. Por el contrario, nos centramos en las experiencias de nuestra clientela. Si MLB aceptaba negociar, le animaríamos a contratar a una asesoría de la confianza del departamento jurídico, una que encajara con su cultura corporativa.

La carta a las Grandes Ligas de Baseball obtuvo más contribuciones de personas con visión reducida. Compartimos el borrador con fans del béisbol que representaban a las tres organizaciones demandantes: Charlson, Hachey y Morin, para el Consejo del Estado de la Bahía; Jeff Thom, para la filial de California; y Marlaina Lieberg, Melanie Brunson y Mitch Pomerantz, para la ACB. Quienes representaban nunca dudaron de que la Negociación Estructurada fuera la mejor manera de avanzar en el béisbol digital accesible si bien algunos miembros de las mismas tuvieron sus dudas la respecto.

"Varios miembros del Consejo del Estado de la Bahía se mostraron bastante escépticos sobre si la Negociación Estructurada funcionaría", dijo Bob Hachey, trabajador de la organización en el momento de nuestra negociación. "Pensaban que los bancos eran una cosa pero una importante empresa deportiva era otra muy distinta". Sin embargo, Hachey confió: "A veces puedo ser bastante optimista y fui optimista sobre esa carta". Brian Charlson estaba de acuerdo. "Tengo grandes esperanzas en este esfuerzo", escribió Charlson en un correo electrónico. Transmitía cómo me sentía yo cuando le enviamos la carta a las Grandes LIgas de Baseball.

Firma del documento de reglas básicas

Después de solicitar la ampliación de una semana sobre la fecha límite de nuestra carta y después de resolver la confusión sobre el retraso indicado en el capítulo 6, MLB envió su respuesta. Su representante legal negó que la empresa hubiera infringido la ley y cuestionó nuestros hechos sobre las reuniones informales celebradas el año anterior. Pero la carta mostraba la tolerancia que necesitábamos: "Dejando de lado nuestros desacuerdos", escribió: "tenemos interés en mejorar la accesibilidad más allá de cualquier requisito legal. Dadas las preocupaciones de su clientela y de nuestro objetivo compartido, mostramos nuestra disponibilidad a continuar este proceso". MLB estaba dispuesta a hablar.

Nuestra carta de presentación creó un entorno en el que la empresa podía decir: "no hicimos nada incorrecto, pero mostramos nuestra disposición a trabajar con usted". La mentalidad de Negociación Estructurada nos permitió escuchar ese mensaje.

En dos meses, Linda Dardarian y yo elaboramos el acuerdo de Negociación Estructurada (documento de reglas básicas) con el departamento jurídico de MLB. Desde nuestra primera interacción, fue una parte negociadora directa y respetuosa. Una vez firmado el documento, ya estábamos listas para nuestra primera reunión de negociación.

Reuniones, no declaraciones

Con profesionales de la abogacía y representantes de MLB en ambos extremos del país, acordamos rápidamente que las reuniones telefónicas eran más prácticas y económicas que el coste de los viajes de avión y el alojamiento en hoteles. Esa fue nuestra opinión durante todo el caso. Las partes negociadoras nunca se reunieron presencialmente hasta después de la firma del acuerdo. El equipo jurídico, tecnológico, la vicepresidencia de gestión de proyectos y la dirección de producción técnica participaron en la primera llamada telefónica con nuestra clientela y profesionales de la abogacía de ambas partes. Dicha reunión se llevó a cabo en menos de tres meses desde el envío de nuestra carta.

Nuestro objetivo era aprender sobre los sitios web de MLB y comenzar lo que esperábamos que fueran relaciones a largo plazo entre MLB y fans con visión reducida de béisbol. Sabíamos, por nuestro trabajo con los bancos que tanto esas relaciones como una comprensión mutua de los hechos eran los pilares de una negociación fructífera. Si hubiéramos presentado una demanda, no podríamos haber creado ese espacio común sin evitar costosas fases procesales suponiendo que hubiéramos sobrevivido a la presión para apartar el caso de los tribunales. En cambio, nuestra llamada telefónica permitió a MLB conocer a personas que compartían una pasión por el béisbol y poseían una importante experiencia técnica sobre cómo las personas con visión reducida utilizan los ordenadores. La primera reunión fue un gran éxito.

Una semana después continuamos la conversación. MLB tenía preguntas sobre el uso del lector de pantalla, sobre cómo las personas con discapacidad visual navegan por sitios web y sobre los estándares de accesibilidad. Compartimos lo que sabíamos, ejemplarizando la franqueza que esperamos de las partes negociadoras. Nuestra clientela estuvo presente como parte de la negociación así como peritos/as con los conocimientos tecnológicos necesarios para resolver esas reclamaciones, sin batallas en declaraciones conflictivas ni argumentos sobre la relevancia de los hechos. Según Brian Charlson, "desde la primera conversación, la empresa se centró en "cómo podemos hacer esto" en lugar de "cómo podemos evitar hacer esto".

Unión de peritos: sin batallas

Nuestra clientela no fue la única que contribuyó a la negociación de MLB. Poco después de nuestras reuniones telefónicas iniciales, MLB estaba lista para contratar a una consultoría de accesibilidad web. Linda y yo recomendamos varias; sabíamos que era mejor para MLB hacer la selección final entre las que confiábamos. Después de que MLB eligiera una de nuestras recomendaciones, hablamos con la parte negociadora de MLB una o dos veces al mes para garantizar una evolución constante. Marlaina Lieberg, directiva del Consejo Americano de Personas con Visión Reducida Ciegos y seguidora fiel de los Mariners, participó en muchas de esas llamadas. "Nunca sentí que hubiera una relación de confrontación con MLB", dice Lieberg. "El personal de MLB fue simplemente maravilloso, fue honesto e hizo buenas preguntas. Al participar en esas reuniones sentí que ponía cara a la ceguera para las personas que, de otra manera, no la hubieran conocido".

Eliminar obstáculos

El foco de nuestra negociación no fue convencer a MLB de que precisaban cambios sino cómo priorizar esos cambios de cara a la temporada 2009. Nuestros objetivos inmediatos eran asegurarnos de que fans con visión reducida pudieran escuchar los partidos online y eliminar los CAPTCHA de los votos de All Star en 2009.

La Negociación Estructurada ya había tenido éxito en la eliminación de los CAPTCHA de los sitios web de Citizens Bank, de Rite Aid y del portal gratuito de informes crediticios del país. Aportamos la experiencia adquirida al trabajar con esas empresas a nuestras conversaciones con MLB, explorando opciones que satisfarían las necesidades de seguridad sin cerrar la puerta a visitantes con visión reducida. Incluso antes de firmar el acuerdo, los CAPTCHA se eliminaron de todos los sitios web de MLB.

MLB también comenzó a trabajar para mejorar el reproductor de audio. En una muestra de la buena fe necesaria en la Negociación Estructurada, proporcionó informes complementarios para que profesionales de la abogacía pudieran dar su opinión a medida que se realizaban las mejoras. Ray Campbell, un seguidor de los Milwaukee Brewers y los Chicago Cubs, se ofreció como voluntario para compartir sus experiencias. En 2006, Campbell, ciego desde su nacimiento, sin darse cuenta se familiarizó con el sitio web de MLB. "Estaba trabajando en la Chicago LightHouse for the Blind", dice, "cuando alguien que no podía acceder a los partidos de béisbol online me pidió ayuda". Antes de que escribiéramos a MLB, Campbell ofreció consejos a la comunidad ciega para que pudiera utilizar al menos una parte del sitio web. Todo fue diferente en el período previo a la temporada 2009. Durante nuestra negociación, MLB construyó un reproductor de audio online accesible. Sin tener que dar complicados pasos indicados por profesionales de la tecnología de Chicago, fans ciegos de todo el mundo podían escuchar los partidos online.

Redacción del Acuerdo con MLB

A medida que el caso con MLB avanzaba, Linda y yo consideramos si ya era hora de comenzar a redactar. Sabíamos por experiencia que trabajar a tiempo en el lenguaje puede ayudar a las partes a superar problemas difíciles. Pero a veces, el lenguaje debe esperar hasta que las soluciones se encuentren más cerca, o incluso, la propia redacción puede ocasionar demoras. Para enero de 2009, MLB había realizado mejoras significativas en el sitio web de cara a la temporada de béisbol de ese año. Después de discutirlo con nuestra clientela y la asesoría de MLB, todos estuvimos de acuerdo en que era hora de intercambiar borradores.

Llevó casi un año de idas y venidas para resolver el asunto del acuerdo; MLB estaba siempre actualizando sus sitios web con aportes de las partes solicitantes. El acuerdo se firmó en diciembre de 2009 y requería realizar actualizaciones de accesibilidad en mlb.com y en los 30 sitios web del equipo. MLB acordó publicar información sobre sus esfuerzos en accesibilidad y trabajó con las partes solicitantes para desarrollar preguntas frecuentes (FAQ) detalladas sobre cómo navegar por el sitio con tecnología de asistencia. Fue un acuerdo de accesibilidad histórico que reflejó el compromiso de MLB con fans del béisbol con visión reducida de todo el país. Y se alcanzó sin una sola declaración, alegación legal o presentación de demanda judicial. Ni siquiera con una reunión cara a cara. Brian Charlson resumió los sentimientos del equipo jurídico en el comunicado de prensa que emitimos con MLB, en febrero de 2010: "Como miembro de la comunidad ciega, el tipo de cambios que MLB.com estaba dispuesto a hacer en sus sitios web, me hicieron colaborar una y otra vez. Eso muestra cuánto se puede hacer cuando las personas con discapacidad encuentran partes negociadoras dispuestas". Nuestra estrategia de prensa positiva había merecido la pena una vez más.

Ampliando el Acuerdo para Adoptar Nueva Tecnología

Cuando Brian Charlson me llamó por primera vez respecto a la accesibilidad de MLB, Apple aún no había abierto la App Store. El 10 de julio de 2008, ocho días después de enviar nuestra carta de presentación, se abrió la App Store y MLB lanzó su primera aplicación para iPhone. Al principio, había pocas personas usuarias con visión reducida, pero hacia el final de las negociaciones de nuestro sitio web, comenzamos a escuchar las quejas de fans. El sistema operativo iOS tiene accesibilidad incorporada pero eso solo ayuda si las aplicaciones móviles se desarrollan con estándares de accesibilidad y usabilidad totalmente adaptados. La primera aplicación de MLB no funcionó.

En lugar de criticar a MLB pública o privadamente, comenzamos a hablar con su departamento jurídico sobre la necesidad que tenía nuestra clientela de acceder a contenido móvil accesible para ella. La accesibilidad móvil no se incluyó en nuestro primer acuerdo pero a medida que se acercaba la fecha de vencimiento, en diciembre de 2011, decidimos ampliar las obligaciones legales durante un año e incluir otras nuevas relacionadas con la aplicación móvil. El objeto de la ampliación fue

[A]bordar las nuevas tecnologías y permitir que MLBAM continuara sus esfuerzos para mejorar la accesibilidad de su contenido web y aplicaciones móviles con la colaboración de las partes solicitantes.

Fue el primer acuerdo legal en Estados Unidos que exigía el desarrollo de una aplicación móvil según los estándares internacionales de accesibilidad.

Al trabajar en la accesibilidad móvil con MLB continuamos con la estrategia de medios de Negociación Estructurada informando sólo de noticias positivas. En un comunicado de prensa conjunto publicado poco después de la ampliación, Marlaina Lieberg de ACB dijo: "Los esfuerzos de MLBAM abren nuevos caminos por ser los primeros en involucrar a una importante empresa proveedora de contenido deportivo y de entretenimiento de EEUU en la mejora de accesibilidad en aplicaciones móviles para personas con discapacidad visual. Aplaudimos a MLBAM e instamos a otras organizaciones de este sector a seguir su ejemplo".

MLB ha mantenido su papel de liderazgo yendo más allá de las obligaciones de nuestro acuerdo. Como parte del acuerdo, MLB acordó "explorar y probar soluciones" para subtitular videos online, un tema de vital importancia para fans con discapacidad auditiva. Prueba de que la Negociación Estructurada había incorporado la accesibilidad en la política corporativa de MLB es que en 2012 anunció la disponibilidad de subtítulos para sus vídeos online.

Clientela satisfecha

La parte demandante de MLB no solo estaba satisfecha con una mayor accesibilidad sino que valoraba que las mejoras se produjeran a través de la Negociación Estructurada: "Me gustó especialmente el hecho de trabajar con MLB sin presentar una demanda", dice Ray Campbell, fan de los Chicago Cubs, que ya no proporciona complicadas instrucciones para el reproductor de audio no accesible. "Cuando una persona es demandada, quiere buscar la forma más rápida y fácil de quitarse la demanda de encima. La Negociación Estructurada nos ha ayudado a presentar varios problemas y a mostrar la naturaleza única de la ceguera. Nos ha permitido educar a MLB y eso lo ha mejorado todo".

Brian Charlson aprecia que Linda Dardarian y yo dijéramos que sí cuando preguntó si la Negociación Estructurada podría ayudar a negociar con las Grandes Ligas de Béisbol. "La relación duró mucho más que la Negociación Estructurada formal", dice. "Si surge algo más, disponemos de canales que permanecen abiertos en el tiempo. El proceso colaborativo continuó después de finalizar el acuerdo". Cinco años después del acuerdo, Brian Charlson sigue entusiasmado:

> Todos los años, fans del béisbol con visión reducida me lo agradecen. He hablado en las reuniones de la ACB en 32 estados, y lo único incuestionable, sin importar dónde esté, es que la gente me agradece los éxitos logrados para el béisbol.

El Béisbol ha mejorado gracias a la Negociación Estructurada.

ENDNOTES

1. *Who's Who: Bill Raymond*, in ATM Marketplace (Oct. 11, 2001). http://www .atmmarketplace.com/articles/whos-who-bill-raymond/

2. 28 CFR app. A, pt 36 § 4.34.5, http://www.ada.gov/1991standards /1991standards-archive.html#Anchor-10408.

3. In addition to Mendelsohn, Martinez, Dogbo, and the California Council of the Blind, the first group of Structured Negotiation claimants included Ron Brooks, Don Brown, Bernice Kandarian, Jerry Kuns, Jose Nieves, and Roger Petersen.

4. http://www.thefocalpoint.com/insights/articles/6/155.

5. Keith Lee, *The 4 Rules of Warfare (and Litigation)*, Above the Law Blog (Jul. 25, 2014, 3:16 PM), http://abovethelaw.com/2014/07 /the-4-rules-of-warfare-and-litigation/.

6. Eric R. Galton, Ripples from Peace Lake; Essays for Mediators and Peacemakers 40 (Trafford 2004).

7. Gary J. Friedman, Inside Out: How Conflict Professionals Can Use Self-Reflection to Help Their Clients 15 (American Bar Association 2014).

8. Georgina Kleege, Sight Unseen 21, 27 (Yale University Press 1999). See also Julia Miele Rodas, *On Blindness*, 3 J Literary & Cultural Disability Studies, no. 2, 2009 at 115–30. "[B]lindness is ultimately about language and, for this reason, it exists as a reflection of the culture that describes it, rather than as a representation of the condition and identity it ostensibly names." http://online.liverpooluniversitypress.co.uk/doi/abs/10.1353/jlc.0.0013.

9. Blind Does Not Mean Oblivious, https://www.lflegal.com/2015/06/blind-is-not-oblivious/

10. John Lande, Lawyering with Planned Early Negotiation: How You Can Get Good Results for Clients and Make Money 53 (2d ed., American Bar Association 2015). Lande makes the case for "planned early negotiations (PEN)—rather than unplanned late negotiations." His book offers helpful strategies, tools, and forms for negotiating early in a filed case. Many of his suggestions can be used in Structured Negotiation.

11. https://www.lflegal.com/2005/11/wal-mart-pos-press-release/

12. I subscribe to the principle that all technology is assistive technology, a concept explained and illustrated by artist, designer, researcher, and writer

Sara Hendren in an October, 2014, piece titled *All Technology Is Assistive: Six Design Tools on Disability* and in her wonderful book, *What Can a Body Do* (Riverhead Books, 2020). More narrowly, assistive technology refers to equipment and processes that assist people with disabilities in using computers. Unless they download free versions, most blind PC users must purchase expensive third-party assistive technology. Mac users rely on the VoiceOver screen reader and other tools built into all iOS products. Accessibility components are also built into Android, Microsoft, and other mainstream technologies.

13. Curious about how blind people use assistive technology and mainstream devices to access digital information? This excellent video from Buzzfeed News includes interviews with blind people sharing how they use technology every day. https://www.youtube.com/watch?v=Hx4ivoI_GmM

14. When Structured Negotiation is used to resolve claims against a government agency, it is imortant to heed government tort claim notice requirements. Although the Structured Negotiation ground rules will toll applicable statutes of limitations (see Chapter 6) a tort claim may need to be filed, and possibly acted on, even when a public entity is amenable to Structured Negotiation.

15. Stephen Smith, *Two Flagship Hospitals to Upgrade Accessibility* Boston.com (Boston.com June 26, 2009), http://archive.boston.com/news/local/massachusetts/articles/2009/06/26/2_flagship_hospitals_to_upgrade_accessibility/.

16. *Id.*

17. A template for writing the Structured Negotiation opening letter can be found in Appendix 1.

18. Ground rules may also help pivot a stalled casual conversation to an alternative dispute resolution process. If parties have tried and failed to resolve a problem informally, introducing a Structured Negotiation ground rules document, even without an opening letter, may provide an option other than the courthouse. As described in Chapter 17, a ground rules document can also offer a "litigation pause" once a case is filed.

19. A sample Structured Negotiations Agreement (ground rules document) can be found in Appendix 2.

20. Disability Rights Advocates, https://dralegal.org/press/statement-to-the-community-regarding-structured-negotiations-with-lyft/.

21. Final Report on the Joint Project of the ACTL Task Force on Discovery and IAALS, Institute for the Advancement of the American Legal System, University of Denver, March 11, 2009, revised April 15, 2009, https://iaals.du.edu/sites/default/files/documents/publications/actl-iaals_final_report_rev_8-4-10.pdf.

22. Lande, *supra* note 9.

23. William Ury, Getting Past No, Negotiating in Difficult Situations 171 (Rev.

ed. Bantam Books 1993).

24. Dana Curtis, *Reconciliation and the Role of Empathy*, ADR Personalities and Practice Tips 53 (American Bar Association 1998).

25. This procedure can also be useful in Structured Negotiation, as cases with Sutter Health and the City of Denver have shown (see Chapter 12).

26. The Shell case settled in the midst of the early Talking ATM negotiations. On the day we filed the class action complaint we also filed the 63-page settlement agreement the parties had ironed out with the help of mediator Eric Galton. A story in the *San Francisco Chronicle* on June 19, 1998, recognized the scope of the effort: "In a move that could give tens of thousands of disabled people better access to gas pumps, Shell Oil Products Co. has agreed to bring all of its service stations into compliance with the Americans with Disabilities Act." Carol Emert, *Shell to Fix Stations for Disabled Access*, San Francisco Chronicle, June 19, 1998, *available at* https://www.sfgate.com/business/article/Shell-to-Fix-Stations-for-Disabled-Access-3003345.php.

27. The early ATM negotiations also benefitted from the expertise of Scott Luebking, a Bay Area technology specialist and tenacious advocate who worked as our local consultant. Luebking, who died in 2009, visited ATM labs with our clients and bankers and helped me understand ATM technology. Like Dr. Vanderheiden, he was never deposed, never had to submit an affidavit.

28. Digital accessibility is not just about blind people. Many sighted computer users lack hand dexterity to manipulate a mouse or click on small objects, or have no use of their hands at all. Deaf people need captioned video content and deafblind people rely on transcripts. The Cognitive and Learning Disabilities Accessibility Task Force of the World Wide Web Consortium conducts research and develops standards to benefit people with cognitive and learning disabilities. https://www.w3.org/WAI/GL/task-forces/coga/.

29. Sarah Horton & Whitney Quesenbery, *A Web for Everyone: Designing Accessible User Experiences 2* (Rosenfeld Media 2013).

30. San Franciso Accessible Pedestrian Signal Agreement, https://www.lflegal.com/2007/05/sf-aps-agreement/;APS Technical Specifications, https://www.lflegal.com/2007/05/sf-aps-agreement/2/.

31. In Lawyering with Planned Early Negotiation: How You can Get Good Results for Clients and Make Money (*supra* note 9), John Lande offers the alternative of early negotiation and explains its value.

32. Self-blame for defective equipment is not unique to disabled people experiencing inaccessible technology. See Don Norman, The Design of Everyday Things: Revised and Expanded Edition 61–71 (Basic Books 2013).

33. The path to accessible ATMs in 7-Eleven stores was circuitous. Scaife's claims were resolved in two agreements reached in Structured Negotiation in 2004: one with 7-Eleven, about advanced ATMs it owned in its stores, and one with American Express, the company that purchased other in-store ATMs

during our negotiation. Before all its 7-Eleven ATMs could be converted to Talking ATMs, American Express sold them to Cardtronics. Ten years later, Cardtronics announced the establishment of the Accessibility Center of Excellence to resolve protracted litigation with the State of Massachusetts and the National Federation of the Blind over the fate of all its ATMs, including those in 7-Eleven stores.

34. Audio of the oral argument in State of Arizona v. Harkins Amusement Enterprises, No. 08-16075, https://www.ca9.uscourts.gov/media/view.php?pk_id=0000004752.

35. Structured Negotiation settlement agreements negotiated by the author and co-counsel are available at http://lflegal.com/negotiations. Most agreements were simultaneously executed with a Confidential Addendum, referenced in the introductory paragraph of the public settlement. The Confidential Addendum includes, as appropriate, provisions addressing payments to the claimants, reasonable attorneys' fees under fee-shifting statutes, confidentiality, release of claims, and any other matters the parties agree to keep confidential.

36. Outreach was also fundamental when *standard* ATMs were first introduced to the American public in the early 1970s. Don Wetzel, co-patentee of the first ATM, summed up activities undertaken to convince a wary sighted public to entrust banking transactions to a machine: "We had designed posters that [banks] could buy and use, we had a video that we would show to the tellers to train them as to what to tell the customers. We had mockups of the machine that we put in the lobby so that one of the customer personnel at the bank, as their customer came through the teller line, they would ask the person to come over to this new device. This was after they had bought some but hadn't installed them yet. They'd take them over there to the model and show them how it would work." Interview with Mr. Don Wetzel, Co-Patentee of the Automatic Teller Machine, September 21, 1995, National Museum of American History. http://americanhistory.si.edu/comphist/wetzel.htm.

37. Eric Galton, Ripples from Peace Lake: Essays for Mediators and Peacemakers 41 (Trafford 2014).

38. Lande, *supra* note 9.

39. In the digital age people who *can* read standard print are also becoming accustomed to options for consuming text. There are cutting-edge techies and old-school traditionalists; Kindle lovers and those who prefer the feel of paper pages. For many it is a matter of convenience and preference. But for readers who are blind or print disabled, having options is not a preference— it is a necessity. Structured Negotiation has helped deliver those options since our earliest work with banks. In addition to tackling ATMs and online banking platforms, those first agreements (and many thereafter) required banks to provide statements and other documents in formats other than print. Disability studies scholar Mara Mills reminds us that reading options

are not new to the digital age: "[A]lready by the early twentieth century blind people and blindness researchers had partitioned 'the book' and 'reading' into an assortment of formats and practices, including ink print, raised print, braille, musical print, and talking books." http://futurebook. mit.edu/2012/04/other-electronic-books-print-disability-and-reading-machines/.

40. Press Release, Kaiser Permamente, Kaiser Permanente Adopts Sweeping Plans to Improve Accessibility for Individuals with Vision Disabilities (Feb. 2016) http://dralegal.org/press/kaiser-permanente-adopts-sweeping-plans -to-improve-accessibility-for-individuals-with-vision-disabilities/ (with links to settlement agreement).

41. Sutter Health Adopts Sweeping Plans for Improved Access under ADA, Apr. 18, 2008, https://gbdhlegal.com/wp-content/uploads/news/Sutter-Health.pdf.

42. *Denver "Ramps Up" Pedestrian Ramp Program*, https://www. thedenverchannel.com/news/local-news/denver-ramps-up-ada-compliant-curb-ramp-construction.

43. Deborah Kendrick, *Money Talks: An Overview of Access to Automated Teller Machines*, AFB AccessWorld Magazine 2 (July 2001) *available at* https:// www.afb.org/aw/2/4/15021.

44. Ury, *supra* note 22, at 125.

45. *Id*. at 105–06.

46. Lande, *supra* note 9 at 68. Finding fault with these two models, Lande coins what he thinks is a more realistic label for how a negotiation works: "ordinary legal negotiation" which is a combination of the other models.

47. A short summary of every Structured Negotiation press release mentioned in this book, with links to the full release, is available at https://www.lflegal. com/category/settlement-agreement-press-releases/.

48. *Washington Mutual Adds Spanish to Talking ATMs*, ATM Marketplace (Aug. 25, 2002) https://www.atmmarketplace.com/news/washington-mutual-adds-spanish-to-talking-atms/.

49. *The MGH and BWH Lead Initiative to Improve Access for Persons with Disabilities*, Massachusetts General Hospital (July 10, 2009) See also Hospitals Join Disability Community to Launch Initiative to Improve Access and Care for People with Disabilities at https://www.brighamandwomens.org/about-bwh/newsroom/press-releases-detail?id=509.

50. Accessibility Statements, previously referred to as Accessibility Information Pages, of our negotiating partners and others are listed in *Accessibility Statements Show Commitment to All Site Users*, a regularly-updated post on my website found at https://www.lflegal.com/2013/02/access-info-pages/.

51. Bringing Peace into the Room: How the Personal Qualities of the Mediator Impact the Process of Conflict Resolution (Bowling and Hoffman, ed., Jossey-Bass 2003): Gary J. Friedman, Inside Out: How Conflict Professionals

Can Use Self-Reflection to Help Their Clients (American Bar Association 2014).

52. Galton, *supra* note 35, at 52.

53. G. Richard Shell, Bargaining for Advantage: Negotiation Strategies for Reasonable People 59 (2d ed., Penguin Books 2006).

54. Gil Friend, *Where Can You Find *Grounded* Optimism—My Favorite Kind—in Today's World?* Natural Logic Blog (Oct. 15, 2013) https://natlogic.com/where-can-you-find-grounded-optimism-my-favorite-kind-in-todays-world/

55. Roger Fisher & Daniel Shapiro, Beyond Reason: Using Emotions as You Negotiate 51 (Penguin Books 2005); and transcript of interview with Daniel Shapiro, http://bigthink.com/videos/the-five-core-concerns-of-negotiation.

56. Charles Halpern, Making Waves and Riding the Currents: Activism and the Practice of Wisdom 183 (Berrett-Koehler 2008).

57. Roger Fisher & William Ury, Getting To Yes 34 (Penguin Books 1991).

58. Shell, *supra* note 51, at 58.

59. Greater Good Website, The Greater Good Science Center at the University of California, Berkeley, https://greatergood.berkeley.edu/topic/empathy/definition.

60. Dana Curtis, "The Role of Empathy in Reconciliation," in *ADR Personalities and Practice Tips* (American Bar Association 1998).

61. Jeena Cho & Karen Gifford, The Anxious Lawyer (Ankerwycke 2016).

62. Friedman, Inside Out, *supra* note 48 at 144–48.

63. HBO Structured Negotiation Press release is available on the DRA website: https://dralegal.org/press/hbo-max-rolls-out-audio-described-content/

64. See J. Kim Wright, Lawyers as Peacemakers: Practicing Holistic, Problem-Solving Law (American Bar Association 2010) and Lawyers As Changemakers, The Global Integrative Law Movement (forthcoming 2016). The website http://www.cuttingedgelaw.com/ serves as a clearinghouse for the Integrative Law Movement.

SEGUNDA EDICIÓN AGRADECIMIENTOS

Publicar esta segunda edición ha sido un acto de fe, y doy las gracias a todos los que han apoyado este esfuerzo. Gracias, Chris Carlsson, por tu ayuda desde el principio sobre cómo publicar la segunda edición y por formular esta importante pregunta: "¿crees que la gente sigue interesada en la Negociación Estructurada?" (Yo respondí que sí). Laura Brady tiene mi profunda gratitud por asegurarse de que esta segunda edición sea accesible a quien quiera leerla. Encontrar a Laura me dio la confianza de que la autopublicación no sólo era posible, sino que era el camino correcto para esta edición.

Agradezco a Haben Girma, autora, conferenciante internacional y abogada de derechos humanos y justicia para las personas con discapacidad, por haber escrito el prólogo de la segunda edición, y a la extraordinaria líder mundial en accesibilidad digital Jenny Lay-Flurrie, Jefa de Accesibilidad de Microsoft, por una nueva cita para la portada.

Esta segunda edición se publica en español gracias a los amigos y colegas de la Asociación de Derecho Colaborativo de Euskadi. Gracias a Susana Sucunza, Marta Ruiz, Maria José Anitua Trevijano y Carmen Aja por creer en la Negociación Estructurada y en su valor fuera de los Estados Unidos.

Gracias a todas las personas entrevistadas para esta segunda edición, incluidas todas las citadas en el nuevo Prefacio y en el nuevo Capítulo 17. Aprender cómo los / as abogados / as y sus defensores y defensoras han utilizado la Negociación Estructurada desde que el libro salió por primera vez, ha sido una lección de humildad y me ha dado la confianza para publicar esta segunda edición. Para ambas ediciones hablé con demandantes, personas que trabajan en el voluntariado, líderes de organizaciones, expertos/as y partes negociadoras en Negociación Estructurada. Todo el mundo ofreció generosamente su tiempo, y las aportaciones de cada persona están entretejidas en el lienzo de este libro. Ojalá hubiera podido incluir todo lo que aprendí en cada valiosa y memorable conversación.

Mi más sincero agradecimiento a todos los que me han invitado a hablar y escribir sobre las ideas de este libro durante los cinco años transcurridos desde su publicación. Un agradecimiento especial a David Lepofsky, abogado y defensor canadiense que no sólo organizó varias charlas en Toronto y consiguió que yo accediera a un programa de entrevistas en la televisión canadiense, sino que me acogió en su hogar familiar durante dos visitas a Toronto. También agradezco a mis amistades australianas de la Digital Gap Initiative y a la consultoría de accesibilidad Intopia su apoyo constante y su trabajo en la organización de actos en Sydney y Melbourne.

Como escribí en los agradecimientos de la primera edición, Negociación Estructurada no se habría desarrollado sin Linda Dardarian. Linda y su bufete de derechos civiles Goldstein, Borgen, Dardarian & Ho de Oakland, California, han sido coasesores/as en la mayoría de los casos mencionados en este libro. Aunque Linda y yo tenemos bufetes separados, hemos sido socias en el sentido más estricto de la palabra.

Gracias a los miembros de la comunidad de invidentes que siguen confiando sus reclamaciones a la Negociación Estructurada. Su compromiso y participación han permitido que este proceso de resolución de conflictos se desarrolle y prospere. Ha sido un honor trabajar con tantos defensores comprometidos en esta causa durante más de veinticinco años. Un segundo agradecimiento a los defensores ciegos Sassy Outwater y Gisele Mesnage por enseñarme cómo las herramientas de la Negociación Estructurada tienen valor para los líderes fuera del contexto de la resolución de reclamaciones.

Tras la publicación de la primera edición, decidí ampliar mi presencia en las redes sociales Twitter, Linkedin y Facebook. Agradezco a las comunidades que encontré en cada plataforma su apoyo a la Negociación Estructurada. Un profundo agradecimiento a la maravillosa Natalie MacLees, de la tienda de desarrollo web Digital1y, que construyó mi sitio web con delfines nadando en la cabecera. Natalie me proporciona una presencia digital accesible y atractiva en la que compartir las ideas de este libro. Gracias también a Jessica Murrell, de JLM Graphic Designs, que diseñó la nueva portada con mi ya característico color azul océano.

Gracias a la American Bar Association por publicar la primera edición de este libro. Dani Bowling es la ex presidenta del Comité de Publicaciones de la Sección de Resolución de Conflictos de la ABA, por su increíble contribución a este libro. Dani es mediadora, profesora y autora, leyó el manuscrito de la primera edición dos veces e hizo que el producto final fuera inconmensurablemente mejor. La lectura del libro Bringing Peace into the Room, que Dani escribió junto con David Hoffman, influyó en mis ideas, y el aliento y entusiasmo de Dani fueron fundamentales para que pudiera escribir este libro.

Gracias a mi maravillosa familia. Mi padre, Saul Feingold, y mi difunta madre, Norma Feingold (z"l), han sido mis mayores admiradores durante toda mi vida. Mis hermanos y parientes de la costa este han apoyado este proyecto desde el principio, como apoyan todo lo que hago.

Mis hijas, Anita y Ariel Feingold-Shaw, que tenían 9 y 6 años cuando escribí mi primera carta de presentación de Negociación Estructurada. Ahora, ya mayores, ambas hijas me han ayudado de muchas maneras mientras he escrito las dos ediciones de este libro. Aprendo de ellas todos los días.

Mi marido Randy Shaw es abogado, autor en cinco ocasiones, editor de un sitio web de noticias, director ejecutivo de una organización sin ánimo de lucro y fundador de un museo. Sin embargo, siempre ha tenido tiempo para dar su opinión y aportar valiosas correcciones a esta segunda edición y al manuscrito original. El libro -y mi vida- es mejor gracias a su presencia.

www.ingramcontent.com/pod-product-compliance
Lightning Source LLC
LaVergne TN
LVHW020312200726
843507LV00012B/2070